不退轉法輪經講義

——第三輯

平實導師　述著

ISBN:978-626-98256-5-3

佛法是具體可證的，三乘菩提也都是可以親證的義學，並非不可證的思想、玄學或哲學。而三乘菩提的實證，都要依第八識如來藏的實存及常住不壞性，才能成立；否則二乘無學聖者所證的無餘涅槃即不免成爲斷滅空，而大乘菩薩所證的佛菩提道即成爲不可實證之戲論。如來藏心常住於一切有情五蘊之中，光明顯耀而不曾有絲毫遮隱；但因無明遮障的緣故，所以無法證得；只要親隨眞善知識建立正知正見，並且習得參禪功夫以及努力修集福德以後，親證如來藏而發起實相般若勝妙智慧，是指日可待的事。古來中國禪宗祖師的勝妙智慧，全都藉由參禪證得第八識如來藏而發起；佛世迴心大乘的阿羅漢們能成爲實義菩薩，也都是緣於實證如來藏才能發起實相般若勝妙智慧。如今這種勝妙智慧的實證法門，已經重現於臺灣寶地，有大心的學佛人，當思自身是否願意空來人間一世而學無所成？或應奮起求證而成爲實義菩薩，頓超二乘無學及大乘凡夫之位？然後行所當爲，亦不行於所不當爲，則不唐生一世也。

——平實導師

如聖教所言，成佛之道以親證阿賴耶識心體（如來藏）爲因，《華嚴經》亦説**證得阿賴耶識者獲得本覺智**，則可證實：證得阿賴耶識者方是大乘宗門之開悟者，方是大乘佛菩提之眞見道者。經中、論中又説：證得阿賴耶識而轉依**識上所顯真實性**、**如如性**，能安忍而不退失者即是**證真如**，即是大乘賢聖，在二乘法解脱道中至少爲初果聖人。由此聖教，當知親證阿賴耶識而確認不疑時即是開悟眞見道也；除此以外，別無大乘宗門之眞見道。若別以他法作爲大乘見道者，或堅執**離念靈知**亦是實相心者（堅持意識覺知心離念時亦可作爲明心見道者），則成爲實相般若之見道內涵有多種，則成爲實相有多種，則違**實相絕待**之聖教也！故知宗門之悟唯有一種：親證第八識如來藏而轉依如來藏所顯眞如性，除此別無悟處。此理正眞，放諸往世、後世亦皆準，無人能否定之，則堅持離念靈知意識心是眞心者，其言誠屬妄語也。

——平實導師

目次

第十輯：

自序

正覺同修會諸同修們證悟的事實，藉由《我的菩提路》第一輯披露以後，在臺灣與大陸某些自稱證悟者跟著仿效，也開始舉辦四天三夜的禪三，並且也要求學員同樣撰寫見道報告，模仿本會同修們寫的報告；然而都只是徒具表相似是而非的假佛法報告，與三乘菩提中的見道全然無關，因為所證的所謂第八識如來藏，全都仍墮五陰之中，未曾脫離，只能說是末法時代佛門外史的又一章罷了，並無實質。

此乃因於大乘佛法之見道極為甚難，何況能以相似的表相佛法而撰寫見道報告。衡之以第八識如來藏的妙法深妙難解，乃至聞者亦難信受，難有實證者出現於世；觀乎釋印順等一派學人，主動承嗣於天竺部派佛教諸聲聞僧的六識論邪見，與密宗應成派中觀古今所有諸師的六識論常見同一步伐，所說並無絲毫差異，然而至死不肯認錯；反而以其見取見而發起鬥爭之業，對所有評論其法之人大力撻伐，不遺餘力，唯獨放過平實一人，對於平實十餘年來於書中多方面公開評論其謬等事，似如一無所知、一無所見，默然以對。由是可知大乘佛法實證之義極難可知、可思、可議、可證、可傳。

而此一法即是第八識如來藏，亦名眞如、阿賴耶識、異熟識、無垢識，教外別傳的禪宗名之爲本地風光、莫邪劍、花藥欄、綠瓦、父母未生前的本來面目……等無數名，於《佛藏經》中 世尊說之爲「無名相法、無分別法」，以如來藏運行之一切時中皆不墮於名相及分別之中故。若人滅其無明，則此識隨時可證，證已即時發起般若正觀，佛菩提中名之爲「諦現觀」，即入第七住位而無退失；若人往昔無量阿僧祇劫前曾謗此第八識妙法，則是已墮無間地獄而次第輪轉三惡道中，其數無量阿僧祇劫受諸苦惱，終於業盡受生人間，歷經九十九億佛所奉事、供養、勤心修學，來到 釋迦世尊座下重新受學已，而仍然不得順忍；每聞第八識如來藏妙法心便不喜，連聲聞果的實證都不可能，遑論大乘菩提，由是故說此第八識妙法難聞、難信、難解、難證、難持、難忍。今於此《不退轉法輪經》中重說此法，令一切學人聞「此經」及「釋迦牟尼佛」聖名已，盡未來際不復退轉於此第八識妙法，未來當得不退轉於大乘法輪；以是緣故，特爲學人講授之。今以講授圓滿而整理完畢，用饗佛門四眾，普願皆得早立信心，殷重受學，有日必得證悟，得階菩薩僧數之中，是所至盼。

佛子　**平實**　謹序

公元二〇二二年小暑　誌於松柏山居

《不退轉法輪經》卷第一

〈法行品〉第三（承續第二輯未完內容）

「出於世間，開示聖道；會寂滅界，是名八輩。」這樣的人出現於世間，而不是自個兒外於世間；所以他的境界是超出於世間的，但卻繼續出現在世間，這跟二乘法完全不同。二乘法的聖者出於世間之後，捨壽時間一到，就入無餘涅槃；可是他既然是菩薩摩訶薩，就不入無餘涅槃了，所以他出於世間，卻示現在世間，不斷地爲大眾演說四聖諦、八正道等法；這樣爲大眾演說，使令大眾如法修行，終於可以和寂滅法界相會了。所以這個「會寂滅界」眞的很難達到。

諸位想想看：我常常講，南洋今天縱使有阿羅漢，來到正覺講堂也開口不得。爲什麼咱家敢講這個話而自己宣稱不誇大、無妄語？因爲二乘聖人即使證得阿羅漢、獨覺，他們也無法「會寂滅界」；因為他們之所以證得聲聞、緣覺的果報、果位，他們所觀行的對象都是三界中法，而不是寂滅界的無餘涅槃中的境界。那麼請問：寂滅界究竟是什麼？（有人答：如來藏。）對！就是如來藏，因為如來藏離六塵境界；既是離六塵，表示祂的境界是寂滅的。

諸位想想看，在三界中最寂滅的境界是什麼？非想非非想定，但是定中還有意識在，也有定境法塵。如果不談那麼高深的境界，離五塵的二禪等至，算是最寂滅的境界了吧？但那只能叫作世間法的寂滅，不能稱為佛法說的寂滅界，所以佛法的寂滅界就是如來藏獨住，即是無餘涅槃的實際，因為如來藏不了知六塵。諸位想想看：如果你進入二禪等至位，離開了五塵，會覺得當下是很寂滅的；然而才起了這麼一個念，連語言文字都沒有，你就已經離開二禪等至位了。連這樣一個念頭都不許出現，你說寂滅、不寂滅？所以二禪等至位是寂滅的；但這只是三界中法，仍然不是這裡講的究竟「寂滅界」，因為即使到達非想非非想定，再超越而到達滅盡定，意根也還存在，只是滅掉受與想兩個心所法而已！所以還不是究竟的寂滅界。究竟的寂滅界是如來藏獨住，這才是眞正的「寂滅界」，是明心後的現觀。那麼「出於世間」，也就是悟後來到世間示現，爲大眾「開示聖道」，是要教導大家與「寂滅界」相會；能夠會見了「寂滅界」，這個人才是四雙八輩之一，就是通教菩薩之一。

「離諸世間，說佛法相；心無所證，是名八輩。」一個證悟明心的菩薩摩訶薩，心境是遠離各種世間相的，因爲他依第八識如來藏而住，所以沒有世間相可言，因此說他的心境是「離諸世間」。但他卻持續示現在世間，爲大眾演說佛菩提道的種種法相。佛菩提道的法相錯綜複雜，眞的叫作一言難盡；且不說一言難盡，三言兩語也講不完；三言兩語夠多了吧？不行！還是不夠！所以你看 如來出現於世間，說法四十九年，而且還沒有講到很微細的部分，因爲那個部分都留在色究竟天宮去講；等你入地了，又有四禪八定，再去聽吧！那是非常繁瑣微細的諸法，都不在人間講。所以人間講的都是一聚又一聚的法，大部分在講總相，牽涉一點別相及一切種智；但一切種智的詳細部分都留到色究竟天宮去講，所以說佛法眞不是三言兩語談得完的！

光是一個如來藏，總相、別相我講了多少年了！再過幾年才準備講《解深密經》，那就牽涉到種智了，可是我想：「講《解深密經》以前，可能應該先來講一部《無上依經》；太早講《解深密經》，後面你可能聽不下去了！」因爲滿漢大餐吃慣了，再要你喝清粥、吃小菜，可能就吃不慣了；所以那《大方等如來藏經》我就暫時不講了，因爲它只在總相上說。

那麼這樣的人，實證了佛菩提道，他證得菩提，依如來藏的境界而轉依，所以他的境界是離開三界世間的；而他卻住在人間，來爲大眾演說佛法的各種法相。那你一定說：「這個人一定有所證，如果沒有所證，怎麼可能『離諸世間』又爲大眾『說佛法相』呢？」所以你問到他說：「那你於佛法有所證喔？」他卻告訴你：「我無所證！」很怪吧？然而事實上他眞的無所證啊！

「有所證」是你學到了什麼，本無今有，才叫作有所證。好比你在世間學各種法，學成了就是有所證；那你修學佛法也是一樣，要先跟著善知識學，學了以後付諸於實修，實修之後你終於有所證了，否則憑什麼爲人說法？這個有所證，是證得了如來藏眞如心；然而所證的這個眞如心是你家的？還是從別家取來的？是自家本有的啊！既然是你自己家本有的，善知識教導你去把祂找出來，那也還是你家的啊！善知識沒給你什麼，那你到底是證個什麼？本來就是你家的！既然是你家本有的，非從外來，那你是證個什麼？這你本來就有的，所以說「**心無所證**」。

就好像《法華經》講的那個譬喻，我們也可舉個例說，比如有個窮子少小離開了父母，但父母事前在他的棉襖裡面，偷偷縫進了一顆明珠，他不知道所以沒找過；後來跟父母失散了，就過著自己一人的窮困生活。此後有一天遇到父母，父母就罵他：「**你好笨喔！我幫你在棉襖裡面縫了顆明珠，你拿出來賣了，不就可以過好生活了嗎？**」他才恍然大悟趕快找，終於找到了！原來是這個。可是他找到了，究竟是有得、還是無得？無得啊！因爲本來就在他身上，父母只是幫他找出來而已。

同樣的道理，你身上這一顆明珠如來藏，本來就在你身上，不曾遺失；然後善知識教導你，把祂找出來，找出來時還是你本有的，非從外來。那你到底是有所證？還是無所證？還要說「**無所證**」嗎？（大眾笑…）是「**無所**

證」，而你又證了。若要說是有所證，但又沒有所證，因爲是本來就有的，不是誰給你的。所以從世人的眼光看來，他是有所證的人，才能「出於世間」，但是卻「離諸世間」。一定要證這個法，才能「出於世間」又「離諸世間」；他出現在世間，卻不住於世間，因爲所轉依的如來藏不住在世間。像這樣演說佛法法相的人，他的心其實是「無所證」的，這樣就是四雙八輩之一。

「無有有際，亦無無際；遠離有無，是名八輩。」有際和無際，都是意識所住的境界，全部都是意識的境界。譬如說，我來修學佛菩提，今天證得如來藏了、證眞如了，我有所證；這個有所證是意識的境界，可是對於你所證的如來藏自己而言，祂沒有所謂證或不證這回事。所以當你證得如來藏以後，你來看三界諸法都是「有際」，因爲都有三界中的境界相；既然有了境界相，那境界相滅失時就沒有了，又稱爲「無際」。可是這個「有際」與「無際」，都是你意識心的境界，都和你的如來藏所住境界無關，如來藏離「有際」、離「無際」，所以你轉依了如來藏以後，就說你沒有「有際」也沒有「無際」，就說你「遠離有無」，所以這樣的人，就稱爲四雙八輩之一。

「寂滅無為，捨於斷常；深入平等，是名八輩。」證得如來藏以後，你去觀察自己的如來藏，或者去觀察別人的如來藏，這時你來看看：如來藏的境界是不是「寂滅」的？是不是「無為」的？是不是遠離斷滅與常見兩邊？如來藏無始以來就不了知六塵，人之所以會覺得喧鬧是因為有六塵；可是如來藏無始劫以來，不曾一剎那了知六塵，所以祂的境界是寂滅的；現在如是，未來仍然如是，都不了知六塵，所以是「寂滅」的。

而且如來藏是「無為」的，人或者其他有情住於三界中，都是有為、有漏；因為覺知心（或者說意識）總是想要作什麼，或者想不要作什麼，這都是有為性，所以這一些三界中的有情都是有漏有為。但是如來藏的自住境界中，永遠是無漏性的「無為」境界。在六種無為法中，有說到一個虛空無為；虛空無為有人說就是虛空，虛空是無為性的，所以你用火燒它，它不生氣；你用水潑，它也不生氣；也不能拿虛空來作什麼，說虛空叫作無為，那我就說他叫作虛空外道！應該說：「如來藏猶如虛空是無為性的，這叫作虛空無為。」所以有情在三界中會想要作什麼，或者想就這樣安住，什麼都不作，這些都叫作有爲性。即使他坐著，什麼都不作也叫作有爲；因爲他下決定了，所以坐在那裡什麼都不作，也是有爲。

但如來藏從來遠離有爲，所以祂既是寂滅的、又是「無爲」的；可是你也別把祂想偏了，因爲如來藏運行於三界諸法中，還有個「無漏有爲法」。那你如果要問我：「什麼叫作無漏有爲法？」不告訴你！（大眾笑⋯）因爲這個牽涉到般若密意了，只在增上班講解。你想要知道，就趕快拼啊！拼進增上班，有一天你就會聽到了。但是這個無漏有爲法卻不是如來藏想要作而作出來的，所以這樣繞一圈回來，還是「無爲」；那都是你妄心七轉識想要作什麼，而如來藏配合著你意識與意根去運作，方能成就無漏有爲法。

這個如來藏「捨於斷常」。三界有情之所以落入斷滅邊或常見一邊，都是住在意識的境界所導致；如果超越了意識的境界，超越了意根的境界，證得如來藏時就超越了斷、常兩邊，這叫作「捨於斷常」。我記得在二十年前，或是二十來年了，我有一本小冊子，叫作《眞假開悟之簡易辨正法》（編案：一九九七年七月出版。本經是二〇一九年六月所說）有沒有？你看，我用表格的方式把它列出來。結果呢？沒有一個人敢來挑戰，因爲法界的實相就是這樣，這是可以現前驗證的。所以佛教界大家看了那些內容，老實講，他們也讀不懂啦！那只是寫出來給他們讀讀看，就像臺灣話說的給他們嗅嗅香味，體會一下什麼叫作開悟？就是這樣啊！而那一些內容，其中就有講到斷滅見與常見兩邊；那如來藏不落在這兩邊，所以「捨於斷常」。

有的外道有智慧，懂得觀行，所以把五蘊十八界都觀行透了以後，他說：「原來這一切都是生滅法，所以人死了，一了百了。」就變成斷滅見的外道了！這種斷滅見也有人接受，而大部分是被教導說服以後才接受的。我問諸位，假使你是無神論者，就是否定一切人類以外的有情，主張要現見爲憑，那你就會說：「這一世死了，一了百了，沒有後世因果可說，因爲人只有一世。」但如果是個斷滅論者，還信不信因果？絕對不信！所以馬克思是不信因果的，不相信人死後會有後世。

因爲人只有一世的存在，會有什麼後世的果報？死了就一了百了。所以說，在無神論的環境下，防腐打貪能不能成功？不可能成功的。因爲人不信有後世時，什麼事都敢幹了！「只要我技巧夠好、夠幸運，我就逃過了，你抓不到我！」可是他沒想到的一點是，他死了以後，貪來的財產還是別人的！（大眾笑…）他沒想到這一點，所以活著的時候，即使活到老都還要貪。那麼死了以後呢？眞的一了百了嗎？其實沒有啊！造了那麼多惡業以後，中陰身蹦了出來，他才知道說：「原來死後不是斷滅，唯物論的主張是錯誤的。」但已經來不及了，因爲那個地獄身、畜生身或餓鬼身的中陰身早已經出生了。所以斷滅論者除了極少數是自己很能觀察，觀察到最後發覺這欲界或色界、無色界中的一切，全都是會毀壞的，又不知道有第八識恆存常住，因此認爲人死了一了百了。而他不相信有後世，往往也是因爲他看不見前世的種種事情所致。

然而大部分人都屬於常見，總是說：「舉頭三尺有神明。」但他心中的神明是替他作什麼？替他記錄一生的業行。所以他想：「我不能幹壞事，因爲神明會幫我記下來。」可是我告訴你，神明不在舉頭三尺處，就在你身上，祂叫作如來藏。你的一切所作所爲，祂都幫你記錄得好好的。而且祂無所揀擇，不論好事、壞事、無記事，全部都幫你記，夯不啷噹一起就幫你轉到下一世去！（大眾笑⋯⋯）這就是神明。

神明之所以為神明，是因為聰明而且正直。如來藏於六塵外的事正是很聰明，凡事無論鉅細靡遺，全幫你記下來，而且祂無所揀擇，不論善惡種子一體留存去後世。所以「常見」的人還是比「斷滅見」的好，因為知道自己會到後世去，就懂得修福避惡，來世就生在善道、過好生活。斷滅見的人是表面看來很聰明，因為他都能觀察到；他對這五陰、十八界都觀察到了，原來都是生滅法。可是他有一項疏漏，他就是沒有想到：為什麼人不斷地死，又可以不斷地生而不斷絕？又為何兄弟姊妹是那麼不同？同一對父母所生，理論上應該都相同啊！他沒有想到這一點，然後他也不懂得觀察因果。

譬如同一對父母所生五個兄弟，五個人是同一對父母所生，而結果他們一生的遭遇各自不同。甚至於雙胞胎，同時住胎、同時生、同時長、同時受教育，結果一生的遭遇完全不同，那就是因果；有往世的「因」導致這樣的「果」，否則雙胞胎為什麼有時一個非常善良、一個很惡劣？如果是唯物論，應該兩個人生來都一樣才對，爲什麼有那麼大的不同？所以「常見」的人還是比較聰明一點，雖然表面上看起來比較笨，但相信有因果律，所以不要幹惡事，事實上就是免得被第八識記存了，未來世難過，這樣就是常見的人；但他會落入常見，是因爲錯誤的把這個意識心或者六識心當作是常，當作是可以從前世來到此世，從此世再去到後世，所以落入「常見」。

但是當你證得如來藏時，祂是「寂滅」的、是「無爲」性的，祂是可以讓你捨離斷見、常見兩邊的，因爲你證得如來藏的緣故。而你從所證的如來藏來看待一切有情—十方三世一切三界的有情—會發覺全部平等、平等。因爲當你從如來藏來看的時候，你說四禪天人的身量那麼廣大、那麼莊嚴，而這螞蟻那麼小一隻，完全不起眼，但同樣都有如來藏，他們的如來藏完全沒有差別。

這時候也許有人想：「怎麼沒差別？那四禪天人的如來藏一定是很大，才能使他的色身那麼大。螞蟻就是那麼小，所以牠的如來藏就是那麼小。」如果是這樣的話，我就說他把如來藏給物化了！如來藏無形無色就沒有大小可言，千變萬化，他該成爲四禪天身時，就幫他造一個四禪天身；他該成爲一隻小小的細菌時，就幫他造成一隻細菌；可是如來藏沒有大小，因爲祂可以隨著業報而變化，所以實證者從祂的眼光來看時，一切有情平等、平等。所以親證如來藏的時候，突然看見一隻蟑螂，就說：「蟑螂菩薩來了！」稱牠爲菩薩，因爲他的所見是如來藏；他看見蟑螂的如來藏，也看見自己的如來藏，兩者的如來藏平等、平等，這時候他有平等性智了。但意根平等性智之所由來，卻是因爲他的意識有了「妙觀察智」，所以他有了這個「平等性智」；而且他深入觀察一切有情時，發覺都是如此，這樣就稱之爲「深入平等」，這個人就是四雙八輩之一。

「不取過去，及未來心，現在亦爾，是名八輩。」有沒有聯想到《金剛經》說什麼啊？對了，就是「過去心不可得，現在心不可得，未來心不可得」。既然過、未、現三心都不可得，那麼又何必以過、未、現三世來看待一切法呢？可是爲什麼三心都不可得？以前善知識都這樣解釋：「因爲過去心已經過去了，未來心還沒有來到，所以不可得；那麼現在心剎那、剎那生滅，當然也不可得！」以前大法師們都這樣解釋。可是咱們不這樣講，我們說：「是因爲如來藏的境界中沒有過去、未來、現在三世；有過去、未來、現在三世是這一世的五陰身心，特別是五陰身心看見了自己這個色身只能存活這一世，意識覺知心就跟著存活一世，所以才有過去世、未來世、現在世。再看如來藏時，因不落入六塵境界，沒有這三世心可言。」那你證悟如來藏以後，你就不取過去、現在、未來心；當你能夠這樣現觀的時候，你就是四雙八輩之一了。

「說有初心，而發菩提；心相自空，何名菩提？無到無出，亦無菩提；毒火刀箭，所不能害。」佛法中對初機學人都說要發菩提心。說到這個發菩提心，我倒想到密宗也常常在講發菩提心，可是他們的菩提不是菩提，因爲跟「覺悟」實相及解脫無關。修學佛法首要之務就是「見道」，這句話又讓我想起釋印順來，他書上也這麼講，我倒很認同他這句話：「修學佛法首要之務就是見道。」但問題是：他活到一百零一歲，也沒有見道，卻自以爲見道。所以如果有人活個二十歲，見道了，就遠勝過他了！所以修學佛法，一定要先「發菩提心」。那麼發菩提心，到底是發個什麼心？菩提稱之為「覺」，所以菩提就是「覺悟」的意思。菩薩是個簡稱，原文叫作菩提薩埵，翻譯過來叫作「覺悟的有情」。

菩薩們是跟著 如來修學的，修學以後覺悟了就稱為菩薩，所以叫作「覺悟的有情」。所以發菩提心的意思，就是要「發起覺悟之心」。如果聽到人家介紹說：「你趕快去正覺，去那裡修學可以覺悟。」才這一聽，倒退三步說：「我算哪根蔥？你太高抬我了！」那麼請問：「他有沒有發菩提心？」沒有！可是我說：「他早就發過了，只是自己忘了。」因為三歸依的時候不是發了四宏誓願嗎？「佛道無上誓願成」，成佛的願都敢發了，一個開悟小小的願，離佛地還那麼遠，竟然不敢發；那你說，他還叫作三歸依的弟子嗎？噢！我今天罵了好多人！（大眾笑…）等於佛教界的人都被我罵翻了！

因為他們都不敢求開悟，所以只有諸位可以成為三寶弟子，因為你們敢來正覺求開悟。所以學佛的首要就是「發菩提心」、就是三歸；三歸的時候發的四宏誓願中，佛道無上都敢成就了，求開悟見道，那不算什麼，真的不算什麼，小兒科一件！既然發了菩提心，顯然從事相上來看是有發心，叫作發菩提心，這叫作初發心。所以第一次三歸的時候，發了「四宏誓願」叫作發菩提心；但是發菩提心之後，被諸方惡知識邪教導，教導錯了，只要一談到開悟，那些假名善知識就說：「唉呀！末法時代了，求什麼開悟？」結果大家都不敢求悟了，這是由於被作了邪教導所致，但是學佛其實應該要求解脫、求開悟才對啊！

既然求悟，三歸依時也發了願，願意成佛，說這時候叫作發菩提心；可是等你證悟以後，再來看三歸的時候，發四宏誓願時那個菩提心，發了以後探究一下你當時究竟有沒有發？你證悟以後就要觀察這個了：歸依三寶時究竟有沒有發心證悟菩提呢？這個事情逃不掉的，你一定要觀察。當你證悟了以後，來觀察自己五陰身心全部都攝歸如來藏；而五陰身心無有主體，五陰身心以如來藏爲體。可是你發心要證如來藏，如來藏本空，因爲如來藏的心相是空，祂從來沒有你這個覺知心、作主心的心相；那你發心要證祂，證得之後再來看：當初那個發心，其實根本就沒有發心，因爲你還是證這個如來藏，而你轉依如來藏以後來看發菩提心這件事情，何曾有發心？真的沒有「發菩提」了。

從事相上來看，真的有發菩提心了，要不然那個三歸依大典是辦著玩的啊？顯然不是辦著玩，因為很慎重呢！而且在佛菩薩面前作了三歸依，還辦了法會，很慎重！那你發心是由你的意識、意根來發心的，而你意識、意根是生滅法，剎那、剎那生滅，顯然這個發心是無常法，所以這個發心還得攝歸於常住的如來藏；因為當你悟後來看的時候，原來在發菩提心時，我這七轉識根本就沒作什麼，都是如來藏在發菩提心；可是如來藏又沒有覺知心的心相，何曾發過菩提心？所以「**心相自空**」，你要叫什麼作菩提？當然也沒有菩提可得、沒有菩提可發、沒有菩提可證。

如果有人今天是第一次來聽經，聽完了想：「**完了，我來正覺也沒用！**」（大眾笑…）就變成這樣了。其實不然！是因為你轉依了如來藏，從如來藏來看待這一切的時候，這一切能發菩提心的人、所發的菩提、發菩提心這件事，三者都不存在了，真的三輪體空；可是事相上，你還是有開悟這件事，還是有覺悟這件事，還是有發心要求悟這件事；而你後來也眞的可以證，證了菩提以後，再從如來藏來看待證菩提等一切事時，又全都不存在了，所以沒有菩提可說：「亦無菩提。」到這個時節發覺：菩提的境界你從來不曾到，而你卻同時從來不曾出離菩提的境界。欸！這麼一說，是不是又懵了？對啊！既然證悟菩提了，爲什麼不到菩提？因爲你本來就在菩提中，你何曾從哪裡來到菩提？你本來就在如來藏裡面，豈不是住於如來藏中？那不是早就到菩提了？是啊！早就到菩提了，怎麼會有出離菩提的事？所以說「無出」。

那你說：「我以前沒有悟，應該就是『無到』吧？」是啊！是「無到」；可是現在證悟了，是不是到了？是到了！可是到了菩提時，你卻沒有到，因爲你本來就在菩提中，因爲菩提之標的就是空性如來藏；而你悟後觀察自己，何曾外於如來藏？所以本來就在如來藏裡面，所以又是「無到」。也許有人想：「那麼『無到』是不是就在外面？」其實不曾在外面，無始劫以來，五陰身心不管是哪一世，都不曾出離於如來藏之外，一直都住在如來藏裡面，所以也「無出」。證悟了，只是你證實這個事實，因爲法界的事實如是，你只是證明祂，所以你「無到無出」。

也許有個人打個妄想說：「那我證悟了，來看看能不能出離於如來藏？」結果辦不到！你七轉識與色身永遠都是生活在如來藏裡面，所以永遠「無到無出」。這個時節，你來看有沒有菩提這件事？你發覺：根本就沒有！因爲一切法莫非如來藏，而如來藏的境界中卻沒有菩提這回事！有證悟菩提，那是你意識心的事、是你意根的事，和你的如來藏無關；而你發覺自己微不足道，原來一切法都是如來藏；而如來藏的境界中，並沒有菩提可說。這時候你歸依如來藏了，而如來藏猶如虛空，放火燒祂不著，灑水灑祂不濕，刀砍砍不中祂，你能拿祂如何？你說：「不然我用原子彈。」你也炸不到祂，對於祂，依舊眞的無可奈何！所以講到「毒火刀箭，所不能害」，那算小兒科了！你用箭來射祂、用火來燒祂，哪能跟原子彈相比呢？不能比啊！以現代來說，用原子彈來炸，也炸不到祂，同樣是「不能害」。

「斷於諸趣，永離依止；無來無去，而無所害。」當你證得如來藏之後，這叫作斷除異生性，但是斷三縛結也是斷異生性；而且證如來藏之後，悟後進修到達初地時，也是斷異生性。那麼這三個斷「異生性」究竟有何差別？一定有差別啊！不然爲什麼說斷三縛結而斷異生性之後，明心了又再斷一次異生性？入地時又說是斷異生性？「異生」就是人、天以外的有情。這意思是說：斷三縛結證得初果了，所以不毀謗二乘、不毀謗大乘，永遠不墮三惡道，異生性就斷了，這是證初果、斷三縛結的功德。可是這個斷異生性的功德還不夠圓滿，因此證初果之後，再來證悟明心，發覺原來自己五陰身心都在如來藏中，而如來藏可以成辦五陰身心等一切染淨諸法，七轉識自己卻什麼也辦不到；這時候所見深廣，所以所斷的異生性的範圍就擴大了。

講到這個地方，也許有人想：「**那以前三次法難，那些人到底有沒有斷異生性？**」答案是沒有。爲什麼沒有？因爲他們斷我見沒有成功，他們證悟明心時也沒有轉依成功，所以並沒有斷異生性，凡是會退轉的人莫不如是。也就是說，他們在第七住位安住不了，沒有能力安住在第七住位不退，退回到六住位去了，甚至有人退回到二住位了，所以他們並沒有眞的「**斷異生性**」。

像諸位這樣，悟後可以安住下來，這才是眞正的斷異生性；可是還有許多深細的法仍然未知，但是要記住懂得忌口。「忌口」就是說，飯可以亂吃，話不能亂講，特別是毀謗正法、抵制賢聖的話，絕對不能亂講。飯隨著你吃，五穀飯、雜糧飯，什麼飯都行，就是牽涉到正法的話絕對不能亂講；那都有因果，而且因果深重。所以你想，不要再增加那些退轉者的因果，你不要回應他們就好；你越回應，他們生氣起來就越猖狂；越猖狂，他們造的業就越多。本來只是在第一層地獄，可能搞不好你這一回應，他們要下墮到第二層，就這樣子；所以不回應，是最好的回應。那麼正覺弘揚的法到底對不對？同修會裡的作風、作法到底對不對？自有公論，咱們不必跟他們一來一往。當你這樣實證了以後，再來看待一切事情時，發覺自己斷了異生性了！因爲自己懂得什麼該作、什麼不該作，也懂得什麼話該講、什麼話不該講，就不會有下墮異生有情的可能，永遠不入三惡道了，這叫作「斷於諸趣」，就是斷異生性。

可是這個大乘的「斷異生性」要到什麼時候滿足呢？要到初地的入地心

才滿足。所以在入地之前，都還有可能會墮落異生；因爲有時候被某一些事情所轉，造了謗三寶中的某一種惡業，死後就下墮三惡道去，就成爲異生了；所以自己身中的「異生性」一定要小心提防，趕快把它滅除。那二乘法中的見道、大乘佛法中的見道，乃至入地這個見道，都有分斷的不同，所以對於異生性的斷除廣狹深淺有所差異；因此「**斷於諸趣**」是有各種差別的不同。

那麼「**斷於諸趣**」的人，表示他此後永遠不墮落三惡道；這個人是「**永離依止**」的，因爲他依於如來藏，而如來藏於一切境界都無所住；既然於一切境界都無所住，那祂就沒有任何依止了。當祂沒有任何依止的時候，表示「如日處虛空」，《六祖壇經》講的，就好像太陽在虛空中，什麼依止都沒有，祂就獨自這樣子運行。而這時候自己的所見（不是所修）「**無來無去**」，所以廣欽老和尚走的時候說：「**無來也無去，沒什麼代誌。**」說是沒什麼事情，這樣就走了。所以「**而無所害**」，於一切法都無所害，於一切眾生都無所害，於自己也無所害，就這樣「**無所住而生其心**」。

《不退轉法輪經》上週講到三十頁倒數第五行，講完了；已經說到法行菩薩摩訶薩「斷於諸趣，永離依止」，因為他依止第八識眞如，所以「無來無去，而無所害」。那麼今天要講：

「無向菩提，顯說音聲；自證如實，不由他教。」就是說，在通教菩薩中所證的佛菩提，祂是無所去向的；因為通教菩薩所證的佛菩提，所得的解脫與實相智慧可通三藏教與別教，所證則是四向四果的解脫，而有別教菩薩眞見道位的智慧，只是沒有相見道位及通達位和諸地的無生法忍罷了，因為他擁有的只是別教初見道的總相智慧，以及聲聞、緣覺的解脫果功德。

這個實相的總相智慧，譬如說，你證得如來藏之後，轉依了如來藏，現觀如來藏的眞實法性，這時候你還能有什麼去向嗎？不可能的！因為轉依如來藏時，是以如來藏為歸，而如來藏無所住，所以你就沒有任何去向可言；如是證就是「無向菩提」，你無所向，純依第八識眞如而住，所以名為「證眞如」。但是雖然心無所住，卻要時時刻刻而生其心，因為身為菩薩，你要利樂有情；菩薩的偉大正在這裡——「不為自己求安樂，但願眾生得離苦」，這就是菩薩。如果菩薩說他證悟了，乃至說他成佛了，但他心中想的都是世間法，譬如名聞與利養，那他就不是眞的證悟，也不是眞的成佛，其實只是一個凡夫、大妄語者；因爲他沒有遠離異生性，所以捨壽後要往生去三惡道成爲異生，因此說他還有異生性。

眞正的菩薩，悟後是要利樂有情的，所以他不會設想自己在世間法上的利益，而純粹是爲眾生作事；所以他要度化眾生，而自己都無所求，這才是眞正的菩薩。那麼既然要度化眾生，當然得爲眾生說法：「顯說音聲」。然而爲眾生說法時，可就有許多的困難。因爲這個法甚深、極甚深，非二乘聖者之所能知，亦非諸多凡夫所能臆測，而你想要幫助眾生實證就有困難，所以你必須以「音聲」來爲大眾演說。在演說當中，去顯示出這個世出世間法，這樣叫作「顯說音聲」，所以音聲很重要。

在《楞嚴經》二十五圓通法門之中，文殊菩薩所評最殊勝的是觀音法門。這時候有沒有人想到一個問題？「既然最殊勝的是觀音法門，那您蕭老師爲什麼不教我們觀音法門，卻教我們大勢至菩薩的念佛圓通法門？這是什麼道理啊？」可能有人這樣聯想到了。可是觀音法門裡面講的，是要「入流亡所，所入既寂……聞所聞盡，盡聞不住、覺所覺空」，這就是觀音法門。告訴大家說，你聽聞佛法之後，所有聽聞的蘊處界萬般諸法，聽進來之後，了知它的虛妄，然後就把它放流了，這叫作「入流亡所」。然後繼續聽聞到第一義諦時，能聞、所聞都是空性如來藏，而能聞、所聞其實都不存在，成爲「聞所聞盡」，這就是「觀音法門」哪！

那麼咱們弘法以及每週二講經說的，不就是觀音法門嗎？所以心裡面別老是怨叨著說：「蕭老師心腸不夠好，沒教我們觀音法門。」可是我用的就是「觀音法門」啊！但是一時之間，功夫鍛鍊很難，所以附帶教導大家〈大勢至菩薩念佛圓通章〉來作功夫；功夫鍛鍊起來了，見道有望，得大受用；然後再輔以觀音法門，就是觀聽說法的音聲而「入流亡所」；藉著音聲的聽聞，然後凡有所入理解之後，就把它放捨了；因爲這五蘊、十二處、十八界、六入等等法，無一不是如來藏，又何需牽掛？這就是「入流亡所」；所以咱們每週二在這裡，或者你每週有一次禪淨班或進階班的課，也是觀音法門，因此可別誤會了！

這就是說，在娑婆世界，音聲非常重要，如果不是藉著音聲，諸佛來人間要弘揚三乘菩提妙法，無一可成；因為娑婆世界有情眾生，都依賴音聲互相傳遞訊息、互相溝通，所以音聲非常重要。這一部經後面也還會談到「什麼叫作聲聞」？也是因為音聲的聽聞，所以名為聲聞。菩薩既然心心念念想的是如何利樂有情，如何利樂眾生，不為自己打算，那他當然要用音聲來施設方便，讓所度的眾生得以聽聞而瞭解如實義，就這樣而說「顯說音聲」。

然而菩薩摩訶薩卻又有一個特性，就是「自證如實，不由他教」。菩薩凡有所說，全都是自證的；如果不是自證的，而是依文解義交代時，就會謙稱尚未實證，便可以滅除了大妄語業。往年海峽兩岸的佛教界，有自稱成佛的，有自稱法王的，有自稱幾地的，也有自稱阿羅漢的；可是推究下來，全都是大妄語。所以咱們正覺出來弘法，把實證的內容講出來時等於打翻一船人；不是只有把一個人打落水，是把一船人全都翻了入水！所以當年兩岸佛教界攻擊正覺的音聲非常廣大。

例如有的人拿到蕭平實的書，讀了以後說：「這書寫得好！」可是上網一查，罵的多，讚歎的少，於是心裡面又開始擔憂了：「到底這法對，或者不對啊？」然而經歷了二十幾年、三次法難的考驗，現在臺灣佛教界就說：「想開悟，去正覺；沒別的路！」因爲沒地方可以求悟，你眞想要求悟就去正覺。但是正覺之所由來，從我蕭平實而來，而我出來弘法之後，因爲被諸方抵制、毀謗；這正法生存已經不易了，還要被誹謗，我不能接受啊，所以我開始拈提諸方。拈提了以後，人家就上網罵：「你這蕭平實跟著聖嚴法師學法，然後悟了，倒來毀謗他、否定他。人家聖嚴法師傳法給你，而你眞是忘恩負義啊！」罵開了。

可是我公開說：「我所證的法，不是他給我的法；我是把他的法全部捨棄以後，我自參自悟啊！何曾得他的法？如果我是得他的法，今天沒有正覺同修會了。因爲他那個境界也是離念靈知，仍然是凡夫境界，莫說佛菩提道，連聲聞解脫道的初果都不可得！所以我沒有忘恩，因爲我沒有得他的恩；也沒有負義，因爲他於我無義，他給我的法是錯誤的意識境界。」這麼一講出去以後，大家瞭解了，再也不罵忘恩負義了。可是窮究正覺同修會之所由來，是我一個人開始的；而我能夠創立正覺同修會，是因爲我自參自悟「**不由他教**」；但是有個前提，這樣講的只是說明這一世，不包括往昔無數劫以來；因爲往昔無數劫中，仍然是追隨諸佛如來而修學的，所以菩薩得要「**自證如實，不由他教**」。

那麼講到這裡，我倒想起來：我們高雄有位助教老師問了個問題說：「**菩薩如何可以每一世自己證悟，不由他教？**」我說他還眞有心，想到這個問題。但這不可強求，而是因爲「**不由他教、自己證悟**」的事，至少得要入地後；假使還沒有入地，當代又無善知識出世弘法，那他想要證悟，難上又難，不是容易的事！想我今天這樣的證量，當年就是用聖嚴法師教的東西，閉關參究了十九天半，都沒個消息。在第十九天午齋過後，上了佛堂，繼續用他的東西參究，都沒個入處。到了三點鐘過後，開始整理佛法大意，認爲他所說的法根本無助於實證，所以把他的法義丟了，我開始整理「明心見性」四個字；等我整理完了，問題全都解決了，這不是參禪，而是把往世的種子整理出來。

這就是說，被誤導的時候，你都還沒有離開胎昧，會被侷限在別人所教的邪見中；但你如果把人家的邪見丟棄，自己來參究或整理時，問題就解決了。所以這個「**自證如實**」是「**法行菩薩摩訶薩**」必須具備的條件；但是「**不由他教**」，這件事情卻得要一世又一世不斷地證悟，成爲串習之後才能使這種子存在；還不必修到初地，總有一世他會開始「**自參自悟**」的過程，那他就成爲眞正的法行菩薩摩訶薩。這看起來不容易，但每一位菩薩都還是要走過這道坎，因爲三地滿心之前，這種隔陰之迷都會存在；可是如果不畏懼隔陰之迷，而繼續可以「**自證如實，不由他教**」，在未入地之前也有可能作到，前提是沒有被惡知識所誤導。

但是在這裡有一個前提，講的是「**自證如實**」——自己的所證是否如實，這很重要。有的人動輒誇口證量如何之高，但是都經不起檢驗。所謂的證量，不是一次體驗便罷，而是實證之後，必須再三驗證，才算實證。所以二地滿心的「**猶如光影**」現觀，我那時候花了兩個半月才算完成；這是可以再三證驗的，因爲我完成它是一個多月，後面一個月是每一天去驗證它。你要能再三驗證，而不是經歷一次就算了，所以「**自證如實**」很重要。

譬如三地滿心的「**色陰盡**」境界，我在《楞嚴經講記》爲大家講得很清楚了。但是此世只有體驗過一次，不能當作已經親證；你必須體驗過一次以後，隨時隨地要進入那個境界、就可以進入，這樣才算實證。至於隱覆證量而示現的事，不是我們這裡所要講的，就不說了。所以「**自證如實**」的意思是說：凡有所證，必須經過再三檢驗。如果只有體驗過一次，那不算數！所以如果當作那樣就是實證，那就大妄語成就；因此 如來開示說：「**斯但精行，暫得如是，非爲聖證。**」因爲這只是善根發，而不是眞正聖者所證的境界。也就是說，在這裡特別要強調的就是「**自證如實**」四個字，這四個字遠比「**不由他教**」更重要。那麼法行菩薩可以這樣實證，他所證悟的菩提無所去向，因爲證悟後「**無所住而生其心**」；「**生其心**」的目的則是爲眾生，不是爲自己，這才是菩薩。

否則的話，悟後爲自己努力進修，道業進展很快速，而他到了即將成佛時，座下沒有諸地及三賢位的各階位弟子，他怎麼成佛？一個人成佛時，座下得要有妙覺菩薩，要有等覺菩薩，也要有第九、第八地，乃至凡夫、十信位的弟子全都要有；可是他自顧自往前走，快要成佛了，仍然沒有所度的弟子，該怎麼辦？那時他要走回頭路，重新再來度弟子；可是那時師弟之間的距離太遙遠了，弟子不好親近，那他成佛時間就拉長了！所以當你入地之後，道業進展快或者慢已經不重要，因爲你很篤定：「我將來確定可以成佛。」這時候，腳步放緩了，要往後面施設一條粗粗大大的繩索，讓大家拉；你在前面揹著往前拉，一定得大家都能跟上來，你才能成佛呀；否則你一個人成佛？天下沒有這樣的佛。所以一定是要施設各種方便善巧，把你的「無向菩提」，用「顯說音聲」來拉拔大眾；當大眾一步一步跟上來，離你不遠，那你可以按部就班、順理成章，自然就成佛了。表面上看來，你道業進展慢，其實不慢，因爲你不用走回頭路；走回頭路還要花很多時間，因爲你要重新跟大眾結緣。

其實學法不難，《大乘本生心地觀經》也說「菩提妙果不難成，眞善知識實難遇」，第一義諦的實證不難，難在沒有遇到眞善知識。那你證悟了以後，往前走也不難，難在你沒有同修伴侶，所以無法成佛。爲什麼這個是最難的？因爲你證悟後要跟大眾結緣；而結緣的事，你得要一次又一次不斷地作，否則修福修慧都沒有辦法，但是「結緣」這個事情是要一世又一世不斷地作才辦得到。所以不懂這個道理，悟後自顧自往前走，不肯拉拔大眾，那他成佛就非常慢；這個道理很少人知，但是我要跟諸位講。也就是說，心態上不可以當自了漢，一定要有諸同修伴侶，大家互相拉拔、互相往前走，自己一個人成不了佛。這個道理現在諸位懂了，那我們就轉入下面四句。

「**不得是趣，及諸非趣；聲念念滅，大乘速顯。**」因爲前面四句有講了「**顯說音聲**」，那他的一切所顯的音聲之中，「**不得是趣，及諸非趣**」；因爲他所顯說的音聲，都在講如來藏妙義，因此所說之法不涉入三界六道的法；沒有想要求生天、或者求往生哪一趣，因此不得天趣、人趣，也不得諸非趣。那麼藉著音聲，在念念滅的當下，就教導了大眾「**大乘**」菩提；藉著「**念念滅**」的音聲，來爲大眾顯說常住不滅的佛菩提道，這樣快速地把佛菩提的眞正義理顯示出來。我們花了二十幾年的時光，把大乘法的義理發揚出來，算是很快了；但是大乘法的義理，不是「法行菩薩摩訶薩」所顯說的音聲；而在那音聲背後所顯示的義理，藉著「念念滅」的音聲，把「大乘」法的道理快速地顯示出來。而這些快速顯示的法當中：

「常說安隱，第一空法；若能速證，是名無縛。」所以善知識出世弘法，必定是個「無縛」者，如果他本身被名利等世間法繫縛了，那就不是「法行菩薩摩訶薩」，他只是個凡夫。因爲實證的人說他有所實證，同樣都有一個檢驗標準，叫作轉依；轉依成功的人依眞如而住，而眞如無所住，從來不貪於名利；所以他於無所住當中，時時而生其心，想方設法利樂有情及令正法久住，這才是眞正的「法行菩薩摩訶薩」。

而他在利樂有情當中，永遠都說安隱的「第一空法」。諸位如果讀過《摩訶般若經》，其中講到十八空，可是十八空歸結到最後，全部都是第一義空。爲什麼第一義空是至高無上之法？因爲祂說的是實相法，實相法才是第一義；其他的空都是第二義、乃至第十七義。而「法行菩薩摩訶薩」永遠都在說最安隱的法。最安隱的法就是第一義空法，因爲這個法使人得安其心；如果證悟之後，依舊心不得安，還要提倡安心，表示他的證悟是有問題的，因爲依止於眞如心而轉依成功的時候，心中不需要再牽掛其他的法！心中所想的就是，如何繼續在這個第一義空法上面深入、廣大，讓自己的眼界越來越廣大、越來越深入；沒有世間法之可言，所以永遠是安隱之法。

爲什麼說安？爲什麼說隱？古時的「隱」即是現在的「穩」，安隱即是安穩。譬如證悟之後，你轉依了如來藏；可是你轉依如來藏時，如來藏無所得，如來藏無分別，所以於一切世間諸法都無所求；那時無所求、無所需，心中就很平定，非常安定，再也不擾動了。因爲所有經典請出來一讀，發覺自己腳踏實地，再也不像以前所謂的學佛——老覺得不切實際，不知道什麼才是實證！如今有所實證了，腳踏實地了，心中永遠都是安祥穩定的，絕無絲毫的疑心或疑見。

所以心中安定下來的時候，沒有人可以要脅於你；如果覺得被要脅了，或是事實上也被要脅了，心中就不得安定；心中不得安定時，形之於外就是開始浮躁，然後作事開始手忙腳亂，這就是轉依沒有成功的現象。可經過三次的法難，我們不動其心，該怎麼作便怎麼作；最後大勢底定，因禍得福。臺灣南部有句話說：「打斷手骨去倒勇（閩南語：打斷手臂、好了以後反而更勇固）。」聽過沒有？對嘛！啊？你們聽不懂！我解釋一下：說有個人，手臂打斷了，結果治療好了以後，比以前更強壯。我們正覺正好如此，所以第三次法難以後，大家看看說：「連自己的人，證悟後出來推翻都翻不了；那咱們沒有實證的人，就別提了！」從二〇〇三年法難之後，臺灣佛教界就有這麼一句話：「求開悟，去正覺。」所以只要你有轉依成功，你的心是安定的，不受要脅；損失也罷、得福也罷，都是一味平懷。

那麼除了心安定，還有一點就是隱。「隱」就是不形諸於外，也是穩定無亂的意思，所以你的所證，非凡愚之所能知，但是你也不會一天到晚說：「你們算什麼？你們都不懂！就我懂。」所以出門買東西、辦事情，沒人認得我是某某人。一般人看見了我，有時候問：「你在教太極拳嗎？」（大眾笑⋯⋯）我說：「是啊！是啊！教太極拳。」然後我就走開。還有一次，遇到一個幫人家帶孩子的女人，在電梯裡面。她問我說：「你是算命的嗎？」我說：「是啊！是啊！我算命。」她接著問：「那你算一次多少錢？」（大眾笑…）我說：「我算命很貴，可能您負擔不起！」（大眾笑…）因我算的是三世之命，把過去、未來、現在都給算了當然貴。貴在哪裡？你得要好好來學上兩年半，兩年半還不一定悟得了！三年、四年、五年……繼續學，那當然貴啊！因爲時間要花多少？還要花多少精力！眞的貴呀！所以你的所證極幽隱、極安定，非二乘聖人之所能知，更非一般凡夫之所能知。

而這樣的安隱之法，「法行菩薩摩訶薩」永遠都爲大家演說。這個「安隱」之法，就是「第一空法」。如果於「第一空法」能快速證得，轉依成功就叫作無繫縛者，他沒有被三界法所繫縛。有時候學人來參訪禪師，禪師問他：「你來作什麼？」他說：「我來求解脫。」禪師就問他：「誰綁著你了？」果然沒有人綁著。他自己悟了就知道：「果然沒有人綁著！只是我自己綁自己。」也就是說，當你實證之後，發覺自己本來就是解脫的；因爲你證得如來藏之後，就是證得本來自性清淨涅槃，而你就住在自己的如來藏裡面，如來藏卻是本來就已經解脫，從來沒有繫縛；那你說，你證悟了還有誰綁著你？

所以說：「若能速證，是名無縛。」接著說：

「疾乘是法，菩薩所說；心無棄捨，是名無縛。」「法行菩薩摩訶薩」就是快速地乘坐著這樣的法前進，這個就是菩薩悟後的所說。這一句當然也可以解釋說：「這個佛菩提道，就是一個疾乘。」「乘」就是車乘，是你學法時所乘坐的車輛；這是快速的車輛，因爲若論解脫，三乘菩提之中，唯有菩薩道最快，因爲一念相應，當下解脫。二乘菩提還得從蘊處界等法的生滅性，一一去作觀行；可是大乘法這個解脫，一悟當下就是解脫了；因爲當你這一悟，發現如來藏本來解脫，沒有繫縛，你不必再作其他的觀行。所謂的悟後起修，再作觀行，目的是爲了**相見道位**快速圓滿；否則這一悟，大事底定，當下解脫。這跟外道所說的五現涅槃，相去不可以道里計，那是天地之別。所以佛菩提之所以勝妙確有其因，只是實證極難，因此世間才需要有善知識。

那麼「法行菩薩摩訶薩」「疾乘是法」，這就是他的所說，他希望大眾都可以快速地證得這個法，然後快速往前進；也正因爲這樣，所以咱們還施設了悟後進修的增上班。我們不是像一般的禪師們，這一證悟明心就大事已了，每天晚上墊三個枕頭睡覺。咱們不是，咱們說：「沒悟之時，事情很多；悟後，事更多！」因爲你要修的、要學的、要證的、要得的，比「開悟」這件事情還要多很多，這才是眞正的菩薩所說。

可是菩薩這麼一悟，「心無棄捨」；菩薩證得解脫以後，是不是就把一切法都丟了？是不是這一悟，就把所有眷屬都遺棄了，躲到山裡去自修？不是的！菩薩這一悟，反而走入市廛（市廛是街上作生意的地方）垂手接人；菩薩眞是這樣，所以你們看 彌勒菩薩多辛苦！在兜率天宮內院住得好好的，爲攝受眾生，抽個空就來人間走一走，示現爲布袋和尚。每天遇見了人，伸手就是：「給我一文錢！」他就這樣。有時候看見前面有個僧人，他趕上去，拍拍那僧人的肩；那僧人回轉身來問他幹嘛，他就伸手：「給我一文錢！」不論遇見了誰，都是：「給我一文錢！」他又不花錢，討錢幹嘛？

他在人間，有時候走到市場去：「欸！給我一文錢！」人家沒給他錢呢，給他一條鹹瓜。他接過來，咬一口，往布袋裡一丟，又走了，又找第二家：「給我一文錢！」不管人家給他什麼東西，他都是咬一口，然後往布袋一丟，活脫脫好似個神經病。可是他幹嘛如此？後來有人聽到了這個故事，知道此人絕非等閒，所以刻意前來找他。找到他了，他還是一樣：「給我一文錢！」你給多了，他還不要，就要一文錢！如果沒錢，隨便給他什麼，他都准，就這麼咬一口。幹嘛？爲什麼接過來都要咬一口？然後就丟到後面布袋去。有道理啊！很多人都不認得他，早期還有人說他是個瘋子；可是他臨入滅時說：「彌勒眞彌勒，分身千百億，時時示時人，時人自不識。」你看！就這樣，又來示現一次，然後再回他的天宮去；總是要抽個空，來安排一下人間的事情。

所以雖然證得眞如了，一切無所繫縛，但是他「心無棄捨」，一直都記掛著眾生，特地來人間與眾生結緣。所以菩薩實證了眞如之後，觀察如來藏眞如境界中無一法可得，可是卻不捨任何一法；就是要繼續運用一切法，而跟有情眾生同事利行，這才是菩薩。所以當了菩薩，不可以當自了漢；當自了漢的人沒資格證悟這個「第一空法」。所以不是證悟之後，就躲入深山自修了；而是要在利樂有情之中，去增長自己的道業，得這樣「心無棄捨」，這才是眞正的「無縛」。所以人家如果來問你：「如何是無縛？」你就答他：「繫縛！」他一定會像聖嚴法師一樣回說：「原來『禪』就是講反話！」（大眾笑…）其實不然！正當告訴你繫縛的當下，就已經告訴你無縛了！所以佛法厲害啊！非是等閒。接著說：

「刀兵惡趣，所不侵逼；身得無畏，毒不能害。」一般人或大法師們讀不懂大乘經典，總是說：「這大乘經都在講神話。」這哪兒是神話？這是法界中的現量。你證悟之後，看看自己的如來藏，刀砍不著；士兵來了，也殺不著；一切的惡趣，也拿如來藏無可奈何。因爲如來藏具有眞如性，不論去到什麼境界中，如來藏自始至終都是如如不動；那禪師看見這個道理，當人家來問：「如何是佛？」他說：「火燒不著。」眞的火燒不著；但是說個火燒不著，那當下就是佛了。你如果還沒有悟，心裡面就打個大問號：「爲什麼火燒不著，當下就是佛？」你要問我這個道理，我還眞不能告訴你；等你悟了，你也不用來問我，自己就知道了。所以三界中任何諸法，都無法傷及如來藏一絲一毫，因爲如來藏無形無色，非刀兵所能觸，非惡趣所能苦，因此一切諸法不能侵逼如來藏。

到這個地步，假使哪一天，有個惡人拿著刀架在你脖子上說：「你得要公開聲明：沒有如來藏可證，你所悟的是假的！」這個時節，你該怎麼應對？難道就跟著他改口嗎？這時候就準備轉到下一世去了！（大眾笑…）所以就開口說：「要我改口，不可能！要命，一條！」也許他弄個不懂就說：「你為什麼這麼難改口？寧可喪身捨命在所不惜！」你就說：「因為法界定量，本來如是。」這一下，可能他受感動，就說：「那我拜你為師好了，竟然有人可以為這件事情願意喪身捨命！」世間的事情很難說啊！什麼可能都有。

所以說「刀兵惡趣，所不侵逼」，因為已經看清楚了：五陰死了祂也沒死，誰傷得了我的如來藏？這麼一看，想開了！該幹嘛就幹嘛。這時候，「身得無畏，毒不能害」。有人說要對你下毒，否則你就得改口。你說：「改口，沒有！毒拿來，我就喝了吧！」就這麼直截了當。所以證悟之後，實地現觀，果然「毒不能害」，這時候還有什麼可畏懼的？該畏懼的是，未來世的異熟果可愛、不可愛，且不管這一世可愛、不可愛！這就是證悟後的「法行菩薩摩訶薩」所應該有的心態。接著說：

「菩薩行慈，普遍一切；離於諍訟，是名無縛。」菩薩摩訶薩出世弘法，常常被人家說：「你都在跟人家諍訟。」可是菩薩其實沒有諍訟。世間人的諍訟是因爲理不直、道錯誤，偏要諍到直、諍到對，才需要諍訟。可是當凡夫眾生不斷地批評菩薩時，菩薩所作的事情是在爲大眾解開繫縛，是藉著音聲不斷爲大眾解釋說明；他是在說法，是法義上的辨正，不是在諍訟。譬如說幾週前，把累積的事情處理完之後，我又開始註解《成唯識論》了。現在註解到卷三，預計再兩週，卷三可以註解完。可是卷三講的都是什麼？都是在論辯聲聞部派佛教那一些凡夫僧所提的問題。部派佛教就是聲聞法、聲聞人，那你就好好學你的二乘菩提，別來管大乘法的事！可是他們偏偏要來管大乘法，就認爲說，這大乘法應該如何又是如何，但他們講得一大堆都是錯誤的！那麼菩薩弘揚大乘法，當然就得要把他們對大乘佛法的錯誤解說拿來講給大眾聽，免得大眾被誤導了，所以卷三都在講那一些；其中講到化地部、薩婆多部（說一切有部）、正理師等，都在講十八部派的邪見。

那爲什麼要講他們？因爲他們不安分，他們不是單單談自己的二乘菩提，還把大乘經拿來亂講，也把大乘的論拿來亂講，那就會誤導很多大乘學人！這時候，菩薩不得不拿他們舉例說明。那些聲聞部派佛教，幾乎所有部派都在否定第八識的存在。那你說，對玄奘菩薩而言，「是可忍，孰不可忍？」當然得要把他們舉出來，指明這是薩婆多部（說一切有部）、化地部、正理師……講的，一一舉述出來；他們怎麼說的，又爲什麼他們講錯了？都得要一一加以分析說明，卷三就講這些。

那麼當年在天竺，外道四大派別所講的那一些也都是錯誤的；玄奘弘揚自己的法，幹嘛要講外道的法錯誤？因爲要救眾生。當年玄奘在天竺，是因爲戒日王的要求而辦了法義辨正的無遮大會，前後十八天。但是我們這個年代，有哪個國王、皇帝來爲我辦個無遮大會？（大眾笑…）那我乾脆自己爲自己辦，所以《邪見與佛法》書中，我就附上那麼一篇聲明。

結果有個密宗的熱某仁波切來電說要來辯論，我派了個親教師跟他辯論，說好了哪一天要來，結果那天也沒來；沒來，至少也打個電話說個抱歉也行，也沒個電話！這就是末法時代。如果夠聰明就想：「假使我被蕭平實給拈提了，說我錯了；而我看到人家刊了一篇〈法義辨正無遮大會聲明〉，我倒想趕上門去，辯輸了，他就得收我作徒弟。」哪裡求來的這麼好機會？可以正式拜師。對吧？對啊！這就是我的想法，所以我的想法跟人家不一樣。如果誰說我講錯了，我檢查的結果眞的錯了；那我還眞的找上門去跟他辯論，因爲辯輸了，我絕對不自殺，我有那麼笨啊？這善知識是天上掉下來的禮物，不得白不得，趕快禮他爲師，這不久就是悟了嘛！所以我說：「現在佛教界還眞沒有聰明人，都是笨蛋！」（大眾笑…）又罵人了！

所以菩薩證得無生法而面對眾生的時候，菩薩不斷地寫論、不斷地有著作出版，都是爲了說明道理，不是爲了諍訟。即使菩薩拈提好多人，像玄奘拈提了當代的論師，還講了當代四大外道的過失；那十八天的法義辨正無遮大會，也沒有幾個人敢眞正上來挑戰，因爲玄奘目的不是爲了諍訟，他是行於慈心。而且菩薩行於慈心，「普遍一切」；既然普遍一切，凡是說錯的一切大師，全部都把他們拈了，這不是爲了拉他們下馬，而是爲了救護他們免下地獄。所以我們也這樣作，凡是對佛弟子們有重大影響力的，咱們就拈提，無所顧慮；冒著大不韙，也要作這件事情，因爲我們早期想要與他們和平共存而不可得，所以破邪顯正就成爲「菩薩行慈，普遍一切」。而菩薩所作的這一些法義的說明，目的不在諍訟；目的在救護那一些自己走了岔路的大法師們，以及他們座下的弟子們，所以他心中沒有諍訟。

早期佛教界有很多人，他們都想：「這蕭平實一定一天到晚都在生氣，因爲他看這個也不慣、看那個也不慣，都在拈提人家！」可是他們沒想到，我早期還沒有學電腦以前，都是用手寫的，寫得很愉快！而且法義不斷地冒出來，法樂無窮，所以沒有帶著半點兒的瞋恨；即使法難事件的時候，我在寫那些辯論的文字時，也沒有不悅，因爲目的是救人，所以「離於諍訟」，這樣叫作「無縛」。證得如來藏的人，也不應當有所諍訟，因爲如來藏永遠如如不動，怎麼會有諍訟呢？所以實證的人不會有諍訟，但是看見眾生被誤導時，他該作什麼、就去作什麼，就只是如此。接著說：

「不取身相，善分別身；到菩提道，棄捨惡趣；除其愚癡，神通自在；

得名菩提，是名八輩。」法行的菩薩摩訶薩並不是笨蛋，爲什麼說悟後「不取身相」？明明悟後看見某甲是某甲、某乙是某乙，每一個人不同的身相都很清楚、分明，卻又爲什麼說他「不取身相」？這是說：菩薩證悟之後，以如來藏爲身，所見一切有情，一個又一個全都是如來藏。但如來藏有身嗎？所以菩薩「不取身相」。我也常常舉例，說我們早期沒有禪三道場，總是借人家的地方用，有時候跑了蜈蚣進來，跑了蟑螂進來。有個女眾覺得脖子癢癢的，一撥下地說：「欸！是蜈蚣菩薩。」她沒有慌張，反而心裡想：「原來是蜈蚣菩薩，牠也是如來藏！」就這樣想，都沒有驚動到左鄰右舍；這要是平常看見蟑螂，就「媽呀！」哭了出來。老實說，請媽媽來，不如自己動手！（大眾笑…）對吧？你就好好地把牠請出去，不就得了？因爲那隻蟑螂也是如來藏相，沒有身相可言；所以說，菩薩「不取身相」。

可是正當「不取身相」時，卻又取身相，因爲「善分別身」。也就是說，每一類有情來到菩薩面前，菩薩都能夠善於分別：他的眼、耳、鼻、舌、身、意六根在哪裡？他的六識又在哪裡？這一些都善能分別；不但如此，而且善能分別他所接觸的六塵，是怎麼個接觸法？如來藏怎麼接觸外六塵？而他的六識心是如何接觸內相分的六塵？全部善能分別。再從如來藏對於所持的五根身，也是善於分別，七轉識根本作不到，證悟再深入相見道位中詳細觀察時，也證明確實如此。像這樣的菩薩眞是「**到菩提道**」了，只要一「**到菩提道**」，表示他斷除了異生性。「異生性」就是三惡道的體性，三惡道的體性斷除了，表示他從此以後永不入三惡道，所以說他「**棄捨惡趣**」。

世間人爲了保住人身、不墮惡趣，得要三歸五戒；不受持五戒，還保不住人身呢！可是菩薩打從證悟後都以「道共戒」爲歸，永離三惡趣，因爲他再也不造惡業了。證得如來藏的人，終有一天會現觀：自己從來都活在如來藏裡面，不曾外於如來藏；既然如是，所造一切業的種子都在如來藏裡面收存，不會散失；這一看清楚了，還能造惡嗎？也因爲這個緣故，所以「**棄捨惡趣**」。

接著悟後繼續進修，「**除其愚癡**」，因爲**相見道位**的智慧，次第發展出來，越來越勝妙了；這時候煩惱越來越少，因此後來於禪定得自在，然後就是於

「神通自在」。那麼在佛菩提道裡面，神通是什麼時候修的？是三地即將滿心時。而三地心要修多久？一大阿僧祇劫的七分之一！所以那是很多世再加一世，因爲那是很多劫的事；因此不用急著修神通，留到三地再修便行了；到那個時候修神通，就很容易了：「**早上修，晚上便成就。**」不用懷疑！事實如此。

假使你四禪八定具足了，然後把經中有關修神通的方法加以理解，付諸於實修；乃至明天晚上修，明天晚上立即成就，沒什麼問題！但是你如果現在要修，很多年又一年之後，還不一定能成功，而且多數失敗；因爲我看見了所謂修神通的人，他們的依據是某一些法師寫的那些書，那書裡面的修神通方法的內容根本就講錯了。所以最快速修神通的方法，就是你趕快把三地心應該修證的內容都滿足了，到那個時候，很容易可以修成。

這時候佛菩提道中，證悟明心後的最大關卡就突破了，因爲三地心是一個大關卡。三地滿心爲什麼是大關卡？是因爲五陰區宇中的色陰區宇是個大關卡，當你先把色陰給突破了，證得**色陰盡**的境界，這時對你而言，沒有白天、晚上的分別了！因此當颱風一來，停電了，一片漆黑；可是你想讀書時照樣讀，沒問題！讀經閱論都沒問題，因爲你超過了色陰區宇，色陰已盡，你的所見和白天幾乎一樣；但是有那麼一點點的差別，就好像一張彩色的、亮面的照片，你拿的時候不小心掉進了墨缸裡，趕快把它撈起來，用水沖；沖完了墨汁時又看見彩色的了，只是有一層淡淡的黑色覆蓋在那張彩色照片上，**色陰盡**時所見就像是這樣，照樣看得很清晰、很分明，沒有差別。而且那個時候，你在暗夜中看一切景物時，都沒有明暗與遠近的差別，有的景物雖然是在暗夜中又是很遠，你想要看它的毛細孔，一樣可以看得見。所以暗夜之中兩丈之外的衣櫥上有些胡桃木，有些別的木頭，你一看，那些毛細孔都看得清清楚楚，這就是**色陰盡**的境界；而這一關是佛菩提道中最難突破的一關；從佛菩提道來講，這一關最難。

過了**色陰盡**這一關，從此以後，你的「作意」不會單純只有在人間度人了。有時候晚上一盤起腿來就出去了，去到別的世界度人了。如果這個時候滿足三地心了，進入四地，他想想：「**人間度人這麼難，去其他的世界度人**

反而容易！」他的心就不常在人間，大家要親近他，可不太容易了！因爲他的心量越廣，他要度的人越多了，這也無可奈何啊！那麼人間呢，就留給二地、初地菩薩去度吧！所以在佛菩提道三大阿僧祇劫的修行過程中，各種狀況都可能出現，因此每一個人都應該廣結善緣，不要死腦筋說：「我就跟定您蕭平實！」保不定哪一天我不在人間度人，我到別的世界、到處去，遇不上了，怎麼辦？

自然，那時人間會有別的菩薩來，要有這個觀念；因爲每一個人的成佛，都在修道過程中要奉侍很多的善知識（也就是很多的佛菩薩），你得要一一奉侍，可別死腦筋！那我講這些話的意思，是不是告訴諸位說：「你們以後甭來親近我！」也不是！是因爲我要告訴你眞正的道理是什麼，而這種事情很難有善知識會告訴你，但佛菩提道的定量就是這樣，這是無可奈何的！所以千萬別打定主意說：「我這一世死了，去極樂世界，再也不回來了！」別講這句話！應該說：「我死了去極樂世界，也許我會再回來。」應當這樣講，因爲你得親近諸佛以後才能成佛，不是只有親近一尊佛。

有人也許想：「那我去極樂世界，不用到別的地方去，在那裡最後也會成佛。」但問題是你要想一想：「觀世音菩薩要在那裡接續阿彌陀佛之後成佛，那是多久以後的事？祂住持正法的時間很長，接著還有大勢至菩薩；後面還有很多菩薩等著，什麼時候輪到你？」（大眾笑…）這是切身的問題！

人家在娑婆世界，可能化長劫入短劫以後，不多久成佛了，他都還在蓮苞裡面；就算出了蓮苞，蓮花開敷，聞佛說法，他要等到什麼時候成佛？這事情大家要想清楚。這個意思就是說，你既然「除其愚癡，神通自在」，可以稱之爲得菩提的人；而證得菩提意思是什麼？是有智慧。有智慧的人如果去幹愚癡事，譬如說你如果證悟了，然後說：「我要往生極樂世界，去極樂世界上品上生之後，再也不回來了。」那我告訴你：「在那裡過上相當於這裡的一千年、兩千年之後，阿彌陀佛會告訴你說：『你都不想回娑婆世界嗎？你都不想念那裡的親朋好友嗎？』」一定會提醒你的。這意思就是說，從通教初果這樣一直修上來，修到了法行位，成爲法行位的菩薩之後一切以法爲歸，不再看重世間法；所以世間法的利益再也不看在眼裡了，該怎麼作就怎麼作，但不會去追求；一切爲正法，一切爲眾生，這樣證得佛菩提的人，就是四雙八輩中的人。

「知欲色界，及與無色；三界同相，是名八輩。」所以在佛菩提道中，證得聲聞道之後，回復通教菩薩位了，依於所證的如來藏而得通教初果，乃至阿羅漢、緣覺，這時候對於欲界、色界、無色界，當然都已經通達了。有沒有人想到一個問題說：「在人間證悟是證這個如來藏，但色界天可能是證悟別的。」如果這樣想，那就大錯特錯！我告訴你：你在這裡證悟了，是這個第八識如來藏；不信邪！乘著神通去到西方極樂世界，禮拜了　阿彌陀佛，一看，依舊是這個第八識。不信邪！回來，經過娑婆世界不停留，又往反方向去；到了東方　琉璃光如來的世界，禮拜完了，一看，還是如來藏！因爲十方三世一切有情莫非第八識如來藏，而有情執著於五陰，其實是執著於如來藏，只是有情不懂。然而「法行菩薩摩訶薩」看懂了，眾生執著自我，我見深厚，我執堅固，其實他執著自我的當下，依然是執著如來藏，只是眾生不懂而已；而菩薩懂了所以得解脫，這時從他的眼光所見，「三界同相」，不論哪一個有情，同樣都只是如來藏，沒有別的了，這樣就是八輩中的人。

「諸界平等，離惱菩提，妄想無智，所不能染；出一切相，無所譏嫌，若有所說，皆趣法界；說無所趣，同於法界；心住法忍，是名八輩。」法行菩薩摩訶薩之所眼見三界平等、平等，所以假使他有任務，要到無間地獄去度化某個人，他心中也不苦惱；雖然那是很難受的境界，可是他有功德在身，所見雖然都是很痛苦的境界，但是他心中無苦，離諸煩惱；因爲他所見一切界莫非如來藏，所以證得「離惱菩提」。因爲如來藏的境界中，沒有一絲一毫煩惱，這時候一切虛妄想、一切愚癡和無智都不能夠染污於他；所以任何人說的愚癡的事相都改變不了他，任何邪見改變不了他。因爲他親見法界的實相，親見了一切界全部都是如來藏，所以「諸界平等」；這個時候不能染污他了，因此他可以「出一切相，無所譏嫌」，他已超過一切世間相，出離於一切相之外，無有一相能侷限他；所以他的見地超過一切的法相，凡有所說、所爲、所作，「無所譏嫌」。

假使他有所說，都是教導眾生趣向法界。那麼「法界」到底是什麼？「界」

又名種子，又名功能差別，所以「法界」就是諸法的功能差別。他如果有所說，都是教導大家怎樣去把實相法界親證了，親證之後，他就知道「實相」的各種功能差別是什麼。當他知道實相的功能差別了，如果有所說，都是爲了教導大眾趣向實相法界，也就是趣向實相的各種功能差別。

然而這時候他所說的，都是無所趣向的法。爲大眾演說了無所趣向的法以後，結果「**同於法界**」；他所說的內涵，就是實相法界所函蓋的一切法。那麼實相法界所函蓋的一切法，簡單而言，叫作百法；也就是「**一切最勝故，與此相應故**」，乃至最後「**如是次第現**」。就是這百法。假使到了色究竟天宮，聽聞如來說法，也不外於百法；但可能跟你講千法明門、萬法明門，就是講得更微細了，這就是 如來的所說。而「**法行菩薩摩訶薩**」效法諸佛如來，這麼爲大眾說法，所以「**說無所趣，同於法界**」。

他的一切所說當然無所趣向，你有沒有聽我告訴你說：「**欸！你死後要往生哪裡去？死後要去當什麼？**」有沒有？沒有啊！我就告訴你實相法界，然後你證了實相法界以後，不論你要往生哪一個佛土，都是隨意往生，你自己選擇，不用我來幫你選擇了。但是這樣實證的「法行菩薩摩訶薩」「心住法忍」，住於哪個法的法忍中？第八識如來藏！住在如來藏法中，於如來藏的眞如法性而得生忍，所以《楞伽經》大意說：「證得如來藏的人，就名爲得大乘無生忍。」可是得大乘無生忍之後，還要繼續努力修學，要進而實證無生法忍；你得要盡速入地，別老是停留在第七住位原地踏步。那麼這樣「心住法忍」的人，就是通教菩薩的八輩之一。

「若欲修行，住寂滅法；不自稱己，而爲他說；出過聲相，度無聲相；不著音聲，是名八輩。」這樣的法行菩薩摩訶薩，如果自己想要修行，一定永遠都是轉依於寂靜法如來藏而修；凡有所修都是「住寂滅法」，因爲如來藏的境界是離六根、六塵、六識的非境界的境界，祂是絕對的寂滅。「住寂滅法」就是住於如來藏妙法的寂滅境界之中，而他從來「不自稱己」，不會拿自己去跟別人作比較說：「我都到初地了，你還是凡夫喔？」永遠不會！所以菩薩只是會教導對方怎麼樣修證，對方證悟了以後，也許心想：「如今我悟了，你也悟了，那我跟你一樣。」他也不會辯解，繼續教導，讓對方去瞭解法的實證。對方證量越高，就會發覺：「原來我的證境距離菩薩那麼遠！」

可是證量如果只有在總相智，悟後還沒有往前進發，那就會想：「哈！我悟了，我的老師也悟了，那我跟我老師一樣了。」可能會這樣想。可是接著他繼續修學以後，將會發覺：「我的老師證量不可測量，我竟然無法瞭解，原來不一樣。」但這時候，他已經是悟後起修很多年了。

所以「法行菩薩摩訶薩」「不自稱己」，就在這樣的狀況下，而為別人演說佛菩提道；而他所說「出過聲相，度無聲相」，因為他說的是眞如，這是超過於音聲之相的，並且還「度無聲相」。也就是說：一切有聲之相，莫不是從如來藏來；若離了如來藏，沒有三界一切音聲，不管是風聲、水聲、火聲、人聲、狗聲、鳥聲都不存在，因為一切聲都從如來藏來。可是他這時候卻根本不執著於音聲，因為知道音聲的體性是什麼，而無聲也是依據聲音的有無而建立的，還是第八識如來藏，這樣就是八輩中人。

《不退轉法輪經》上週講到三十一頁倒數第五行，講完了。今天要說的是：

「因聲解脫，知法無相，亦無住處，無趣無出；阿難當知，如是八輩，於諸說中，最爲第一。」這是作個總結。「因聲解脫」，因爲聞聲而得解脫，有沒有聯想到什麼？我提示一下：《楞嚴經》耳根圓通法門。就因爲聽聞聲音而得解脫，這個道理後面還會講；後面 世尊會講到什麼叫作聲聞，到那時候所講的聲聞，不單是講二乘人，包括菩薩也都是聲聞，因爲同樣都是因聲得聞佛法。

而這個世界的眾生就是耳根通利，藉由 如來、藉由善知識說法的音聲，然後不斷地把五陰流掉，六入流掉，十二處、十八界流掉；把一切諸法流掉，流到無可再流而沒有自我時，這叫作「入流亡所」；也就是此界眾生修學佛法都要藉著說法的音聲而得解脫。可是有時候我覺得：我對音聲不太通，但是獨獨對文字很通，一掃而過就知道意思了，但是這樣就不適合去當學生；當學生就是要音聲很通達，可我是讀得很容易，能讀也能寫，可是要叫我聽，常常會漏掉什麼沒聽見，所以還是有一點不同；但這個「讀」應該跟聽聞音聲有連帶關係，所以也算是觀音耳根圓通法門。

所以我們正覺同修會的法，其實還是觀音法門；但觀音法門是個整體，函蓋總體所有的法，下手時卻是念佛圓通。換句話說，所有佛法的修學，你都不離觀音法門，一定都要藉由耳根聽聞、熏習；而聽聞、熏習的目的就是讓你「入流亡所……聞所聞盡」，最後到達「覺所覺空」，這中間的過程都是耳根圓通。但是光聽聞得來的，那叫作知見，而你修學佛法得要有見地；見地是自己如實見道了，由於見道所以發起了見地，三乘菩提都是這樣。那麼你要有見地，得要有入手處，入手的地方就是「念佛圓通」，所以正覺這個法在末法時代就是最好的法，不會有更好的法了！如果再有誰有別的圓通法門出現了，那我要說：「那一定是一位大菩薩再來，否則他辦不到！」目前最好的就是「耳根圓通」法門函蓋一切法，但是你下手的時候，要先用「念佛圓通」法門；所以有整體的法，也有入手的法，這就是最棒的法。

世尊的意思就是告訴我們這個道理，說此娑婆世界的眾生得要「因聲解脫」，也就是要由耳根圓通法門開始聞法而修學，如果不是藉著音聲來修學，你沒有辦法解脫；總得要有聲音把法講出來，大家藉著聽聲音，瞭解聲音裡面的義理，然後終於可以下手實證，這叫作「因聲解脫」。

因為聲音而得解脫以後，就知道諸法無相；對二乘聖人來講，這個很難理解：

「明明諸法都各有法相，你們菩薩們卻說諸法無相，好生難解！」問了菩薩，菩薩就說：「吃茶去！」不理他了，叫他吃茶去。每一次來問，菩薩都叫他吃茶，吃了二十幾年才會得說：「原來如此！」那叫作後知後覺。後知後覺好不好？好喔？那以後誰來問我，我就讓他吃茶去（大眾笑…），吃上二十幾年才悟去，一定不退轉！不過我們說眞的，二十幾年也眞的叫作好，因爲永遠都比「不知不覺」要好啊！想想：天下佛教徒那麼多，有幾個人是後知後覺？也是難得其人哪！所以像諸位這樣進來，三、五年就悟了，這叫作速知速覺，因爲先知先覺已經給 如來示現完了，咱們沒分兒；但是速知速覺總勝過後知後覺吧！

可是學法的實證，到達發起見地的階段，不能夠每一個人都一樣的，因爲天下沒有齊頭式的平等，一定是立足點的平等。往昔修學佛法以來多少劫，來到現在證得了，那別人有比你更早修學佛法的，在同樣沒有造作毀壞正法惡業的狀態下，他當然要比你更早證悟。也有人往昔學佛以來，不過幾萬大劫，在你之後才發菩提心的；那他可能還要再幾個大劫，可能是一大阿僧祇劫的幾分之一，他才有可能實證般若。如果有人曾經造過毀壞正法、謗善知識、謗佛的惡業，那他沒有滅除業障，未來要實證可就不是幾十大劫、幾萬大劫的事了；就像《佛藏經》講的：「奉侍九十九億佛，歷經無數阿僧祇劫之後，而仍然不得順忍。」所以很簡單，大家立足點平等；有的人可以比較快獲得見地，有的人則會比較慢，這都有背後的原因；但不管怎麼樣，追根究柢，都要「因聲解脫」。

「因聲解脫」以後「知法無相」，本來修學佛法就告訴你說：「這個也不對、那個也不對；這是生滅法、那個也是生滅法。」所說統統都在法相上。有時候講到心所法，說這是貪、這是瞋、這是癡，全都要捨掉，也是法相，無一不是法相。然而等你實證了，有見地了，你卻說：「一切法無生無滅，無有法相。」所有的佛菩薩不能推翻你，因爲法界的實相就是如此。

那麼到這個地步時就沒有住處了，所以說「亦無住處」。你既然轉依如來藏了，如來藏有住處嗎？你這覺知心住於色塵，住於聲、香、味、觸、法塵中；但如來藏住於什麼？無所住啊！有的人也許突然想到一件事說：「好像不對吧！如來藏駐於身中啊！」但問題是：如來藏雖然在你身中，祂有執著說：「這色身我絕對不能捨！」祂有沒有這樣想過？從來沒有啊！祂也沒有想過說：「既然不能捨，就永遠陪著這個色身吧！」祂也沒這樣想，所以 佛說祂是無所住的心，因此祂永遠無住。

祂駐於有情身中「亦無住處」，都是依於業力的實現而去作；祂沒有決定說：「我要怎麼樣，或者我偏不怎麼樣！」就是完全依照業力，那些業種該怎麼樣實現，祂就怎麼樣實現。譬如每一個人都不想老，不想老就能不老嗎？也不行！如來藏跟你這麼親密，請求一下、拜託一下祂也行吧？偏不行！你跟祂拜託，祂聽不懂，祂聽不見你在講什麼！該老，就一天一天幫你老；該你重新再出生，該你活蹦亂跳成爲一個青年，祂就讓你活蹦亂跳成爲一個青年；可是祂沒有想要作什麼，完全依著業種去實行，所以祂無所住。

那你說：「祂依著業種實行，祂就是住於業種嘛！」不！祂根本不了知什麼叫作業種，從來都不了知業種的內容。業種該怎麼樣實現，祂就怎麼樣去作，可是祂不了知那叫作業種等。但是祂知道那些業種該怎麼作，祂就怎麼作。這個法怪吧？怪啊！所以這是二乘聖人之所不知。祂是沒有住處的，既然沒有住處，當然「無趣無出」；你叫祂趣向哪個地方、趣向什麼法？祂永遠都無所趣向。祂不會想要學什麼法，學法是你的事情；祂也不會想要成佛，成佛也是你的事！

你說：「那我證悟如來藏幹嘛？如來藏什麼都不會！也不會學法呀。」可怪的是，你證得那個不會學法的眞如心如來藏，以後你就很會學法，而祂永遠都是那麼笨。然而怪的是：你證得那個笨笨的祂，你就變得很有智慧！所以二乘聖者怎麼想也想不通，想到沒辦法，搔搔後腦勺，也是沒辦法！每天這麼搔著、搔著，搔到流血了也沒辦法！因爲這是菩薩法，唯有菩薩種性者得知。那祂既然無所趣向、祂又無所住，你叫祂要出離什麼？因祂無所住，沒有住處就不會被繫縛。

人，生在人間都被繫縛，因爲「我要建立我的家」；當你把家建立好了，就被家綁住了。對吧？所以每天晚上你得回家（大眾笑…），因爲你有這個色身，你得要安住，於是每天黃昏到了就說：「我要回家了！」然而在講解聲聞法的初期，如來帶著弟子眾到處遊行說法，到哪個地方托缽完了，然後下午說法之後，大家散開，有的樹下靜坐過夜，有的樹下躺下來過夜，有的找到山洞住一晚。明天早上再聽 世尊說法，說到十點左右，大家又下山，各自托缽；托缽完了，如果要換地方，托缽完就離開了。就這樣四處爲家，以天爲蓋，以地爲床，就這樣過日子。

所以當年阿羅漢的想法很簡單：我今天走到哪裡就托缽到哪裡，明天會去到哪裡？不一定！老了以後什麼時候死了，就這樣走了，也不考慮什麼埋不埋的問題；因爲阿羅漢解脫於世間一切法，心態都是這樣的。直到教外別傳開始，然後又講了般若，也開始有在家弟子們奉獻園林與精舍等，才開始有道場；否則都只是睡在天地之間，如來帶著大家以無家爲家，這個就是轉依如來藏後的表現。如來藏該怎麼樣、就怎麼樣，沒有去考慮明天的事情，也不去記掛昨天的事情，這就是解脫的聖者了。哪像末法時代學佛人，一天到晚計較這個、計較那個，有時還計較善知識，從來都不供養善知識還要加以毀謗。

所以說這個就是聲聞的心態，聲聞羅漢們都是這樣想的，隨時隨地準備捨壽；所以我常說：「眞阿羅漢他們生活的世間是灰色的，深怕一不小心落在六塵境裡面起了執著，都是這樣過生活的。」那是直到般若期以後，阿羅漢們才知道原來還有菩薩道！於是大家才開始起惑潤生的，但是這個道理很多人不懂。

到末法時代，所有「開悟」的大法師們都落在五蘊當中，根本不知道阿羅漢的心性是什麼，誤會到一塌糊塗，所以才講出那麼多荒腔走板的所謂佛法。但是如來藏「無趣無出」，祂不會出離什麼；要出離的是你五陰身心，而祂本來就出離、本來就沒有生死，你要祂出離什麼？祂本來就沒有被三界法繫縛，你要祂出離什麼？正因爲祂本來沒有被繫縛，所以你證得祂以後，你得到了本來自性清淨涅槃，這樣就說是「親見本來面目」，就說你「回到故鄉了」。因爲生也從如來藏中生，死也死到如來藏裡面去，既然如此，你來觀察自己以後而能生忍，便有了這個法智；你再來觀察其他的人莫不如是，能生忍時你就有類智了。這樣子表示你有法智忍、法智，也有類智忍、類智，你就有了四智，這個見地就生起來了。

所以你證得那個笨笨的如來藏，你就變得很有智慧。很怪吧？其實你證了以後說：「**本來就這樣啊！這沒什麼好怪的。但還沒有證之前，聽到這話總是想不通爲什麼如此？**」如來把這些道理都講了，告訴大家說：「**你如果是菩薩，得要證得這個無名相法、無分別法，又名如來藏阿賴耶識，然後你轉依了祂，滅異生性。**」

在菩薩道的五十二個階位中，有所實證，是別教之法；但是在此之前，你得要先證得解脫果，四雙八輩你要先證，成爲通教菩薩，然後再轉入大乘法中開悟明心，這才是具足通教之法；證得這些解脫果之後，再從所證的如來藏來看，原來是這麼回事！所以這時候就懂得什麼叫作「**三界中的至高無上大法**」。再怎麼推究，找不到一個法比如來藏這個法更高，所以 如來作了個結論：「**阿難當知，如是八輩，於諸說中，最爲第一。**」所以這個法讓大家作爲依止，實證之後可以次第進修，將來到達佛地；到達佛地之後，你所依止依舊是這個法第八識，沒有別的法；但其中蘊含的法非常多，你要努力去學；所以說這個法是「**於諸說中，最爲第一**」。

世尊前後三轉法輪，幾十年講的莫非就是這個法，不用懷疑！我知道有的人會想：「**難道《阿含經》講的也是這個法嗎？**」我告訴你：「**眞的是這個法！**」所以依於這個法，講出了二乘解脫道聲聞、緣覺的法，二乘菩提也是依這個法施設出來的。

幾年前，我把《阿含正義》寫了，證明我說的這個道理；發行那麼多年了，沒有人對《阿含正義》質疑過，因爲不可質疑！這是事實。既然二乘解脫道也是依這個第八識眞如法來施設，而大乘般若、大乘的種智也是依這個法施設，怎麼能說這個法不是「**於諸說中，最爲第一**」？所以你們可以從我身上來證明這一點。大法師們有的是少小出家，現在頭髮白了、甚至坐輪椅，比我還老；我如今七十好幾了，也算老人一個，可是他們顯然比我老，而他們是少小就出家，所以他們是專業人士。沒想到（我這個人當然不能說是兼差，因爲我也是專職的弘法人）我這個人沒出家，這麼一悟，把「法」次第鋪陳開來，讓佛教界無可質疑！

以前曾經有過的質疑，包括以前會內在我幫助下證悟的人出來質疑時，我們都順理成章、條分縷析，一一把它解釋清楚；之後佛教界也只能認定：「學正法，去正覺！」但是追究我這個人之所以能演說這樣的法，之所從來還是證悟這個如來藏心，直到現在依舊不會改變或演變。尤其我們提出了佛教界從來沒有人講過的，說見道有兩種內涵：「明心是見道，眼見佛性也是見道。」佛教界當年誰聽過？他們都說：「說什麼佛性可以眼見，這是你蕭平實自創的吧？」我說：「不然！《大般涅槃經》就講得清楚分明了！」佛教界才終於有那麼一點點瞭解說：「原來大乘眞見道有『明心』跟『見性』兩個法。」

但爲什麼說眼見佛性也是見道呢？兩個原因：第一、見性只在十住位，但見道可以到初地方止，是從第七住位到達初地，全都是見道位，那眼見佛性當然也是見道。從第二個方向來看，眼見佛性的時候，其實是看見如來藏的另一種自性，所以這也是見道，因為一樣是在第八識如來藏的總相上。那你說，就這兩個法、末法時代佛教界沒聽過，而我們一直這樣宣演下來，講到一切種智，從來都不曾改變；所以我們說法時，總是把一切種智帶進來，依舊是第八識如來藏。這「一切種智」還沒有成佛之前就叫作「道種智」；等我這部經講完了，可能再講一部《無上依經》之後，我們就真的講《解深密經》了，那真的是一切種智（編案：《不退轉法輪經》講完之後隨即宣講《解深密經》，並於二〇二三年十二月底講完，整理中）。這些都講完以後就不講經了嗎？還是講啦！再挑別部經典講吧。如果能夠全部講完，當然最好；但是最重要的幾部經典，我們這一世就得把它講完，才能復興佛教。

那麼推究我們有這麼多的勝妙法，起源還是因為證得如來藏，這才是根本；所以這個法「**於諸說中，最為第一**」。但是前面有一句「**如是八輩**」，說這八輩人所證的這個法，「**於諸說中，最為第一**」；表示通教菩薩一定得要親證法界實相，以這個如來藏作為究竟法，來作為你悟後的所依；那麼你的成佛之道就會次第展開，才算進入別教法門中，最後始能究竟成佛；所以說如來藏這個法「**於諸說中，最為第一**」。那麼接著 世尊就告訴阿難尊者說：

「汝今當知！如來等正覺爲諸菩薩摩訶薩方便說示如是八輩。」世尊說：「你如今應當要知道！如來等正覺爲諸菩薩摩訶薩方便說明以及開示像這樣的八輩人。」也就是說，其實菩薩在通教的階位中，是有很多種人，而每一個人見道的因緣不一定相同，可謂千差萬別；但是見道之前所修的法門，容有八萬四千個法門，所證的標的卻是只有一個，叫作如來藏。

以前我剛弘法時，佛教界老是有話回應正覺，他們都說：「你悟你的，我悟我的，爲什麼我們悟的一定要跟你正覺一樣？」還說得振振有詞欸！我說：「那你證的如果可以跟我證的不一樣，就表示實相有二、有三，乃至有無量，才可以所悟的內容不同。如果實相只有一種，就是每一個人所悟都是同樣這一種，不可能有二、有三、有五、有八！」

還有，我又講個比喻說：「就好像你要進入了大殿，那個佛法大殿只有一個，但它有八萬四千個門可以進來；所以不論你從哪一個門進來，都同樣是這一所大殿。」佛教界才算閉嘴。你看，說法要說到這個地步才能使人信入，但是確實如此，不管你修什麼法門，你所證悟的實相般若之標的只有一個，叫作如來藏眞如；

你所眼見的佛性，佛性也是如來藏的另一個層面，依舊是如來藏眞如。不論誰都同樣要這樣先成爲通教菩薩，然後才可以開始進入別教法門修學，那就是五十二個階位的次第，就不講四雙八輩了。然而此一部經講的信行、法行、聲聞、緣覺等諸法，全部都是通教之法，絕對不能只看作是聲聞教，這是要引導所有學人進入別教之中，最後究竟成佛的。那麼接下來要進入卷第二。

《不退轉法輪經》卷第二

〈聲聞辟支佛品〉第四

經文：【阿難言：「云何如來世尊為諸菩薩摩訶薩說須陀洹？」佛言：「須陀洹者，所謂入聖道流，名不思議佛法。若菩薩摩訶薩能如是修，不見道及所修道，度一切相，流注佛法非色非生，於一切法無著，一切法無處，一切法無緣，一切法無住，一切法無所有，一切法不成就。菩薩摩訶薩若到是道，得堅精進、堅勢力、堅智、堅慧，不生懈怠，安住寂滅，乘如實道，救護眾生最勝無上；不取是道，亦復不住；修如是道求一切法，而無所得；不沒不動，無住想，無道想，無世間想，無佛想；悉皆平等無諸蓋障，智行境界無所罣礙；於一切法及諸邪見住平等相，開佛知見示深法門，分別身見出過我想，是名須陀洹。」】

講義：現在進入《不退轉法輪經》卷第二，首先開始的是〈聲聞辟支佛品〉

第三，但我們要把這一品改爲第四。想來，我們也講得夠快，已經進入第四品了。

語譯：【阿難說：「什麼是如來世尊爲諸菩薩摩訶薩所說的須陀洹呢？」佛陀說：「須陀洹這個名號，所說的就是已經進入聖道之流，名爲不可思議的佛法。如果菩薩摩訶薩能像這樣子修證，所證是沒有看見修的方法以及應該走的道路，度過了一切的法相，所流注出來的佛法不是色法、也不是有生之法，對於一切法都沒有執著，一切法也都沒有處所，一切法也沒有所緣，一切法也都沒有住處，一切法全部無所有，一切法都不成就。菩薩摩訶薩如果到達這樣的路途，得到了堅定的精進、堅固的勢力、堅固的智、堅固的慧，不產生懈怠，安住於寂滅中，搭乘著如實之道，來救護一切眾生，就是最殊勝的無上大法；然後不取這樣的道路，也不住於這樣的道；修這樣的道來求一切法，而竟然無有所得；就像這樣子不沉沒也不搖動，沒有安住的了知，沒有道路的了知，也沒有世間的了知，更沒有佛的了知；全部都平等而沒有各種覆蓋或遮障，智慧所行的境界無所罣礙；於一切法乃至於各種的邪見中都住於平等相，爲眾生開示佛的知與見，並且演說了深妙的法門，也爲眾生分別身見，但是卻超出和越過了五蘊等我的了知，這樣就稱爲

須陀洹。」】

講義：現在也許有人想：「糟了！得這樣才叫作初果人，那我們怎麼辦哪？」別擔心啦！因爲這個須陀洹是通教的須陀洹，只要你常常有機會去打禪三，打上十次你就會了！有什麼問題？禪三只要打上十次，考不過去就用棒子打也把你打過去，有什麼難哉！怕的是上山的機會不夠多。可是要老實說，假使咱們不幫助，上山二十次也過不了，這是事實啊！但是初果須陀洹是你上山後，在證悟之前就得要證得的。有的人上禪三，上了五次、八次，結果竟然還沒有斷我見；但有的人只要上一次就斷了，所以每一個人的狀況各不相同，千差萬別。

但其實斷了我見，證得初果，那也是聲聞教裡的初果，或者叫作三藏教的初果；之後就要邁開步伐，繼續追求第二個初果。聽到這裡，一定有人想：「嗄？還有第二個初果？」有啊！叫作通教初果，因爲菩薩摩訶薩證悟如來藏之後，他所證的法可以通聲聞法，也可以通別教菩薩的法，但所證只是般若的總相，所以通教初果是要再證如來藏的，否則只是三藏教的初果。那麼這一個通教初果證得了，就是 如來說的這個模樣；說這樣的一個初果人：「須陀洹者，所謂入聖道流，名不思議佛法。」

通教初果是進入聖道之流，對凡夫而言、對聲聞教的初果而言，他確實是聖人；但是若從別教來講就不算聖人，因爲他只是進入聖道之流，還在賢位中。譬如這條路上走的都是聖者，你還沒有成爲聖者，但已經允許你進入這裡面跟他們一起行走，就是「入聖道流」；這個說法跟聲聞教有點不同，聲聞教說的叫作預流。「預流」就是說預先把你算是聖人，你就進入聖人之道來走吧。但這個聲聞教中的預流聖人進不了通教菩薩果，因爲這裡的「入聖道流」，講的是大乘聖人的聖道，那得要證得這個如來藏而且要轉依成功才行。雖然說他已經進入聖道之流了，還不算聖人；即使如此，他的所證已經叫作「不思議佛法」，因爲這個法不是二乘聖人所能猜測，所以這個法叫作「不思議佛法」。

可憐的是，這個「不思議佛法」到了二十世紀末，特別是二十世紀最後的一百年時，被一般佛教界罵作自性見外道，你看多冤枉！這是「不思議佛法」，竟然被他們罵作「自性見外道」；直到邁入二十一世紀，又走了幾年之後，佛教界才終於不罵第八識妙法是自性見外道了，終於認定如來藏才是眞正的佛法。你看我們費了多少脣舌、寫了多少書把正法流通出去，才到達這個狀況。所以「不思議佛法」，表示這個法是很難理解的；如果很容易理解，就應該所有大學的哲學系教授，包括國文系教授都應該讀過佛經就悟了。

你們不要覺得奇怪呀！因爲在我們正覺弘法之前，好多大學教授都認爲他們已經悟了；有的大學教授甚至還寫佛法的書，印出來流通，還寫得不少。沒想到正覺出來弘法以後，他們才知道自己悟錯了，連專業修行的釋印順都如此，由此可以想見這個如來藏妙法，眞正要稱爲「不思議佛法」，因爲祂不是用意識思惟想像所能了知的。以此緣故，如果菩薩摩訶薩能這樣子修行，他就可以「不見道及所修道」，因爲第八識眞如的境界中沒有「道」，也沒有「所修道」可說。

成佛之道，《華嚴經》講得很清楚，或是在《十地經》、《解深密經》也都講得很清楚，再不然律部的《菩薩瓔珞本業經》、《優婆塞戒經》也講得很清楚。但是這個「道」分明擺在那裡，末法時代的大師們全都看不見！可是哪一天等你證悟了以後，人家來問你成佛之道，你也是說：「什麼道？根本就沒有道！」因爲祂的境界中眞的沒有道。那個成佛之道所講的「道」是形而上的，不是形而下的，所以到這個地步，你說：「我沒有看見什麼道！」那麼再請問你說：「應該要怎麼修？」你說：「我也不懂得怎麼修！因為『不見道及所修道』。」人家問說：「那你這樣講，怎麼稱為善知識？我跟著你，又怎麼樣修行？」你就說：「便如是修。」

怪吧？這一講，好像越來越玄了！其實不玄，只要你證了，祂就是你手裡的，一點兒都不玄！善知識怎麼說你就怎麼悟，悟後看如來藏很清楚，所以 如來說：「如觀掌中菴摩羅果。」祂是清楚分明的，但是你轉依的境界中卻「不見道及所修道」；到這個時節，才說是「度一切相」。在一切相中，你所看見的一切莫非如來藏，再無二法，所以說度到無生無死的彼岸，就是這麼一刹那，就這麼一念就度過了。因為當你證悟之後發覺，自己生也在如來藏中生，修道也在如來藏中修道，乃至未來成佛還是在如來藏中成，所見一切莫非如來藏，當然就度過一切相了。

講白一點，譬如看三界相好了！看現在每一個「人」全都在各自的如來藏裡面，欲界天呢？也在他們自己的如來藏裡面；那色界天人、無色界有情，也同樣在各自的如來藏裡面。有人想說：「你講的都是天跟人，那三惡道有情可能不是吧？三惡道那個境界是那麼差，心地是何等的染污，怎麼也會在清淨的如來藏裡面？」

可我告訴你：「**都一樣！都在各自的如來藏中。**」因爲如來藏可以圓滿成就一切染淨諸法，所以造作五逆十惡成一闡提的人，墮了無間地獄、阿鼻地獄受苦的時候，也是在他們自己的如來藏裡面受苦，一切莫非如來藏。因爲一切相，就是如來藏相，莫非如來藏所生所顯，這樣你就「**度一切相**」了。

所以說「**度一切相**」不難，難的是如何度。你得要去證如來藏，證得了，你去現觀，果然如此！這時候可以有能力開始爲人少分說法了，所以這時候開始「**流注佛法**」；這時候一天到晚都在思惟佛法，這個法、那個法不斷地冒出來，很多的法一直冒出來：「**喔！原來如此！當初我就聽不懂，現在知道了！**」然後明天又突然想到某一個法：「**喔！原來如此！以前不懂，現在知道了！**」這就是「**流注佛法**」，之後也開始爲人說法了。

可是自己流注出來的佛法，爲人演說的佛法卻是「**非色非生**」。一切佛法都不是色法，色法都只是暫時而有；但是等你證悟之後，你卻一反常態，反過來說：「**一切色法不生不滅。**」欸！很奇怪吧？既然不生也不滅，你可以說有生嗎？不能！既然不生不滅，也不能說它有滅；因爲是不生不滅的，所以非生；因爲只是不生滅的如來藏所變化的色法在生滅不住，但一直都會存在著。你所說出來的，自己「**流注佛法**」所見到的，過去、未來生生世世每一世的色法都是如來藏，無二無別；既然都是如來藏中的法，當然「**非色**」、當然「**非生**」。

就好像一面明鏡，裡面永遠都有影像，你不能叫一面明鏡說：「**欸！你不可以有影像！**」怎麼辦？影像就是明鏡中的一部分，你總不能到了鏡子專賣店，告訴老闆說：「**老闆！我要買一面鏡子，沒有影像的。**」老闆一定罵你說：「**那你別家買去！**」因為那就不成其為鏡子了。如來藏就像明鏡一樣永遠都有五陰身的影像，這時候影像歸鏡子所有、歸如來藏所有，當然影像就跟著鏡子如來藏不曾有生；因為有鏡子以來，影像就在了，所以「**流注佛法非色非生**」。

這時候看一切法，莫非是如來藏；既然一切法都是如來藏，還需要執著嗎？所以從此開始一味平懷，因為一切法都是如來藏，大家都一樣，有什麼可傲人之處？看見所有的有情就是平等、平等了。所以你如果養了一隻天竺鼠當寵物，養了一隻八哥，你看牠們就跟自己一樣，五陰有所不同是因為業報的關係，而本質上沒有差別，同是如來藏，所以這時候「**於一切法無著**」。無執著之後，你會探討：

「**為什麼我於一切法無著？**」因為「**一切法無處**」，一切法全都依如來藏而有，但如來藏無形無色沒有處所，只是為了實現業報因果，所以讓我們有這個色身；而如來藏從來沒有處所，既無處所，那你就不能夠說如來藏有處所；如來藏既然無處所，祂所生的一切法也就無處所。

接著說「**一切法無緣**」。還沒有證悟之前，總是要不斷地攀緣，特別是要去尋求善知識依止，所以總是想方設法廣結善緣，看有沒有機會能夠遇到善知識；可是等你證悟以後，你說：「**原來一切法無緣，因為一切法本來就在自己身上，不需要向外去作任何攀緣。**」這時候現前看見一切世間法都在自己身上，一切的佛法也都在自己身上；既然在自己身上，所以反求諸己，這樣看待一切法時，就可以無所住了。

因為如來藏無所住，在無所住當中，無妨出生了五陰，而讓五陰有所住，可是如來藏依舊無所住，那你就轉依於無所住的如來藏，因此觀察到生命最後的最重要目標就是成佛；因為諸佛如來是一切生命的究竟地，一切生命的最究竟位就是如來，而你實證了，知道自己遲早有一天會成佛，因為成佛之道已經在你面前展開了。但成佛之道的實修就是要親證及歸依如來藏，而歸依如來藏的時候發覺如來藏於一切法都無所住，那你自己就不必在世間法上努力追求，保持著那樣原有的規模，繼續去作你該作的事；有所得就用來增進自己的道業，這個過程中，對一切法就無所住。

可是你推究「**一切法無住**」時，知道能這樣無所住的原因，卻是因為「**一切法無所有**」。想想看，出生以後日復一日、年復一年，都在當學生。對吧？都在當學生！當到後來，也許當了大學教授，可是來到正覺學法時還是當學生。你來到正覺當學生的時候，親教師卻告訴你說：「**你來正覺不是要當學生，是要當『學死』。**」這一聽說，心中好生納悶：「**嗄？來這裡是要學死喔！**」親教師當然告訴你：「**來正覺就是要學死啊！看怎麼樣好死。因為你要了生脫死，就是要學死。**」

如今證悟後，這時可以觀察了：「**一切法生也在如來藏中生，死也在如來藏中死，那到底一切法是存在、還是不存在？**」原來全都是生滅無常，都只是明鏡中的影像而已。那我要問諸位了：「**影像是眞？或者明鏡是眞？**」是明鏡啊！你總不會說：「**影像是眞的，明鏡是假的。**」你一定說：「**明鏡才是眞的，影像是明鏡的**

附屬品。」同樣的道理，五陰出生也在如來藏中出生，五陰死了也在如來藏中死，五陰就是一切法；那麼既然生也在如來藏中，死也在如來藏中，請問：「**在生與死當中的一切法，到底是眞的、還是假的？**」當然是假的啊！所以說「**一切法無所有**」。

那麼既然「**一切法無所有**」，請問諸位：「**聖人是眞的、還是假的？**」答得這麼心虛！（大眾笑…）聖人也只是個名詞施設，因爲他得解脫，所以把他叫作聖人。那麼再請問：「**聖人是不是人？**」一樣，答得這麼虛！（大眾笑…）聖人是人作的啊！但是當他成爲聖人以後，他有多長了一隻胳膊、或是多長了一隻腳，有沒有？沒有嘛！換句話說，從他實證如來藏後的見地來看一切法時，沒有一法成就，包括自己成爲聖人這件事也不成就；因爲聖人只是個假名設施，所以「**一切法不成就**」；但「**一切法不成就**」，不代表沒有一切法。就好像說：「**明鏡中的影像不成就，不代表明鏡沒有影像。**」道理是一樣的。接著 世尊又開示說：

「**菩薩摩訶薩若到是道，得堅精進、堅勢力、堅智、堅慧，不生懈怠，安住寂滅，乘如實道，救護眾生最勝無上；**」菩薩摩訶薩如果到達了道，也就是說，他已經走上正道，從此以後不會再懈怠了；所以「得堅精進、堅勢力、堅智、堅慧，不生懈怠」，但爲什麼他悟後開始精進，叫作「堅精進」？因爲他不會退轉於道，絕對不會棄捨。如果會退轉於道，表示他悟得不眞切，那是人家送給他的，否則他絕對不會退轉；從此以後精進地修行，你叫他說：「從此以後，把佛菩提道放著，吃喝玩樂去！」可是他放不下，吃喝玩樂對他來講，已經不是重要的事了，所以「得堅精進」。

堅定的精進於法，繼續精進之後必然就有「堅勢力」，他往上修的勢力很堅固。這「勢力」不是講世間法中的勢力，而是講他這個「精進的勢力」，也就是他一直往精進的方向前進，並且產生了力量。有「堅勢力」以後，就有堅固的大智。堅固的大智是說，一切有情生命的實相，他已如實了知，而且堅固不退，這就是「堅智」。有「堅智」以後，他就開始可以從世間法中去通達；所以我們有許多師兄姊悟後，原本的行業以前都處理不好的地方，一下子就處理好了，這是事實，這叫作「堅慧」。「智」指的是出世間法，「慧」指的是世間法。

但是他對於世間法的「慧」生起了以後，是堅固不退的，沒有辦法拉他往後退，從此一心一意邁向佛地，所以說他「不生懈怠」。這時候的心境就是「安住寂滅」，搭乘著「如實道」，繼續自度度他「救護眾生」，像這樣就是「最勝無上」。其他都是有上，其他都是有勝，有時他勝、有時別人勝；但如果他能依著菩薩摩訶薩「須陀洹」這樣的堅智與堅慧去救護眾生，這樣是最殊勝的、是無上之法。請諸位檢查全球佛教，有誰能這樣辦得到？全都辦不到！那他們就是凡夫，很簡單。因爲這是菩薩摩訶薩「須陀洹」所應該作到的，而他們這個作不到，表示連通教初果都沒有。接著說，這位菩薩摩訶薩須陀洹：

「不取是道，亦復不住；修如是道求一切法，而無所得；」在佛法中總是說「無分別、無所得、無所證」；這裡又來講「無所得」了。淺學的外行人，讀到大乘佛經說：「於一切法皆無所得。」他心裡想：「既然都無所得，我學佛幹嘛？」說的也是，但那叫作世俗解；眞正的法是「無所得法」，因爲所證之法從來不分別，不分別所以叫作「無分別法」；既然是「無分別法」就無所得，始終如是。但是菩薩摩訶薩證得初果而明心後，是「修如是道求一切法，而無所得」；明明他有修、也有道，所以才能夠求一切法！不然他修得什麼道？可是等他這樣子修完各種道、求各種法以後終於實證眞如，現觀的結果卻說「**而無所得**」，果然是「**無所得**」。

譬如你家裡，地下埋藏著一大缸的黃金，那一大缸的黃金你從來不知道啊！有個人有天眼通，看見了，來告訴你去把它挖出來。挖出來之後，你到底有沒有所得？表面上看來，你有所得；實際上它本來就是你家的，只是你不知道！同樣的道理，如來藏是你家本有的，你悟了以後並不是我給你一個如來藏，而是你把自家的如來藏找出來；找到了，還是你家的；到底你有所得、還是無所得？對嘛！就是「**無所得**」。可是你要到達這個「**無所得**」的地步，之前就要「**修如是道求一切法**」。即使上山打禪三，也是在一切法裡面去尋求，看看如來藏在何處？如果不是經由「**一切法**」，你想要證悟如來藏，門兒都沒有！

到這個地步，從世間法裡面再去賺很多、很多錢之後，會再求什麼？求二房、三房、四房、五房、八房有沒有？就這樣子。你看那些大企業家不就是這樣嗎？可是壽算已了，依舊自己孤身一個人，連色身都帶不走，到底他有所得、還是「**無所得**」？還是「**無所得**」！所以你看有的大企業家，死了以後冒出個四房、五房，又是驗 DNA 等，證明眞的是如此，但結果全都帶不走。就像古人說的：「**萬般帶不**

去，唯有業隨身！」所以有錢人還是作點布施才好，因爲布施了以後，將來死時有福德作依憑，能往生善處。他若是從來都不布施，就像人家傳說的，說他死了變成什麼動物，或說某一個人死了轉生成什麼；不但難聽，他自己領受異熟果時可難過了！

所以說「不沒不動，無住想，無道想，無世間想，無佛想；」到達「無所得」的地步時，心就「不沒不動」；「不動」是因爲「無所得」，當然不需要再起心動念想著世間法，設計怎麼樣去獲得世間法了。「不沒」是因爲要救護眾生，心不能沉沒。所以「不動」的時候，本來是應該沉沒的，可是他爲了救護眾生，就想到《金剛經》講的「應無所住而生其心」，都不是爲自己，是爲眾生；所以要想方設法，去努力護持正法，救護眾生回到正法來，這時候當然就不沉沒了。所以他的心固然不攀緣，但都是在爲眾生設想；這時候他的心是有所住、還是無所住呢？有所住是因爲對世間法有所貪愛、有所執著，可是他對世間法都無所貪愛、無所執著，他的心就是無所住的。無所住之時，心中卻不作「無住想」，就是一心一意爲眾生作事，根本沒有想到自己的無住想，根本就忘了自己「無所住」，這就是菩薩。假使還沒有證悟，還沒有投入救護眾生的行列，沒有作到忘我，就無法體會這個心情。假使證悟後能如是現觀，而爲救護眾生作到忘了我，就能少分體會這個心情，也還不是全部知道，因爲這個層次也有差別。

這時候「無住想」，當然也就「無道想」，所以救護眾生是在修福；可是他不認爲自己在修福，他簡直忘了自己在修福。他是每天都在爲眾生作事，其實每天在修福；可是他忘了自己是在修福，就只是想：「怎麼樣把眾生救護上來？」到這個地步，凡有所見，不管是天界的、人間的、三惡道的全都是空性如來藏；所以他見到一切五陰時，所見到的一切有情世間都是如來藏，都不是五陰；這時沒有所謂的天界、沒有所謂的人間或者三惡道，因爲一切都是如來藏，所以沒有世間相，自然也沒有「世間想」。然後一心爲救護眾生而作的時候，他作到都忘了說：「我作這些事情的目的是最後要成佛，要度更多的有情。」他都忘了！所以根本也沒有「佛想」可言，這就是菩薩摩訶薩「須陀洹」的心境。

「悉皆平等無諸蓋障，智行境界無所罣礙；」你如果想當這樣的菩薩摩訶薩，有時候想一想：「這到底是什麼境界？那我如果要到達這個境界，我得怎麼修？我想要如實修、如實證，那我要有什麼樣的條件？」實證佛法要講條件的，不是無條件的。我剛出來弘法時，有個同修說：「你既然證悟了，又開課了，那你就有義務幫我開悟！」（大眾笑…）我說：「開悟要有條件。」他說：「開悟如果談條件，那就不是平等法！」我說：「不！要有條件才是平等法，因爲人家種種因緣都具足了，他開悟；你種種因緣都不具足，你也要開悟，這就不是平等法了，你跟他不平等啊！」開悟的第一個條件就是「菩薩性」，如果你不是菩薩，或者你剛剛當上菩薩——只是因爲受戒而當菩薩，其他的「菩薩性」你都還沒有，我憑什麼幫你開悟呢？

所以你看不迴心阿羅漢，如來也不幫他們開悟。假使明天南洋來了幾個阿羅漢，（當然不可能有，我說假使）眞的來了，我也不幫他們開悟；我幫諸位，就不幫他們，因爲他們不是菩薩。可是我要幫諸位開悟，你們也得要把自己先打量一下：「我的定力夠了沒有？慧力夠了沒有？我的性障伏除了沒有？我有沒有正知見？我的福德夠不夠來支持開悟不退？」老實講，佛門中沒有一個「窮措大」可以當菩薩而證悟！書讀多了、學問好也沒用；你要證悟，不能夠是個沒福德的人吧？

人家看了說：「嗄！這樣的人也能開悟喔？菩薩的妙法這麼便宜喔！」對啊！所以是有條件的。每一個人到達這個條件時，他就得證悟，這才叫平等；不會說你的條件要特別好，他的條件可以很差，沒有這回事！這就是平等法。

而且證悟之後，你發覺每一個人的如來藏都一樣，沒有誰的如來藏比較大或比較小，也沒有誰的如來藏比較高、比較矮；因爲心體如是，功能差別亦復如是，大家都一樣！這就是平等法。所以到達這個地步有了平等性智，所見有情「悉皆平等」。現觀一切諸法平等時，漸漸地可就「無諸蓋障」，這時候不管是五蓋或增設到十蓋，都遮蓋不了你了。也沒有所謂的業障可言，有業障的人，是那些永遠悟不了的人；對你而言，「悉皆平等無諸蓋障」，這時候你的智慧所行境界，「無所罣礙」了，即使阿羅漢來到你面前也開不了口。

也許哪天果眞來了個阿羅漢，問你：「如何是佛？」你就告訴他：「喝茶去！」明天又上來問：「昨天問您：『如何是佛？』您告訴我『喝茶去』，到底什麼意思？」你就告訴他：「喝茶去！」後天又來問，還是喝茶去；喝上三十年，終於會了，他說：「喔！原來如此！」他會想：原來如此！千里萬里也趕過來你面前，趕快頂禮三拜，這就是佛法的厲害呀！結果大家看了說：「好奇怪！阿羅漢頂禮一個通教的初果菩薩呢！」不奇怪！因爲你是通教初果，他是三藏教的阿羅漢，所以這時候你的「智行境界無所罣礙」。

有人也許不信邪，就來問那個阿羅漢：「欸！你在那個初果菩薩手下悟了，那我問你：『如何是佛？』」他開口就說：「喝茶去！」跟你同一個鼻孔出氣，怎麼問都是「喝茶去」；等到他會了，至少得要三十年！那這時候，也許換另一個人來問，這阿羅漢卻告訴他：「禮拜著。」叫他禮拜。禮拜了起來，就問：「會麼？」表示這阿羅漢開悟以後就開始有智慧運用了，所以「智行境界」果眞「無所罣礙」。

「於一切法及諸邪見住平等相，開佛知見示深法門，分別身見出過我想，是名須陀洹。」到這個時節「於一切法及諸邪見住平等相」，果眞如此啊！從你的眼光、從你的智慧來看：「一切法」如此，一切邪見及諸惡法也莫非如此。邪見也是「一切法」所攝，正見也是「一切法」所攝；而這「一切法」莫非如來藏，那「一切法」與如來藏不就平等了嗎？自己與眾生不就平等了嗎？

這時候正好有一件事情你應該作，就是「開佛知見示深法門」，把諸佛如來的所知、所見，打開來給眾生看；如果眾生看不分明，就顯示得更清楚一點給他們看；如果還看不見，那就爲他們扯葛藤，講一大堆的法，這叫作「**示深法門**」。說法是必須的，你可別說：「**原來『示深法門』就只是應付應付吧！**」其實不然，如果不是事先有「**示深法門**」，當你來一個「**向上全提**」的時候，學人永遠也會不了！

什麼叫作「**向上全提**」知道嗎？弟子進門來，這棍子掄起來就打過去，這叫作「**向上全提**」呀！要不然，弟子才剛一進來，就大喝：「**出去！**」德山棒、臨濟喝，這兩個就是「**向上全提**」，只是難得其人哪！爲何難得其人？因爲沒有事先「**示深法門**」。所以我們每週二講經就是「**示深法門**」，如今才能有增上班這六百來人。

這時候你的所知所見，正好可以爲眾生「**分別身見出過我想**」，這時你可以爲眾生廣爲「**分別**」：這樣叫作「**身見**」，那樣也叫作「**身見**」，因爲五陰、十八界、六入、十二處有很多的內涵，只要落在其中之一，那就是「**身見**」，正好爲眾生廣爲「**分別**」。廣作「**分別**」之後，眾生開始瞭解：這也是「**身見**」，那也是「**身見**」；原來都落在五陰的功能差別裡面，都跳不出五陰窠臼。而你能夠爲大眾「**分別身見**」，是因爲你「**出過我想**」，已經證得無我法了。無我法就是如來藏，因爲這是通教的大法，這不是三藏教講的蘊處界入之無我。這時「出過我想」就表示你不住於五陰「我」的境界裡面，這就是菩薩摩訶薩的須陀洹果。接著進入下一段：

經文：【「不取佛道，究竟無礙；樂求佛道，不著有戒，亦不取佛戒、非戒取戒，非取相戒；三結已離，不住三界，如佛所學修行聖道，離一切想，不取於緣，無諸障礙；入於佛道，心得寂滅，不著壽命、我、人等見；諸根清淨，遠離顰蹙；爲修菩提而行於施，悉捨一切，救苦眾生，使度四流；令立涅槃，盡諸有想，顯示無想。若見四眾，不生怖畏；志求寂滅，淨菩提道。已離怖畏，無有死畏；何以故？現證寂滅離諸塵垢，善住佛道；知去來趣，亦無去來，而善分別眾生之想，心無戲論，究竟佛道，是名菩薩摩訶薩須陀洹相。」】

語譯：【世尊又開示說：「不執取成佛之道，而心地究竟無礙；樂於求證佛菩提道，但是不執著依於三界有等相而設立之戒法，也無執取於佛戒、不是非戒取戒，也不取相爲戒；三縛結已經遠離，不住於三界有的境界中，猶如諸佛所學而修行於聖道，遠離一切法想，不取於各種的緣，沒有各種障礙；入於佛菩提道中，心地證得究竟的寂滅，不執著於壽命、我、人等見解；諸根已得清淨，遠離於齷齪；爲了修菩提而行於布施，全部捨棄一切，用來救度苦難眾生，使得大眾得度四有之流；並且使令他們建立了涅槃，滅盡了諸有之想，而顯示了無想的境界。如果遇見四眾的時候，心中不會生起怖畏；心中志求的是寂滅的境界，用來清淨自己的佛菩提道。已經遠離怖畏，沒有臨命終時的畏懼；爲什麼這樣說呢？因爲現前已經證得寂滅而遠離了一切塵與垢，善住於佛菩提道中；了知去來的所在，也沒有去來，而善於分別眾生的種種想，心中沒有戲論，究竟於佛菩提道，這樣就稱爲菩薩摩訶薩的須陀洹相。」

講義：很奇怪吧？就只是一個通教的「須陀洹」，講那麼多。事實上，也眞是這樣。因爲這就是通教菩薩初果的智慧，如果不講出來，誰知道你是個通教菩薩初果？那麼 如來說：「不取佛道，究竟無礙；」到這個地步時，不再執取佛菩提道了；因爲佛菩提道就在自己的第八識眞如心中，怎麼樣修行，都在自己心中行、在自己心中修；如果有所證，也是在自己心中證；證後智慧發起了，說有所得，也在自己如來藏心中得，畢竟還是無得啊！這時候，哪來的佛菩提道？喔！終於瞭解了！

這時候，於諸法相「究竟無礙」，不管是誰來問：「如何是佛？」管教他「吃茶去」便得，什麼都不用理。如果哪天他又來問說：「您都叫我吃茶去，難道沒有別的？」「有啊！禮佛去！」教他禮佛，每天回去就禮佛；每次來問了，就叫他禮佛去！禮了一年還不會，又來問：「除了禮佛去，還有什麼？」「有啊！洗缽盂去！」反正你有許多的妙招，但是萬變不離其宗，你都在告訴他如來藏，只是他不會，那他自己證悟的條件不夠，也怪不得你，所以這時說你「不取佛道，究竟無礙」。

從此開始，卻又「樂求佛道」；很怪！既然「不取佛道」，怎麼又「樂求佛道」？因爲還沒有成佛，當然得是「樂求佛道」，所以不是悟後就原地踏步高枕無憂。這時候呢，佛菩提道的求道過程中，當然要受戒；其實見道之前就得受戒了，否則憑什麼見道？不是菩薩還來求勝妙的大乘見道，那也太荒唐了吧？可是這時候的「樂求佛道」是悟後的事，對於「戒」卻有不同的看法，但這個不同看法，咱們得下週再來談了。

《不退轉法輪經》卷二〈聲聞辟支佛品〉第四，上回講到三十二頁第二段的第一行「**樂求佛道，不著有戒，亦不取佛戒、非戒取戒，非取相戒**」。我們上週講了「**樂求佛道**」，可是在「**求佛道**」之前，由於佛道的求證是在現量上實證的，不是思想或者玄學。既然牽涉到佛道的實證，這當然要講究實證之前應該要有的條件。所以就像聲聞道的求證一樣要有條件，不是無條件的，因此在二乘菩提的實證上，它也講究一個次序；違背那個次序，就沒有實證之可能。那個次序就是「**施論、戒論、生天之論**」，然後才說「**欲爲不淨，上漏爲患，出要爲上**」，這是有順序的。從施論開始修學，學到「**出要爲上**」的時候，才開始要進入斷我見的階段，在此之前，沒有「**斷我見**」的法應該教授給求證者，所以他先必須要具備這些條件。在二乘法中如此，大乘佛法中更是如此；所以大乘法中首要的條件，他必須是個菩薩，這是第一要務。

但身爲菩薩一定有應該作的事情，才能說他是菩薩，那就是他應該要三歸五戒之後，再盡受菩薩戒；他得受了菩薩戒，如法持戒時才可以說他是菩薩。那麼在菩薩道的修行中，想要實證之前，先要證初果；證初果的條件就是剛剛講的「**施論、戒論、生天之論**」，乃至「**出要爲上**」，這一些都必須要具足。

而且菩薩所需要的條件更高，因為實證的菩薩，他的智慧和當下解脫，不是二乘阿羅漢之所能知，所以條件更高。因此想求證悟佛菩提的人，他先要有個心：「樂求佛道」，也就是樂求成佛而度眾生永無窮盡。「樂求佛道」之後，在實證佛道之前應該有的條件，他必須是個久學菩薩。久學菩薩意思是說，他在六度上面，必須有廣泛的學習與實修；如果六度不修，或只是單修一度般若，而說他想要實證佛菩提，佛法中沒有這回事！

在佛教界往年有一個現象，他們都想要求見蕭平實，然後就像公案記載的那樣，這一見就悟了，都不想古德在那一段文字記錄的證悟之前，已經「走江湖」多少年了。後來我乾脆不接見了，為什麼不見？因為那是個錯誤的觀念。凡是想要實證佛菩提的人，就讓他按部就班修學上來，然後報名禪三時，我們有各方面的審核；各方面審核都通過了，才讓他上山去打禪三，這樣後遺症就開始減少了。以前是統統有獎，所以問題很多。

那麼菩薩求證佛菩提的時候，有很多人沒有先自忖：「我是新學菩薩？或是久學菩薩？」這個現象在臺灣，十年前開始消失；但是現在大陸呢？還繼續存在著這個心態，都想要來同修會學一學就悟了，然後還眞的出世弘法了，卻還是沒斷身見。所以這是錯誤的觀念，因爲求佛道的人都要有求佛道的規矩和標準，不是每一個人想求就能得。試著想想看：佛世的時候，那些不迴心的大阿羅漢，佛也不讓他開悟般若；因爲他們是定性聲聞，所以他們死了以後不會再來人間，他們死的時候一定入無餘涅槃；這樣幫他們證悟了般若，無所助益於眾生，所以 佛不幫他們開悟。

就像結集四阿含的摩訶迦葉等人，那四十位大阿羅漢都是定性聲聞，所以 佛不幫他們開悟；只有金色頭陀、舍利弗等人，佛陀幫他們開悟了，因爲他們本來就是菩薩，跟著 如來學法已經很久了。所以這是有條件的，不能夠才剛進入佛門，就想要實證佛菩提，因爲這證悟不是小事。如果他證悟的條件還不夠，善知識一時不察，幫他悟了，將來就會有問題；但問題不是善知識造成的，而是他自己會製造問題，成爲他自己的絆馬索，把自己給絆倒在地。這一絆倒了，往往就像《佛藏經》講的：無量無數阿僧祇劫前的苦岸比丘等人一樣，到現在遇見了 釋迦如來，連三藏教初果的順忍都不可得，就別說證得通教初果了！

所以證佛道有好、有壞：好，是因爲他可以補救，所以善知識幫了他的忙，他悟後努力去進修，把不足的部分補足，這是好；可是他如果自大了，自以爲是，那他就會出問題，且是自己製造問題，然後阻礙了自己的道業。如果像無量阿僧祇劫前的苦岸比丘他們那樣，這一造作惡業，未來歷經九十九億尊佛以後，依舊不得順忍，那就是業障。

所以講經前，諸位聽到那首歌——〈菩薩底憂鬱〉，開始就告訴諸位了：「**佛法雖易證，無明成障。**」所以三界法上的無明、貪愛以及無始無明上的無明，都會障礙佛道的修證。其實佛道很容易實證，但是被一念無明、無始無明所障礙，就變得遙遙無期了。所以要打破這個無明，必須要先針對那一些條件次第修學；把這些條件具足了、圓滿了，那實證自然就輕而易舉，證悟了以後也絕不退轉。（編案：二〇二〇年退轉的琅琊閣、張志成等人，主張不必修集福德，不用修布施、持戒等六度萬行，便可以直接修第六度而證悟般若，都屬於此類人；所以同樣退轉而肆意扭曲佛法及無根毀謗賢聖，至今仍在造惡業中。）

那爲什麼說「**樂求佛道**」的人「**不著有戒**」？當然有原因，因爲實證的人見地上已經超脫於三界有了，當然是「不著有戒」而脫離世間各種宗教的「有戒」；可是如果他的條件還不具足，他就算是眞的實證了，不但達不到「不著有戒」，甚至「有戒」都受持不好，常常犯戒，顯然這是不具足證悟條件的人；那麼善知識幫他證悟了，這個善知識叫作「有眼無珠」，所以我現在仍是有眼無珠的自害狀態，因爲我二十年前幫這種人證悟了！

接著就要來解釋什麼是「不著有戒」？不論是聲聞戒或者在家五戒，或者出家的比丘、比丘尼戒，或者通一切大乘行者的菩薩戒，這一些戒有個特性：都有戒條！那麼戒條是戒誰呢？戒有情在三界有中的五陰。如果證悟了，說他叫作五陰也行、說他叫作五蘊也行，都是戒著這個五蘊。這個五蘊的持有全都是在三界有當中，全都不超出三界有；所以菩薩十重四十八輕、或者五十二輕，這一些戒都是在三界有上而作的施設。

如果是出家人所受的二乘戒，那完全是三界中法；可是菩薩戒的精神，雖然有戒條，它的精神是在戒心，不完全戒於這個色身。二乘菩提如果身、口不犯戒，心裡怎麼樣亂七八糟都沒關係，還是叫作「持戒清淨」；可是菩薩戒呢，身、口不犯，但是心中犯了，就叫作犯了！沒有任何行爲犯戒，也沒有後世的異熟果，但還是叫作犯戒，因爲菩薩戒戒心而不只是戒身。可是話說回來，五蘊身心這個心，究竟是三界中法、還是三界外法？當然是三界中法！所以三界中的法，當然都是在「三界有」上面施設戒律。所以這些戒條的施設，都有一個明確的規範：不可以作什麼。可是菩薩戒還有個戒的精神，叫作「不可以不作什麼」，所以見死不救，菩薩不能幹，一定得救。類似這一類的事，都是不可以不作。所以身爲菩薩，看見有人犯戒，得救他；看見有人在誤導眾生，導致眾生沉淪，得救那些被誤導的人。這也是不得不爲。

但不管怎麼樣，這一些戒律的規定都是三界有之中的事，都是不外於三界有。既然都是依三界有施設，當然這些戒就是「有戒」，是依三界有而施設的戒相。可是菩薩一旦證悟了，再也不執著有戒，因爲他**不取佛戒、不非戒取戒、不取相爲戒**。爲什麼菩薩**不取佛戒、不非戒取戒、不取相戒**？因爲他有所實證了。可是也許有人要問說：「**爲什麼菩薩實證了般若，就『不著有戒』？就會開始『不取佛戒』等三個戒？**」這是因爲菩薩的實證是眞如，證了第八識眞如心以後，除此眞如心如來藏以外，別無他法是眞如；而這個第八識妙法眞實又如如，祂不受任何戒法所拘束，因爲祂的境界不在三界法中，所以任何戒法拘束不到祂。你說：「我受菩薩戒了，十重四十八輕，這重戒、輕戒悉皆受持。」然而受持菩薩戒的是你五蘊身心，而眞如心從來不受持這個戒，所以你別要求眞如心持戒，祂不會持戒的；而且眞如心從無始以來就不會犯戒，所以祂也不需要持戒；因此 佛陀施設了那麼多的戒條，祂一條也不受持。

這時候有人想：「那祂不受持佛戒，表示祂會犯戒吧？」因爲一般人的想法是：不受持佛戒，就是會犯戒！都會落在兩邊。可是祂不受持佛戒，祂也不會犯戒；因爲戒與祂無關，戒所制止的都是三界法中的事，都屬於五陰身心，而眞如心的境界是在三界外，你如何要求祂受持三界中的佛戒？所以祂「不取佛戒」。

連佛戒都不取了，當然不會「非戒取戒」。什麼叫作「非戒取戒」？外道施設的戒法，都與成佛之道或者解脫道無關，所以他們的戒都屬於「非戒取戒」。如果佛門中，有人把外道戒拿進來，要求大家受持那個戒法，說可以成就佛道；例如密宗的十四根本墮戒，那根本是外道戒，不但與成佛之道全無關聯，也與二乘解脫道無所關聯。又如外道規定弟子們，每天要泡水多久，然後可以生天，犯戒就下地獄；其實照它的規定，每天泡水那麼久，也不會生天！縱使犯了那個戒，兩天、三天、永遠不泡，也不會下地獄，因爲那個叫作「非戒」；所以他們外道戒的施設，不論牛戒、食自落果戒……，在三界中都沒有作用，他就不會生天或下地獄。沒有作用的戒而去受持，然後嚴格去守護它、遵守它，那就是「非戒取戒」。

那麼證眞如的菩薩眾，現觀眞如心與佛戒無關，也與一切外道戒無關；所以很清楚看見了一切外道戒之施設，與解脫道無關，也與佛菩提道無關，全部屬於「非戒」，那就不取外道戒。所以假使有人受持了密宗的十四根本墮，那十四根本墮裡面有一些很不如理的規定，其中有一條規定說：「假使一天沒有修雙身法，就得下墮地獄；如果遵照它的規定每天修，那叫作持戒清淨。」密宗的十四根本墮這樣規定，它說這樣叫持戒清淨，跟我們所知道的持戒清淨，定義不同！

那麼現在有人聽了也許說：「那我不要那個戒了！我要捨離那個外道戒。」可是心裡怕呀：「我要捨離密宗的戒了，可是當時受戒時，我有發誓：『我如果捨離那個戒，會下墮金剛地獄受報。』」擔心起來。可是我說：根本不用擔心！因爲那個戒叫作「非戒」，他說受持那樣的戒可以成佛，可是絕對不可能成佛；而且是背道而馳，離佛地越來越遠；所以受持那個戒，就叫作「非戒取戒」；而且三界中也沒有金剛地獄，那是喇嘛教發明出來恐嚇人的。那麼假使哪天密宗的徒眾們違背了十四根本墮戒，也不會下地獄，因爲那是「非戒取戒」，在因果上沒有上生或下墮的因果力量，大家儘管捨戒沒問題。假使你斷我見之後，證得眞如心，你會看清楚：解脫以及成佛，跟那個密宗外道戒全然無關！這時候知道那是「非戒」了，心裡就放心了，不再擔憂；也不必跟誰作說明：「我不再受持那個戒！」直接把它捨了就是。可是要受菩薩戒之前，記得要先懺悔一下，因爲曾經受了那個戒，一定會造作了某些或小或大的惡業，應該懺悔！這叫「非戒取戒」。

還有「非取相戒」，就是以不取「戒相」作爲他的戒。那到底以什麼爲戒？名之爲「攝心爲戒」，就是把握自己的意識心和意根都不攀緣諸法，轉依第八識眞如。爲什麼是這樣？現在一定有人想說：「奇怪！既然如此，爲什麼要施設那麼多的戒條讓我們來受持？」可是大乘菩提中本來是沒有戒條的，佛陀剛開始弘法時也沒有施設戒法，有的聖弟子請問，佛陀就說了：「諸惡莫作，眾善奉行。」不但如此，再加上「生滅滅已，寂滅爲樂」，所以「自淨其意，是諸佛教」，以此四句爲戒，連戒條都沒有。所以佛戒最簡單的經典就是：「什麼惡事都別作，有善事你就去作；但是離惡修善之後，還有應該作的事情，就是把生滅法滅了，當生滅法都滅盡了以後，那是寂滅的境界，以此寂滅爲樂。」對二乘聖人來講，寂滅的境界就是有餘依、無餘依涅槃；對菩薩來講，叫作本來自性清淨涅槃；在這涅槃之中，沒有六根、沒有六塵、沒有六識，絕對的寂靜，要以這樣的寂滅境界，作爲解脫之樂。

所以 佛陀剛開始弘法時，並沒有這一些聲聞戒、菩薩戒，但是後來進入佛門的弟子們多了，良莠不齊，才開始施設聲聞戒。剛開始弘法時的弟子都是阿羅漢，那時候人數還少，他們成爲阿羅漢了，都不會有不好的身、口、意行；後來開始人數多了，有許多凡夫位的弟子們發生了不如法的行爲，所以 佛陀開始因事制戒，全部都是出家人的聲聞戒。是因爲發生某一件事情，佛陀就規定：這個事情以後不可以作；如果作了，或者是波逸提、或是波羅夷，或者說可悔、可懺等，就因事制戒。所以你看比丘二百五十戒，比丘尼還加上兩百多個戒法，那 佛陀到底處理了多少事情？所以 佛陀在世很忙的！如果這些凡夫位的弟子來求道，佛陀不爲他們施設這些戒法，把攀緣的心收攝起來，他們修定時一定修不好；定修不好，想要在三乘菩提上有所實證，也就沒有可能了！因爲心很散亂，觀行都沒辦法作。所以 佛陀是因事制戒，剛開始就那四句話作爲整個僧團的戒律，都沒有問題；可是後來弟子多了，其中有許多凡夫弟子出家，就必須因事制戒，那就得「**取相爲戒**」，所以就依著各種事相，一一來施設應該如何受持這些戒法。至於菩薩戒，是弘揚大乘法以後講了《梵網經》，然後才開始傳授這個千佛大戒。

可是菩薩實證了實相法以後，在實相法界中，有什麼戒可持？無有一戒可持，所以**不取佛戒，不非戒取戒，不取相戒**，但是以所證的道爲依止而不會犯戒，名爲道共戒。這時候說，菩薩如果證得如來藏，現觀眞如的時候，他是通教的初果位；通教初果依大乘法的實相法界來斷三縛結，這時候「**三結已離，不住三界**」，是通教菩薩初果，見地上就「**不住三界**」了！因此我們同修會中的同修們上山打禪三，這一悟了，拿到我的印證了，問問他現在住在哪裡，他說：「**我沒有所住！**」還記得《金剛經》講的嗎？「**應無所住而生其心**」。

「**無所住，可是看你又一天到晚忙活不停！幹不完的活！那麼忙，怎麼可能無所住？」他卻說：「**我正在這邊不斷地幹著活兒，可是我依舊無所住。**」這讓人聽起來，覺得很怪：「**你既然幹活一定有所住，怎麼可能無所住？**」等到後來他解釋了，喔！恍然大悟！原來他是轉依如來藏，而如來藏無所住。那覺知心呢？五陰呢？這個身心何妨繼續在人間，不斷地為眾生辦事，可是所轉依的如來藏無所住；就這樣一腳踩在實相法界，另一腳踩在現象法界。太棒了！腳踏兩條船，卻是永遠不會翻船，這就是通教或別教菩薩們的專利。因此說他「**三結已離，不住三界**」，從此以後就是：

「**如佛所學修行聖道，離一切想，不取於緣，無諸障礙；**」這時候完全遵循如來所開示的那一些佛法道理，好好修行聖人之道。可是這個聖人之道和一般宗教所謂的聖人之道截然不同！一般宗教所謂的聖人，在佛法中都只能叫作凡夫；因為三乘菩提俱無其一，連聲聞初果他們都證不得！

然而這樣的通教初果人「**離一切想**」。在《阿含經》中如來說：「**想亦是知。**」所以色、受、想、行、識中的「想」，想就是「知」的意思，「**離一切想**」即是「**離一切知**」。那麼問題來了：你既然住在人間，怎麼可能離一切知？不可能啊！但是對於通教初果人或是別教第七住菩薩來講，那是實證的、現觀的境界；因為如來藏離一切想，如來藏不了知一切法，從來不住於六塵境界中。所以六塵境界中，固然有種種法數之不盡，但祂從來不加以了知；既然不加以了知，「離一切想」，當然就「不取於緣」。

當你證得如來藏以後，我要問你：「你的如來藏有沒有取過什麼緣？」從來不曾！從來不取任何緣，所以如來藏也不曾辦過任何事情！但是卻在不曾辦任何事情當中，由祂來承辦了一切事，這才叫怪！可是這個怪，你悟後又覺得不怪了，因為法界中法爾如是，這沒什麼可怪的！既然能夠如此，所以悟後開始進修佛菩提道時，也就「無諸障礙」了。

因此咱們會中，增上班的同修們進步很快，智慧增長非常快，因為一般的大師們所不能說、不能解、不能證的那些法義，我都一一為諸位宣說，因此諸位隨聞入觀以後進步很快。可是假使證道的因緣還不具足，我把他拉上來，幫忙他悟了，讓他進了增上班，他一定聽不懂；然後覺得那沒什麼，就不想學了，幹自己的事去了！幹自己的什麼事？名聞利養與眷屬。因為他不知道「那個法」是寶，所以眞正懂修行的人，是進了增上班才開始修的。

有人也許納悶：「那我在明心之前，難道都不叫修行？我是那麼努力作義工、禮佛、作無相念佛的功夫，週二都來聽您講經，精進修行六度，都不叫修行喔？」答對了！不叫修行，因爲那些都叫作「修集見道的資糧」，都是見道之前該有的資糧，你得要修集。可是明心之後，進了增上班，那是相見道位的修行，那才是眞正的修行。所以見道之前，叫作外門六度萬行；見道之後，才開始內門六度萬行，這才是眞修行！因此悟前很忙，因爲要作的事情很多，才能具足證悟的條件，可是悟後更忙，因爲要學的妙法更多；而悟前作的那一些修集資糧的事，悟後還要繼續作，因爲還有更高的機會與證量，我們要去取證，那當然要繼續作；所以悟後事更忙，而且學的法越來越深。

那麼悟後進了增上班，將來有兩個部分要學，現在悟後學的是《瑜伽師地論》六百六十法，可是預計再大概一、兩年吧，我會把它講完，因爲快要講到九十卷了；講完之後，就開講《成唯識論》。《成唯識論》是誰作的？（導師指著背後的玄奘菩薩像說）他作的！談到這個，說當年爲什麼我要把他供上去？當年我還不知道他的來歷與後身，我只是想：「他這一部論太重要了！這個證量最少是三地以上的菩薩，而且他這部論跟人間證悟的菩薩們悟後的道業息息相關。那我一定要宣講這部論，而且我也已經在宣講了，怎能不把他供上去？」就因為這個緣故，所以雕了他的像就供上去了。

如今我寫了《成唯識論略釋》，是簡單的解釋、概略的解釋，現在〈卷三〉已經寫完了，〈卷四〉開始寫了一部分，預計明年年底以前，把它完成。因為〈卷一〉、〈卷二〉那些最麻煩的，講的是當時的四大派外道，那些理論要辨正清楚還眞不容易。那些處理好了，接下來都是法義辯論，都是佛門中的事，所以隨著法義的開展就破斥部派佛教那一些聲聞僧，這個比較好寫，進度就快了！所以到時候，一一說給諸位聽，聽了你就會懂。那時不會讀不懂、聽不懂；懂了，進步就快，所以說「**不取於緣**」，而且「**無諸障礙**」。（編案：後來由於琅琊閣、張志成等人的退轉，進而依六識論的釋印順邪見來扭曲解釋《成唯識論》，發表了許多以外道法取代佛法的文章，所以平實導師隨後改為寫作《成唯識論釋》，加以深入註釋，後來增編為十輯，並且改以較小的十二級字編排，每輯內文都超過四百頁。）

可是如果還沒有實證之前，讓你到增上班來，你也聽不懂，因爲你聽聞之後無法現觀，無法現觀就只能用想像的；可是法界的實相，用想像的多痛苦啊！但你如果能現觀時，就可以瞭解這部論講的是什麼。可是現在註解到〈卷四〉，我覺得當年玄奘菩薩寫得太簡略，因爲問句、答句都沒有標列出來；而當年沒有注音符號，也沒有那些標點符號；而且依當年的語言學來看，那也不算很簡略，因爲寫那部論的目的是給自己看，不是給別人看，這是玄奘當年的想法；如果有誰要來辯論，就用這些法義跟他辯論。所以是給自己看的，就用自己的文學水準去寫；可是別人來看就難了，道理就是這樣。

就如我現在一直想把《楞伽經詳解》重寫一遍，因爲有很多人讀了，跟我抱怨：「您寫的這些法義都是文言文，好難懂！」可是對我來講，那不是文言文，都是白話文！但現在不可能再有時間重寫了，也許下輩子看有誰能寫《楞伽經詳解釋》，也可以的。或許下輩子我又來了，沒有人寫，我自己再來寫釋也可以吧？

這意思是說，你得要有實證，實證了以後，只要是善知識在教導，你學習的時候「無諸障礙」，都不會有障礙！因爲你沒想到的，他幫你想到了、幫你講出來了；你只要隨聞入觀，一面聽、一面現前觀察：果然如是！觀察完了，那就是你的了。你聽了可能會忘記，但別人這一問，你又可以回答，表示你沒有忘記；因爲你有「勝解」以後就會有「念心所」，你不會忘記那個法義，因爲那是你家裡的東西。但是要你記住所有的內容，你可能記不住；可是你聽聞過了，只要有人提問，你就可以答，那就是你的了，就這樣子進步。

若是不懂《成唯識論》的人，上了增上班，聽上一節、兩節課，都不太懂！可是如果有耐心，聽上三個月，保證你懂。那麼修學佛道，在悟後進修的時候，那些課程可以隨聞入觀，這才算是眞正在修行；見道前那些修行只是修集資糧，都是外門廣修六度萬行。外門修時還能叫作修行喔？當然不是！進入內門廣修六度萬行時，才都叫作修行；你很確定自己現在住在什麼地方，然後邁步前行，知道自己走到哪裡，一步、一步都能了知，所以「無諸障礙」。

當你可以完全了知自己的步伐走到什麼階段的時候，那你就是「入於佛道」；眞的進入佛道了，不再是想像的，實證之前都是想像的。在古時候實證了還有善知識指導，可以次第進修的，不說絕無僅有，但是很少，因爲那種善知識不多見。

今天我們把這一些內容都爲諸位鋪陳好了，你只要一步一步去走，是你該得的你就得；走上一步看見有什麼，就納到你的法寶袋裡面去；再走下一步，又有什麼該得的，又拿了放到自己的法寶袋裡面去，就這樣一步一步往前行。但是你的每一步，都是尙未見道的人所不能想像。

然而你自己的所見，除了這一步，也就只有一步而已，沒什麼啊！可是這一步，對尙未見道的人來講，猶如千里之遙！所以有一句話說：「**悟後修道，日進千里！**」聽過吧？對啊！因爲每一步都紮紮實實地往前走。悟前呢？來到六住滿心位，就進入加行位中求破參見道，等於是在原地踏步，就等著衝破那一道無形的牆；衝破了，那你就是見道位的菩薩，稱之爲「**眞見道**」。「**眞見道**」之後，就開始進入「**相見道**」位的修行。所以爲了恭賀每一位進入「**相見道**」位修行的人，我們都送他一套書，總共一大箱，就是五巨冊《瑜伽師地論》，因爲正式進入內門，廣修六度萬行了！

那麼入於佛道的人有個特性「**心得寂滅**」，因爲所證的眞如心，不與六塵萬法相應；在眞如心的境界中無一塵可得，那當然是絕對的寂滅。從此開始，「**不著壽**

命、我、人等見；」見道以前著於「壽命、我、人等見」，是因爲落在五蘊之中，依於五蘊來看時，每一個人都有你、有我，也都有人、都有眾生，也都有壽命見，只要有人身就有壽命。可是你進入內門來看時，依眞如心看待一切法的時候，沒有我、沒有人、沒有眾生、沒有壽命，一切法皆無；所以這樣轉依成功的人，不會再攀緣於種種法而加以執著，於是「諸根清淨，遠離韁麼」。

證悟以前請到經典，興沖沖地翻了起來閱讀，結果裡面每一個字都認得，就是不知道意思！因此以前的人都說：「三藏十二部經浩如煙海。」眞的浩如煙海！那麼覺得浩如煙海是什麼緣故？因爲深不可解；深不可解是有原因的，就是因爲那裡面的文字義理艱深難解。這不是文學底子不好所以讀不懂，因爲經文裡面的文字通常都不深，可是那個義理太深！因爲文字所說的並不是文字表面的意思，所以艱深難解，那只好望經興嘆！

那你如果說那些一般的法師們，就如前些年過世的北部某大山頭的大法師，說他以前在臺灣南部的美濃閉關六年，他那六年是閉讀經關嗎？他連經都不讀，專讀日本凡夫人士的著作。可是我告訴諸位：「王雲林老人把《大正藏》讀了六遍。」

前前後後都讀，讀了六遍！我說：「佛教界難得其人啊！」但他卻跟我抱怨說：「蕭老師！我雖然讀了六遍，就欠您幫我腦後一槌啊！」我說：「沒關係！我留個禪三名額給你，你要是色身允許了，隨時來！」可是他就沒辦法呀，他那個肺氣腫根本沒辦法打三！

這就是說，尚未親證般若的人，看到了經典內容時一定是皺起眉頭來，臉都是放不開，愁眉苦臉地：「這到底什麼意思？我要到何時才能弄懂！」就有這個苦處，所以心情總是不好，內心的狀態形諸於外時就是「顰蹙」；就像人家俗話說的「臉都皺起來了」，因爲他無法如實理解其中的意思；不能如實理解時就不能完全遵守 佛的教誡、教導，六根就會向外追逐，於是諸根不淨。如果他眞的能理解，就能領受 如來在經中的教誡與教導，所以絕對不會犯戒，他也不會有不好的心行，於是臉上笑逐顏開，而且「諸根清淨」不會侵害於眾生。

從此之後，他修六度萬行是怎麼修的？總是歡歡喜喜而修。六度中的首度就是布施，這個布施是「爲修菩提而行於施，悉捨一切，救苦眾生，使度四流；」所以悟後修布施行，正是爲自己修菩提而修的。所以不是悟後都不布施了，布施這一件事情要一直修到成佛之後。不要以爲說：「我在初住位修完布施了，我在二住位修完持戒了，然後六住位我修完般若了，以後都不再修六度了。」不是這樣的！想想看：到了十地滿心過後，進入等覺位，還得百劫修相好：無一時非捨命時，無一處非捨身處。這不也是布施嗎？也許有人想：「那等覺位修完布施就可以了，不用再修布施了。」不！成佛以後還繼續修布施哩！主要就是作法布施，但是其他的布施就隨緣、隨分而修。

所以阿那律尊者眼盲，他有天眼通，但是被告誡平常不許用天眼通，那時他穿針穿不過去，拿著針與線在那邊呼喚：「誰想要修福德啊？來幫我穿針哪！」佛陀說：「我來幫你穿吧！」穿好了交給他。他看不見，又不許用天眼通；但阿羅漢的習慣是「當人家爲我作事以後，我就要爲他祝願」；要爲人家祝願的時候，他總得問：「你是哪位啊？」如來就回答說：「我是瞿曇。」他一聽：「啊！是如來！如來您還要修福喔？」如來說：「世間求福之人無復過我，如來於布施等六法無有厭足。」意思是：「修福還嫌多嗎？」所以布施是遍一切時都在修的，只是有所側重，看眼前的階位要修哪一部分的布施，其餘的布施就隨緣隨分。

但是悟後所修的一切布施，全都是「爲修菩提而行於施」。所以我個人也在修布施，雖然週末增上班、週二講經是法布施，可是我出來弘法後所作的財施，也不會比諸位少到哪裡去；這目的都是爲了佛菩提道的繼續前進而作資糧，所以應當「悉捨一切」，能捨的就捨，沒辦法捨的那就再看因緣吧，所以說菩薩「悉捨一切」。可是爲修菩提行「悉捨一切」時，目的是「救苦眾生」。所以佛法中有說什麼叫作「眞正的布施」呢？佛法中說，行施之時，當置眾生於佛法中，是名如法而眞實的布施。所以佛法中布施不是給了財物就沒事，你給了眾生財物，還要教他聽一聽佛法；看他適合聽什麼法，就爲他講什麼法；不是給了就沒事了，而是給之前要跟他說一點法，讓他熏習，因爲目的是要「救苦眾生」。

眾生在三有中流轉，在四流中流轉；沒有一個眾生是脫離三有與四流之苦，全都是三界有；不然就是卵、胎、濕、化中受生，或是流轉於見流、欲流、有流、無明流等四流中。那你要救他們遠離三界、遠離四流，也就是可以超出三界生死的意思，這才是眞正的度眾生，就是眞正的「救苦眾生」。

可是這樣一講，又得罪了天下大師們，因爲言外之意是說，他們不是眞的在度眾生，只有我蕭平實在度眾生。可是「救苦眾生」的救度義，眞義確實是如此；所以並不是布施了，給他可以過上一、兩年的好日子就算了；也不是布施了，讓他聽一聽表相佛法就算了，而是你必須要救護他們遠離三界生死苦，能遠離四流的漂流之苦；也能夠脫離卵、胎、濕、化四種層次，所以得要「令立涅槃，盡諸有想」。因此度眾生的時候，要讓他們能夠建立涅槃：「令立涅槃。」

要怎麼樣使所救的眾生能建立涅槃？就是幫他們實證涅槃。二乘菩提要證有餘、無餘涅槃；如果是大乘菩提，要證本來自性清淨涅槃，這都叫作「令立涅槃」；立了涅槃，就能「盡諸有想」，一切三界中法的「知」全部滅盡，因爲依於如來藏來看時，沒有任何一法可以了知，所以「盡諸有想」就是要證眞如心的境界，現觀眞如心的境界中無有一想可得。

如來藏的境界中沒有六塵，當然「盡諸有想」；可是要讓他們達到這個境界，你要先「顯示無想」。你把「無所知」的境界先告訴大眾，讓大眾去聞熏修學，期望他們可以實證無想的境界，也就是對六塵無所知的境界。這個「無所知」就是第八識如來藏的境界，那眾生還沒有實證之前根本不懂，你要藉著爲他們說法，讓他們去實修，然後讓他們可以了知：原來如來藏的境界中，沒有任何想，這就是「顯示無想」。若不預作顯示，將來證了眞如心以後發覺裡面什麼法都沒有，於是心中恐懼害怕就退轉了，不得解脫及實相智慧。

像這樣的須陀洹、這樣的通教初果菩薩摩訶薩，「若見四眾，不生怖畏；志求寂滅，淨菩提道」。當他看見佛門四眾時，心裡不會覺得羞愧，也不會自慚形穢，因爲他很清楚知道自己是通教須陀洹，已經進入聖道流了，這是很清楚的事情。所以剛開始弘法那幾年，我常常要強調（對所有的學法者強調）：證悟以後，就是腳踏實地，非常地放心，一點都不心虛，因爲你的腳踏在實相般若的眞實大地了！

以前還沒有實證時，所有的佛法都是想像的，心裡虛虛的，所以見了人總是怕：「對方如果很內行，這一問，我就倒了！」可是只要實證了以後，即使上位菩薩來了，你也可以跟他聊幾句，沒什麼可害怕的！要說般若、就說般若；要講涅槃、就來講涅槃，都可以講幾句；大不了，就向上位菩薩奉承一下：「您的證量很高啊！」這就好了，他也不會取笑你。所以實證的菩薩沒有取笑人的，如果有的人開口就說：「唉！你這個證量太差了！下去，下去！」那我告訴你：「他的證量一定比你差！」（大眾笑⋯）諸位別笑！這是事實。會嫌人家證量不好的，他的證量一定比你差；因爲在如來藏的法界中，沒有高下的評比！但他一直在評比，那表示他沒有證量，證明他所謂的開悟只是知識，只是這一世意識的所知事。

所以眞正的實證者「**若見四眾，不生怖畏**」，因爲他沒有爭勝心；既沒有爭勝之心，哪來的怖畏？只有與人爭勝時，才會怕別人勝過自己。那他轉依如來藏，無一法可得，這時候不需要爭勝了；既不需爭勝，就不會怕被別人贏了；此外，還有一個原因，不爭勝是因爲「**志求寂滅，淨菩提道**」。菩薩心中想的是要次第進修，一步一步往佛地邁進，所以他所志求的是寂滅境界。

如果要談到寂滅境界，誰的境界最寂滅？當然是諸佛如來！菩薩並不是究竟寂滅的境界。可是菩薩比起阿羅漢，那就眞是寂滅，因爲阿羅漢無法想像菩薩所住的本來自性清淨涅槃的寂滅，是因爲他們無法現觀；可是菩薩是現觀，而且四個聖諦的現觀都是正確的，所以稱爲「諦現觀」。阿羅漢知道捨報之後入無餘涅槃，六根、六塵、六識全部皆斷滅，絕對的寂滅，可是在那個寂滅境界中到底是什麼？他又不知道了！因爲他們的意識、意根沒辦法進入無餘涅槃的境界中去看；而當他們死後入了無餘涅槃以後，他們五蘊身心又都不在了，能看見什麼？可是菩薩現前就看見阿羅漢們將來入了無餘涅槃，就是這個如來藏獨住的境界。

如來藏不再流注法種而捨棄了一切法的境界，那就是阿羅漢入的無餘涅槃，所以菩薩所證的「**涅槃寂靜**」是比二乘阿羅漢更寂滅的。可是這也只是本來自性清淨涅槃，得要次第進修，到達佛地時，證得無住處涅槃，這才是究竟的寂滅。所以菩薩須陀洹，乃至菩薩阿羅漢還得「**志求寂滅**」，為了「**淨菩提道**」。

這樣的菩薩須陀洹對世間法都無所求，「**已離怖畏**」，既然已經遠離怖畏，所以任何人來見菩薩，菩薩只想跟他結交、跟他成為善友，不會跟他對立。如果有人還會跟證悟的同修之間互相對立，他的心態是有問題的，表示轉依不怎麼成功，所以說這樣的菩薩臨命終的時候「**無有死畏**」；因此臨命終走人的時候，跟大家揮揮手：「**來生再見！**」就走了；而不像世間人在那邊哭哭啼啼，拉著手捨不得分開；然而捨不得也得捨，該走的時候他就得走，最後他息脈一斷，還是得放手。至於實證的菩薩「**無有死畏**」，因為很清楚知道：死也在如來藏中死，來世重新出世也在如來藏中出世，所以沒有恐怖。

也許有人想說：「那如果現前拿著刀子架在你脖子上，要求你：『你得要說沒有如來藏可證，如來藏只是名詞的施設，並非實有。』」他也無所畏懼。但是他也可以試個方法說：「好！我講、我講、我講，你先把刀子放下來！」等那刀子放下來，說「沒有如來藏可證」這個「證」字都還沒有出口時，一把就將他的刀子搶過來：「實際上眞的有如來藏可證！」（大眾笑⋯）這也行啊！不一定得死，但是必要時就死了也無所懼，所以說菩薩須陀洹「無有死畏」。但菩薩沒有這種臨命終時的畏懼，當然有原因，所以說：

「何以故？現證寂滅離諸塵垢，善住佛道；」因爲他現前就看見了涅槃中的寂滅境界；很清楚地看見自己確實住在如來藏的寂滅境界當中，而又無妨有一切的言語，而這一切的言語喧鬧都不離如來藏的寂滅境界。所以他在六塵諸垢當中生活，在利樂眾生的過程中，他所轉依的境界卻是「離諸塵垢」，因此證悟之後，不必躲到深山去。

所以悟後，他想要修初禪、二禪、三禪，這樣的人就叫「善住佛道」。這種人不必再牽掛說：「我死後要到哪裡去？」因此說他「知去來趣，亦無去來，而善分別眾生之想」；因爲學禪目的是要了生脫死，如今生了了，死也脫了，捨壽之後，來世要到哪裡去，難道自己不能決定嗎？當然可以決定啊！一切證悟的人都可以決定自己的去處，因爲其他的有情都得讓你；如果你在中陰階段看見哪一對父母，是你來世適合的父母，你可以去投胎；其他的中陰身都得讓你，因爲你有那個威德；而你也不必去搶，中陰法界就是這樣，他們自動就會讓你。

所以這個了生脫死，一方面看清楚自己：生也從如來藏中生，生就了了；死也死往如來藏裡去，死也脫了！了生脫死完了，接著就是要在世間相上面用心了，因爲你不是聲聞，想要自度度他乃至成佛，永不入無餘涅槃。所以你這時候要迴心轉入世間相中觀察七眞如，同時可以自己決定死後的去處。這時雖然知道自己死後有所去處，可是「**亦無去來**」，因爲不論你怎麼看，來世一樣在如來藏中生，一樣在如來藏中生活，也在如來藏中修道，老了也將死在如來藏中，所以根本沒有去來。表相上看來，你有生有死，其實沒有生死，所以善於分別一切眾生之想。

從這裡來看待一切眾生時，一切眾生全部都是如來藏，無一眾生而非如來藏，這時候心中沒有戲論了，這時就是「**心無戲論**」。戲論是從哪裡來的？是因爲不懂，然後想像、編造，由想像編造而說出來的就是戲論，因爲言不及義。可是從此以後，他心中所思、所想都是現觀，都是第一義，這時候當然心中沒有戲論，所說也沒有戲論。像這樣的人一定是可以「究竟佛道」的人，他可以透徹地了知佛菩提道的實證內涵，於是 如來說：「**是名菩薩摩訶薩須陀洹相。**」

所以你看，通教菩薩法中的初果就可以講這麼多。我們已經講多久了？已經講了二十講，今天第二十一講還在講通教須陀洹呢！但爲什麼可以講這樣多？因爲世間相無量，非常之多，可是這無量的世間相都攝歸如來藏，因此一個菩薩須陀洹可以講這麼多。後面還有斯陀含、阿那含、阿羅漢、緣覺，同樣還是這個眞如心如來藏，沒有第二個，所以說這個法非常勝妙！接下來看 世尊怎麼樣說偈頌：

經文：【爾時世尊即說偈言：「

說於四道佛難思議，若有性者不退菩提，

猶如虛空無所依止，無住無緣離於取著，

是名爲道得堅固意，乘如是乘無上救世；

不住彼此不處中流，不著佛道名須陀洹。
一切世間及佛餘想，究竟彼岸名須陀洹。
滅諸蓋障顯示佛道，盡一切相名須陀洹。
不高己身而起佛法，開示知見入於佛慧；
先起我想顛倒眾惡，如是知已不著佛道；
本疑於佛爲得不得，究竟無著不取道想；
不起戒取善住佛戒，常修正勤不取戒想；
斷於三結不著三界，行於佛道知眾生想；
雖修菩提而不取想，心行寂滅清淨佛道；
歡喜布施遠離犟彆，住於正命心無戲論；
悉捨一切濟苦眾生，得無上施名須陀洹。
斷數數生無相無著，遠離恐怖出世間畏；
法及非法一切皆捨，不著諸際名世間明。
安處四眾而無所畏，顯示寂滅淨修佛法；

無眾生想亦非實想，是名無染分別怖畏。
離一切畏亦無死畏，處於寂滅離垢安隱；
已過惡趣是故不畏，善說諸道無漏無相。
菩薩之法示須陀洹，爲諸下劣故作是說；
以巧方便顯示佛道，爲放逸者故顯此法；
救世世尊多方便說，隨其本行而示佛道。
阿難當知是須陀洹，爲小智者說如是事；
不解方便愚癡狹劣，不識甚深而生諍訟；
以百千法示須陀洹，須陀洹者顯菩提法。
如是，阿難！如來等正覺，爲諸菩薩摩訶薩以善方便說須陀洹。」

語譯：【接著世尊以重頌再說一遍：「

爲大眾說出了能使人脫離四流之道的佛陀是難可思議的，如果是有菩薩性的人，他就不退轉於佛菩提，

猶如虛空一樣而無所依止，無所住、無所緣而離於一切取著，

如是名爲在佛道上證得堅固意，乘著這樣的法乘而成爲三界中無上的救世者；不住於彼也不住於此，同時也不處於中流，不執著佛道而名爲須陀洹。對一切世間想及諸佛、其餘之想，究竟到達了涅槃的彼岸名爲須陀洹。滅除了種種的蓋與障而顯示出佛菩提道，究竟滅盡一切相時名爲須陀洹。不自高己身而生起了佛法，開示各種知見給眾生令其入於諸佛的智慧；先生起了我想而顚倒了種種的惡法，這樣了知以後不執著於佛菩提道；本來還懷疑著：對於佛法究竟是能證得或不能證得，如今究竟的無所執著而又不執取佛道之想；

不生起戒禁取見等三種邪見而能善住於佛戒，永遠都在修學四正勤而又不取持戒之想；

對於三縛結已經斷除了，可是卻不執著於三界法，修行於佛菩提道而了知眾生的種種想；

雖然修行佛菩提而不取佛菩提想，心行是寂滅的卻都在清淨所修的佛道；歡喜修行布施而遠離了顰蹙，住於正命之中，心中永無戲論；

全部捨棄了一切而來救濟苦難的眾生，得到了無上的布施，名爲須陀洹。

斷除不斷地受生而無相也無所執著，遠離於各種恐怖而出離於世間的畏懼；

對於法以及非法一切全部都捨棄了，不執著一切法際名爲世間明。

安處於四眾之中而無所畏懼，顯示了寂滅的境界而清淨修學佛法；

沒有眾生想也不是實有諸法之想，這樣就稱爲沒有染污、分別、怖畏。

遠離一切的畏懼也沒有臨死的恐怖，處於寂滅的境界而離垢安隱；

已經超過三惡道的緣故不再畏懼生死，善於演說各種佛菩提道的無漏無相。

菩薩的法示現有須陀洹，這是爲諸下劣有情的緣故所以作出這樣的說法；

卻以善巧方便來顯示佛菩提道，爲放逸有情的緣故才顯示出這樣的佛法；

由救護世間的世尊多所方便宣說，隨著往昔的本行大願而示現佛菩提道。

阿難應當知道這樣的菩薩須陀洹，爲小智慧的二乘人演說像這樣的事情；

不能理解菩薩的方便善巧而具有愚癡狹劣心的眾生，不能認識這種甚深微妙之法而產生了諍訟的行爲；

以百千種法來示現菩薩須陀洹，須陀洹的意思就是顯示佛菩提法。

就像是這樣子，阿難！如來正等正覺，爲諸菩薩摩訶薩以善方便演說菩薩須陀洹。」】

講義：「說於四道佛難思議，若有性者不退菩提，」菩薩須陀洹得要爲四流眾生演說：「怎麼樣可以修證佛菩提道？」使令眾生可以遠離四流，永遠不再落入四流之邪道中，這眞是難事；可是 佛把很難思議的佛法講出來，使眾生可以實證，這眞的不可思議。因爲大乘佛法沒有辦法用思惟而去了知，而且實證之前，還必須有許多的配合條件要修證；所以佛菩提道很難思議，即使二乘聖者也無法想像；可是如果眞正具有菩薩性的實修者，當他實證之後，絕對不會退轉於佛菩提。

那麼這裡就要探究菩薩性了！有一個問題是：「菩薩性是本有的、還是修來的？」諸位想來都讀過《優婆塞戒經講記》了！因爲菩薩性不是本有的，那是要一生一生、一劫一劫這樣努力去修學，修學到菩薩性發起了還不夠，還要再修外門六度萬行；當這外門六度萬行修夠，把六度修學滿足了，這時才說他的菩薩性具足了，才有證悟的資格。所以有的人說：「菩薩性是本有的。」佛陀就把他推翻了，因爲菩薩性是不斷地熏習然後才有的，不是本有的！然而 佛陀說：「如果有菩薩性的人，他證得了眞如心以後，就不會退轉於佛菩提了；如果會退轉於佛菩提，表示他的菩薩性還不圓滿，還要繼續外門廣修六度萬行。」接著說：

「猶如虛空無所依止，」當菩薩們實證了實相法界以後，發覺實相法界就是如來藏眞如心，而如來藏自身的境界「猶如虛空無所依止」。有所依止的都是三界法，全都是所生法或所顯法。譬如人類在人間，通常都是有一個家，家就是他的依止。如果無家可歸呢？人家就說：「你好可憐喔！竟然沒有家可以回去。」一般人都有家，那「家」就是他們在人間的依止。可是早上醒來，吃過飯以後，一身整齊都穿搭好了要出門；出門後依止什麼？依止於你的職業，看你是幹啥的就去幹啥；你如果是作生意的就繼續作生意，那生意就是你的依止；就這樣一切都有依止，依此類推。

可是菩薩們所證的第八識如來藏「無所依止」。如來在《阿含經》中，最多就是講「識緣名色，名色緣識」，說「名色是那個識所生」，所以名色依止那第八識；可是說那個如來藏是緣於名色時，卻不說如來藏執著那個名色；因爲如來藏對名色無所執著，於一切法都無所執著。壽命未盡之前，如來藏和你同時同處，可是祂對你都不執著，因爲祂「**無所依止**」。祂就像虛空一樣，因此祂「**無住無緣離於取著**」。五陰身心住在人間故有所住，都住在六塵境界當中、都有所緣，緣於一切法；可是如來藏無所住，如來藏也不緣任何法，所以祂「**離於取著**」。

而菩薩摩訶薩須陀洹這樣實證之後，「**是名爲道得堅固意**」，說這樣就是佛菩提道，也說這位須陀洹已經得到了堅固不退的眞義，他的意識、意根就這樣堅固地住於佛菩提道中；然後就搭乘著這樣的唯一佛道的法乘，世世行道而成爲無上救世者；所以說「**乘如是乘無上救世**」。救世者只有佛菩薩，一切外道無所能爲；因爲一切外道不管他是大師、小師，都還在五陰身心的境界當中繼續浮沉不已，連二乘法中的初果解脫也證不得，全都無法超脫五陰身心；所以已經超越五陰身心境界的通教初果菩薩摩訶薩出世弘法，那就叫作「**無上救世**」。說爲「**無上**」是有原因的，因爲他所證的法無上，他所演說的法無上，這樣的法可以如實救護眾生，所以叫作「**乘如是乘無上救世**」。

「**不住彼此不處中流，**」通教初果菩薩無所住，是因爲所轉依的如來藏無所住，所以不住於彼、也不住於此，更不住於中流。一般人會說：「所謂『**中道**』就是遠離兩邊，住在中間。」可問題是，住在中間時究竟是有所住、還是無所住？（眾答：有所住。）對啊！還是有所住。所以「無所住」是離兩邊、也不住中間，才說「不住彼此不處中流」。但這樣的菩薩須陀洹「不著佛道」，因爲實相法界中沒有佛道這件事；佛菩提道是個施設法，施設說你依著這個如來藏次第進修，將來怎麼樣可以成佛的方法；但是對如來藏自身而言，沒有這些法，一切法全都不存在！所以這是針對五陰的修行而施設的，因此佛道也不許執著。接著說：

「一切世間及佛餘想，究竟彼岸名須陀洹。」通教的菩薩須陀洹，了知一切世間、也了知一切諸佛，因爲當他證悟實相之後，會從比量上去推究：「在這個世界，人類當然有如來藏；可是牛、羊、狗、豬、馬等，難道沒有如來藏嗎？」欸！全部都有！那麼如果是水中游的魚呢？還有泥路上看見的一些昆蟲、蚯蚓等，難道就沒有如來藏嗎？從比量上一推究，馬上知道也有。那這樣子，從可見的有情上面比量推求，都有如來藏，再推求諸天：欲界六天、色界十八天，一一推求，莫不有如來藏；即使無色界天沒有色身了，一樣也是有如來藏。

天界有情推究完了，往下去三惡道看看吧！畜生道、餓鬼道、地獄道那些有情難道就沒有如來藏嗎？這一比量推究的結果，立刻知道同樣都有；因為他們都是有情，既是有情就有如來藏。這樣子，對於這個世間的一切有情全都知道了；再來推求十方世界，一切世間有情莫不如是。世間推求完了，再推求四乘有情：聲聞、緣覺、菩薩、諸佛如來，全部也都是這個第八識，再也沒有別的。這時「**一切世間及佛餘想**」都弄清楚了，原來都是這個第八識如來藏，沒有第二個法，這時就說他是「**究竟彼岸**」，這樣叫作通教菩薩的「**須陀洹**」。

因為所謂遠離生死的彼岸，其實就是第八識如來藏；而這個遠離生死的彼岸正好跟這個正在生死當中的此岸的五陰身心同時同處，不在外面、也不在彼岸；彼岸就在你五陰身上的如來藏，跟你流轉生死此岸的五陰身心同時同處，而祂如來藏不在生死中。你這樣一看的結果，發覺原來彼岸就在此岸，彼岸與此岸卻沒有距離，可是此岸有生死，彼岸沒有生死！原來沒有生死的彼岸，只是有生死此岸的反面而已。就像一張紙的兩個面，緊貼在一起，無二無別；既然這樣，你便是已經「**究竟彼岸**」了。

二乘聖人沒有「**究竟彼岸**」，因為他們知道自己入無餘涅槃，是要把五陰十八界全部滅盡，未來「不受後有」；可是滅盡蘊處界入以後，那個境界到底是什麼？他們又不知道了，因爲他五蘊身心已經消失了，既然沒有五蘊身心，誰能了知五蘊滅後的無餘涅槃中是什麼境界？沒有能知者。所以他們能到彼岸是方便說，他們不知道彼岸的境界，因爲到彼岸是要把他自己給滅掉，永遠不再有後有。而通教菩薩須陀洹現見自己正在此岸流轉生死之中，就已經在沒有生死的彼岸了，因爲沒有生死的彼岸即是自己的第八識如來藏；證得如來藏之後，只要觀察如來藏的境界，把五陰身心給放在一邊，剩下如來藏單獨存在時，就是究竟的、無生死的解脫彼岸，如來說：「這樣叫作須陀洹。」今天講到這裡。

《不退轉法輪經》上週講到三十三頁倒數第四行。今天要從倒數第三行開始：

「滅諸蓋障顯示佛道，盡一切相名須陀洹。」這是把前面所說的那十句作一個總結，是說通教菩薩須陀洹，他不只是在聲聞道中斷三縛結而已，同時也能「顯示佛道」，因爲已能爲人顯示成佛之道的實證標的即是第八識如來藏；而顯示佛道之前，他應該作的就是「滅諸蓋障」，所以通教的「菩薩須陀洹」如果五蓋性障比「聲聞須陀洹」重，那就不對了，一定是有問題的！「菩薩須陀洹」必須是在聲聞道中斷了三縛結，而且還再加上佛菩提道中的證悟明心，以證眞如的功德來看待諸法而解脫於諸法的繫縛，這樣才稱爲「菩薩須陀洹」。

而這樣的菩薩，他的見地超勝於聲聞阿羅漢，所以他實證前的先決條件，必須先滅除諸蓋障，要先把五蓋性障滅除了，才能夠在斷三結之後加上證悟實相的明心。如果證悟的菩薩，沒有經由「滅諸蓋障」的過程，而能在善知識手下悟了，這是他把性障隱藏得很好；或者說善知識就是有眼無珠、幫錯了人，那就表示善知識用人有過失；而他得自於善知識的證悟並沒有實質，因爲他沒有先經過「滅諸蓋障」的過程，所以五蓋嚴重、性障很強；以致他那個證悟只是一個假名證悟，因爲他不可能成功轉依眞如。

通教的菩薩須陀洹必須先「滅諸蓋障」，五蓋、性障都滅除了，然後證悟明心，成爲菩薩須陀洹，因此他有能力「顯示佛道」，被教導的人也能進入通教菩薩位，在未來有因緣時即可轉入別教法中進修成佛之道。能「顯示佛道」時，表示他爲人所說的法，既可以是聲聞法，同時也有佛菩提道的法，如是顯示佛法修行之道，只是還沒有悟後進修成佛的道次第內容罷了。既然證悟明心、轉依眞如了，而眞如的境界中無一法可得，所以他的境界中「盡一切相」，因爲眞如的境界中，無相可得，一法也無，說這樣叫作「須陀洹」。

「不高己身而起佛法，開示知見入於佛慧；先起我想顚倒衆惡，如是知已不著佛道；本疑於佛爲得不得，究竟無著不取道想；不起戒取善住佛戒，常修正勤不取戒想；斷於三結不著三界，行於佛道知衆生想；雖修菩提而不取想，心行寂滅清淨佛道；歡喜布施遠離犫㦲，住於正命心無戲論；悉捨一切濟苦衆生，得無上施名須陀洹。」這是說，菩薩須陀洹不會自高己身，說佛法也就說佛法，但不會高推自己的證量。推崇自己的證量，有一種人是明說的：「我是明心的菩薩，我住在第七住位。我是見性的菩薩，我住在第十住位。」乃至說，以凡夫之身而自宣稱：「我是三地、五地、八地菩薩。」但其實都是凡夫僧。

甚至也有附佛外道，所謂的藏傳佛教喇嘛們以及四大法王，這都是大妄語之輩，是以外道而且是凡夫身而自稱成佛。但是自高其身還有另外一種：宣稱明心之後，看不起一切人，對所有尚未明心的人問東問西；一會兒問這個法義、一會兒問那個法義，讓對方答不得，然後就開口罵人：「你這樣怎麼可能開悟？還早著哩！」然後被罵的人心裡就很驚慌，連答都不敢答；可是在禪門裡面說，這種人叫作「**籠罩**」，而其實他悟的內容可能都有問題，所以說這樣的人叫作自高己身而說佛法。

但是菩薩摩訶薩須陀洹「**不高己身而起佛法**」，他說佛法，直接就是講佛法，不輕視於一切人；都把一切人當作是很有善根的人，這樣來議論佛法。「**開示知見入於佛慧**」，當他爲人開示的時候，是入於諸佛如來的智慧；凡有所說，都是依佛菩提道的智慧而說，「**先起我想顚倒眾惡，如是知已不著佛道**」，所以他既然經過了聲聞道的斷三結過程，也經過了佛菩提道的見道過程，對於自己見道之前所生起的我想，以及顚倒想所產生的眾惡，他全部都已了知；了知之後，才能夠超越；超越了之後，他才能斷三結以及能證悟明心。因此對於之前的我想，以及顚倒妄想所生起的種種惡法，全部了知了以後，進而對自己所證悟的佛道也不執著。

譬如諸位，你假使證悟如來藏了，還執著如來藏嗎？你根本不執著啊！因爲這是自家本來就有的，非從外來！雖然祂很重要，可是祂也不會丟失。得了就是得了，然而得了還同未得；所以你證得以後，還是跟未證得以前一樣，所不同的是你的實相智慧出生或增長了；此時固然智慧增強了、懂實相了，可是你有什麼所得呢？一切都無所得，所以說這是「無所得法」。而祂從來不與名相相應，很多的法祂不學，你懂很多法而祂不懂，所以說祂是「無名相法」；但是你證得這個不懂佛法的祂，你就開始眞懂佛法。

這個理上講起來，有點怪吧？可是不怪，眞的如此啊！因此說「如是知已不著佛道」。所以如果證悟的人，一天到晚把如來藏抱得緊緊的說：「這是我的如來藏，我可別讓祂丟了！」說他要照顧如來藏，我就說，他一定悟錯了，才需要照顧。佛教禪門中講的「管帶」，指的是你悟後覺知心的自己要好好管帶，別落到六塵境上去，要轉依自心如來第八識的無所著。可是如果悟錯了，就說：「我要管帶我的眞心，不要去吃田裡的禾稼！」可問題是：「眞心這頭牛從來不貪、不瞋、不癡，祂會去貪什麼田裡的禾稼？」所以你要是眞悟了，要說：「嘿！這如來藏雖然重要，其實一文不值！因為賣也賣不掉，送也送不掉！」那你既然送也送不掉、丟也丟不掉，你還要照顧祂幹嘛？不需要照顧祂了！

說句難聽的話：還不知道誰照顧誰哩！對吧？對啊！就是這樣。所以有很多人說了法以後，這善知識一聽就知道：「這個傢伙沒悟啦！他不過是籠罩四眾。」不必聽他講出悟個什麼，單聽他說的法只要一兩段或一兩句便看出眉目來，馬上就可以斷定：「這個人沒悟。」所以說，悟後還同悟前，只是行履不同；因爲轉依眞如了，因此所說、所爲、所思、所想皆有改變，這才是眞實的證悟。

那麼在證悟之前，「本疑於佛爲得不得」，本來都在懷疑的：「我修學佛法這麼久了，對於佛法的證得，以及將來是否可以成佛，根本沒把握。」因爲在遇到眞善知識之前，請出《大藏經》來讀，每一個字兒都認得，偏偏裡面的意思就是不懂，讀到哪裡都不懂；把十二分教全讀完了，一樣是不懂，所以才感嘆說：「三藏十二分教浩如煙海。」所以好多人皓首窮經，對於佛法依舊無分。

皓首窮經，「皓首」意思就是白頭，讀經讀到頭髮都白了，六、七十歲了，結果經中講的依舊不懂，所以叫作「皓首窮經」。學術界中大多是此類人，但卻自以爲懂了，乃至出爲人師而且還破法及謗賢聖。沒有慢心的學術界人士，則是經文每一個字都讀過好幾遍了，就是不懂，所以一直感嘆說：「到底我這樣努力學佛，是有目的、還是沒有目的？」可是等他證悟之後成爲實義菩薩了，那時「究竟無著不取道想」;就這麼一悟,整個改變。這時候轉依眞如,發覺一切都不可得。也許自己名下有好幾間公司、好幾部勞斯萊斯、好幾棟別墅、好幾棟大樓,看來是很風光、很有錢的一世,可是這麼一世究竟有所得嗎?眞的要好好思考。

老人家也會講啊:「可憐喔!這老王這一世多麼風光,掙得一大片家產,結果死了也帶不走!」就這樣感嘆。這某乙聽了說:「唉!你也別這麼說吧!好歹人家有個兒子繼承他的產業。」這某丙老人聽了說:「你也別這麼爲他慶幸,焉知那個兒子不是個討債鬼?往世是他的債主呀!」他這一世奮鬥了一生,掙得一大片產業,就是這個債主來當他兒子,歡歡喜喜把他接收了。許多人不就是這樣了因果的嗎?然後老王下輩子去當窮光蛋,因爲他這一世全然不懂得布施,只是不斷地攢錢存起來,都不肯布施,只能下輩子當個窮光蛋。

那麼再追究他這一世爲什麼這樣有錢?因爲他往世曾經遇到個阿羅漢、辟支佛或是菩薩,大大地布施了一筆錢,所以這世很風光。全部的福德都實現以後,卻由於沒布施的習慣而不懂布施,下輩子就是窮光蛋,這樣到底可憐、不可憐?可憐哪!諸位說他可憐,那是諸位有智慧,一般人可不懂這個。所以證悟之後,轉依眞如時「究竟無著」，沒有一法可以執著。懂的人因此在證悟之後要作的事情，就是繼續不斷在道業上增進，然後繼續不斷爲未來世自己的福德資糧打算好，先把未來世的道糧準備好，那就是一面繼續努力進修、一面繼續布施。

未來世的道糧，你這一世該怎麼打算？當你證悟之後再來布施，那叫作「施主勝」；被你布施的對象如果又是證悟者，或者是正法的道場，那叫作「福田勝」；如果你布施的時候，對於所施的財物完全沒有不捨，以大心而施，這個就叫作「施事勝」，是布施的事情很殊勝；具足如是三種勝，這是世間最好的布施，未來世的果報無量無邊，所以悟後的布施比悟前的布施更殊勝，因爲多了一個施主勝。

那麼這個「施主勝」是爲什麼原因而說的？因爲這時候的你去作布施時，是三輪體空；你從眞如的境界來看布施這件事，沒有布施的我，沒有受布施的對方，也沒有布施這件事情，三輪體空，所以施主勝、施事勝。如果具足施主勝、福田勝以及施事勝，具足這三種殊勝的布施，可以讓你未來世的道糧具足充滿。這樣子回頭再來看：「我證悟之後修布施之道，有沒有布施之道可修？」結果是沒有布施之道存在。以同樣的道理來觀察自己的持戒、忍辱、精進、禪定、般若，有沒有這後五度？結果也沒有；所以你行於六度時，無六度可言，也沒有成佛之道可說了，這時候就是「**不取道想**」，因此接下來就說：

「**不起戒取善住佛戒**」，這時候你對於 如來所施設的戒法已得其精要，「**善住佛戒**」。有時候表面看起來，那是不應該作的，可是你從骨子裡去看它，認爲應該作，你就作了；別人怎麼毀謗，那是他家的事，跟你無關；你心安理得，知道自己這樣才是眞正持戒的精神。

從此時開始，就懂得那些外道戒與解脫無關，與佛菩提也無關，所以他們施設那一些戒的時候，施設戒條的人都有戒取，而你已經沒有「**戒取見**」了；戒禁取已經斷除了，很清楚知道什麼戒跟解脫有關，什麼戒跟成佛有關。這時外道戒你都不看在眼裡，所以外道施設了水戒、火戒、牛戒、狗戒、常立不坐戒、常坐不臥戒……，你都認爲那個叫作「**非戒取戒**」，所以你依於佛戒的精神而住，不被戒相所繫縛，這叫作「**道共戒**」。

因此證悟的人依「**道共戒**」而住，這時候不取戒相。可是不取戒相的時候，會犯戒嗎？不會！因爲他轉依眞如心，轉依眞如境界的時候無貪、無瞋、無癡，還會犯什麼戒？所以這時候「不起戒取善住佛戒」。這時「常修正勤不取戒想」，根本都忘了自己受過戒，但是絕對不會犯戒，永遠修四正勤。

這四正勤就是將來四神足的成就所必須要修的法，當你成就四神足時，根本不用照管自己的心會不會造惡，根本不用照管自己會不會被外法所繫縛；因爲你修過四正勤了，所以那時候得到四神足。

而四正勤也不用記憶，就是善法與惡法兩種；對於善法還沒有生起的，要讓它儘快生起，已經生起的善法要維持它永不退失；反過來對於惡法，已經生起的趕快把它滅除，未生起的惡法讓它永遠不會生起，這樣努力修行就是四正勤；像這樣修行到佛地時，就是四神足，即是四正勤圓滿了。所以諸佛如來都有三不護，原因就在這裡。既然常修四正勤，根本沒有造惡的機會，因爲連想惡法的時間都沒有，所以對「戒」都不會去在意它，因爲以道爲戒了，所以這時候雖然「不取戒想」，自然而然就不會犯戒。

接著就是「斷於三結不著三界」：已經斷了三縛結的緣故，就不再執著三界法了。斷三縛結，每一個上禪三的人，都要聽我嘮叨一回；有的人聽了十回，所以他十全十美（大眾笑…），也有人只聽我講過一回，一舉中的，從一到十都有好壞，就不談它。這三結—身見、戒禁取見、疑見—綁著有情在三界六道中輪轉生死，永無了期。

有情會輪轉生死都因爲這三個結，如果你對五陰的功能沒有任何的執著，就不會輪轉三界，因此身見是第一個必斷的結；身見斷了，疑見就跟著斷；疑見斷了，戒禁取見跟著斷；從此以後了知三界一切法全都不超過五陰身心，從此對三界中的一切法，不需要再執著了，所以「不著三界」，這時候才算眞正的「行於佛道」。所以「行於佛道」之前必須先斷三結，然後證悟明心、轉依眞如；否則空說修行佛道，都是言過其實，都只是假名修行。因此證悟之後，就是修行的開始；這時「行於佛道知眾生想」，就知道眾生在想什麼，也知道眾生對解脫及佛法的認知是什麼，這跟宿命通或他心通無關。

也許這時有人心裡面想說：「我證悟好幾年了，怎麼不知道眾生在想什麼？」如果他敢來問我，我就當面給他個五斤什麼（臺語叫作「五斤給」），這國語要怎麼講？就給他一拳好了，然後就問他：「你認爲眾生在想什麼？」其實眾生的想法千差萬別，你把它歸結起來，就是在想五陰這個「我」，以及五陰所擁有的「我所」。有哪一個眾生的想法超過五陰的「我與我所」？

你們看看，最近長榮航空員工的罷工終於結束了，現在有好多名嘴在說，那些空服員爭得了一年三萬多塊的飛安獎金，可能要賠掉年終的十二萬獎金。到底誰勝誰負？還不知道啊！然後長榮公司要告工會，提出五億多的賠償金要求。請問：雙方有哪一個不是落在「我與我所」裡面？正是爲了「我」的權益。那麼爲了「我」的權益，就是「我所」；可是爭執這些「我所」的目的，是爲了「我」所擁有的世間利益，還是在「我」。因此眾生的心想很簡單，不離我與我所。

又譬如有的人得了正覺這個法，然後去大陸瞎搞一通，他想：**「反正你正覺來不了大陸，那就是我們出頭了。」**這也是我與我所。那我要請問：**「他悟在什麼地方？」**這就是轉依沒有成功。本來的我與我所死了以後死灰復燃，又活轉過來，所以他們是死灰復燃。但那個五陰我沒有眞實，因此他們還是落在「**眾生想**」中，不離生滅法。那我們斷三結，又證悟明心，從轉依眞如來看時，不管眾生作了什麼，除非他證悟了轉依眞如，否則都不離「**我與我想**」，就會落入我所之中；所以說，這時候你就知道眾生在想什麼了。

懂了眾生心想之後，你繼續修學菩提，可是修學佛菩提時「而不取想」。悟前都說：「有佛菩提，佛菩提很勝妙，難知難解啊！」可是等你證悟以後，你說：「沒有佛菩提啊！所謂的佛菩提，不過就是我身上的這個如來藏。」依於身上這個如來藏的實證來施設開悟，來施設大乘見道。但見道之後，依舊是依於如來藏來施設如何成就究竟佛位，那結果還是這個如來藏，哪來的佛菩提？所以「雖修菩提而不取想」。

這時候有人也許就會想：「您說的倒好聽，可是我覺得就是有佛菩提，才要來正覺同修會修學，不然我來正覺同修會幹嘛？」說的也是！可是對我來講，根本沒有佛菩提這回事。我每天一起床，盥洗了以後，把肚子填飽了，趕快就是工作，根本沒有想到我是在修行！就是一直工作，何曾有菩提之想？

那我們會裡的理事長、董事長、總幹事、各部的部長等、我們所有的親教師們也不作菩提想，每天一起床就是辦事。雖然每天都在作事情，看起來很繁忙的樣子，從表相上來看，應該他們的心行很紛亂吧？卻是不然！他們卻是「心行寂滅」，因爲轉依了第八識眞如。眞如的境界中沒有六根、沒有六塵、沒有六識，而這個眞如心卻繼續在運作不斷，那是不是「心行寂滅」？既有心行卻同時是寂滅的。所以這不是指覺知心的「心行寂滅」，而是眞如心的「心行寂滅」。

而覺知心不停地忙著，都在六塵境界中運行，根本不寂滅，同時有眞如心遠離六塵而不斷地配合著；由這樣的修道過程，歷緣對境降伏其心，使得各種性障越來越微薄，乃至連習氣種子都滅盡，最後才能成佛，這樣就是「清淨佛道」。在「清淨佛道」過程中，歡歡喜喜的布施。爲什麼在「清淨佛道」中布施會生歡喜心？一定有人沒想過這個問題，因爲這一位菩薩摩訶薩很清楚地知道，自己布施這一件事，只是在自己的如來藏中布施，並沒有外於如來藏；所以布施後，未來世該得的福業也不會落失到外面，這些善業種子就是存在自己的如來藏裡面。

假使有人心行落到世間法上來，他應該會這麼想：「這《優婆塞戒經》說：『布施給一條狗，來世得百倍之報；布施給破戒的人，來世得千倍之報。這樣依次類推，乃至布施給一個初果人，未來世得無量報！』」突然想起來：「欸！我剛才買了個包子，布施給那一條癩痢狗，那未來世會有一百個肉包子欸！」（大眾笑…）

如果布施給一個在路上托鉢的僧寶，不曉得哪個道場的，反正看見了就布施個五十塊錢，根本不以爲意。可是有一天突然想到這個經文說：「**我在那一天布施了僧寶五十塊錢，未來世搞不好他有證悟，那我就無量報了！**」那不就歡喜起來了嗎？可是假使那個僧寶是個凡夫，你至少也得個十萬報吧？因爲他是受持佛戒不犯的僧寶，還不只是一般人受戒而已，那不就歡喜起來了嗎？

可是話說回來，菩薩證悟後布施時，總是腳踏兩條船，從實相法界來看時，三輪體空、一法也無；可是從現象法界來看時，在正覺裡面護持，未來世都得無量報，因爲福田勝的緣故。這是《優婆塞戒經》明講的，如來曾說分明；假使心有疑慮，自己去讀讀看便知。所以說這時菩薩「**歡喜布施遠離顰蹙**」。顰蹙就是皺眉頭或是撇起嘴來，布施的時候很不情願，因爲被逼著布施才會顰蹙。

如果他是歡喜布施呢？就是「**住於正命心無戲論**」；他確實「**住於正命**」而作布施，因爲一個證悟者不會非法取財用於布施，一定是如法如理所得用於布施；然後他可以維持自己的「**正命**」，因爲他以眞如爲自己的轉依，從此以後所說諸法皆合佛道，所以說他「**心無戲論**」。像這樣的菩薩可以全部棄捨一切，用來救濟苦難的眾生，這樣的作法才是眞菩薩；如果有人藉著勸募善款，然後在裡面作手腳侵呑入己，或是收手續費、或是抽成，這樣的人可以叫作證悟者嗎？所以在大陸退轉的人中，還有這樣的所謂證悟者，那你就知道：那個人根本不是證悟者。因爲人家證悟的人是「**悉捨一切濟苦眾生**」，他卻在救濟苦眾生的善款裡面剋扣侵呑，這樣的人不說他「**得無上施名須陀洹**」，他其實是個異生。「異生」懂嗎？就是說他的異生性很深重，來世報在三塗異生之中。

所以你看，要「**得無上施名須陀洹**」，他對於布施這件事情，已經得到「**無上施**」了。剛才我說過，「**歡喜布施遠離顰蹙**」是因爲施主勝、福田勝、施事勝，具足三勝所以心中歡喜；可是他心中又沒有布施這件事，就這樣布施出去了，這才叫作「**無上施**」。作得到眞正「**無上施**」的人，才可以叫作菩薩須陀洹；如果在人家布施的善款之中剋扣，或者說侵呑三寶物，或是藉著正法斂財或作爲謀生的工具，《優婆塞戒經》裡面說，那叫作侵呑「招提僧物」，絕對是報在三塗，還想要當菩薩須陀洹？門兒都沒有！

接著說：「**斷數數生無相無著，遠離恐怖出世間畏；法及非法一切皆捨，不著**

諸際名世間明。」「斷數數生」，想要到達這個地步並不容易。眾生之所以名為眾生，就是不斷地出生為各類不同的有情，不斷出生為人、或天或三惡道，當然叫作眾生，而這個菩薩須陀洹斷除了「數數生」。就是一而再、再而三不斷地出生，才叫作「數數生」，而他已經斷除了；因為菩薩須陀洹再遲鈍的人，也能極盡七有往返證通教阿羅漢果。如果是利根人，證須陀洹之後繼續進修，也許一生，也許兩生、三生他就證得阿羅漢。那他之所以能「斷數數生」，是因為他的所證是第八識「無名相法」；所證既然是「無名相法」，遠離名色的名，再推求其他諸法皆不可得，唯有這個「無名相法」是實相，其他都是有所依的生滅法、非眞實主、有境界法；所以對於三界一切諸法再也無所執著，當他不執著三界一切法時，就遠離了恐怖。

出離三界的法是不容易實證的，可是有的人卻是執著三界法，唯恐失去了三界法，因此他心中有恐懼；這種恐懼是很平常的，尤其在末法時代都是正常的，因為大家都想要繼續保有五陰，希望五陰的功能一切正常，乃至出家人亦所難免。假使五陰的功能不正常，就趕快上醫院去了，所以世間人很注重身體的功能差別。

有的人是注重心理的功能差別，就說：「我要小心，千萬不要精神分裂。」可是精神會分裂嗎？精神根本不會分裂，因爲七轉識等精神都是各各只有一個，要怎麼分裂？精神分裂症是醫學上的名詞，其實就是胡思亂想，而他控制不了！所以醫生把他叫作雙重人格、精神分裂，其實他們說的分裂之後還是同一個覺知心、同一個意根，能有兩個嗎？不過是兩種想法在心中爭執不下而產生怪異的行爲。

所以世間人最恐怖的是五陰的功能不正常，非常注意五陰身心的功能，這個就叫作「身見」。可是恐怖一事，是學佛以後就不恐怖嗎？依舊恐怖啊！所以你看，咱們說阿羅漢入無餘涅槃，就是把五蘊滅盡了以後，剩下第八識如來藏單獨存在，未來永遠不再有五蘊了，所以名爲「不受後有」。我們講這話並印成書本流通已經二十年了，且不說大陸佛教界離臺灣佛教界還有十幾年的距離，單說臺灣佛教好了，有哪一個大小道場出來承認說：「這意識果然是虛妄的。」所以他們口裡說要證涅槃，可是心裡其實是怕眞正的涅槃，只愛假涅槃、外道涅槃；因爲入無餘涅槃是要把五陰十八界滅盡無餘的，他們心裡害怕，對眞正的涅槃沒有一絲一毫的愛樂。他們是我見具足存在的人，聽到要滅除五陰十八界，心中怕得不得了，這就是有「**出世間畏**」，他們對於出世間的解脫境界是有所畏懼的。

所以說，能證聲聞初果而不退轉，是很可敬的，我敬重這一切人，因爲他們沒有「**出世間畏**」。可是一般人，上從各大道場的堂頭和尚、大法師們，下至他們座下所有的弟子們，不論出家、在家都有「**出世間畏**」，同樣害怕滅除五陰十八界。可是菩薩須陀洹對於「**法及非法一切皆捨**」，到這裡要請問諸位了：「**何謂爲法？**」太小聲了！（有人答：如來藏。）對！是如來藏，「法」是如來藏！我們也講過《大法鼓經》，說所有的法可以歸成兩類，叫作「法」與「非法」。「非法」無量無數，數之不盡；可是「法」就只有一個，名爲如來藏。這樣，一切法切割成兩邊：一邊是「法」，另一邊是「非法」。「法」只有一個，「非法」無量無邊。可是只有一個的「法」，爲什麼能夠跟無量無邊的「非法」相提並論？因爲無量無邊的「非法」，都是這一個「法」所生，出生以後還得依附於「法」而存在，當然可以相提並論。老實說，相提並論還抬舉了「非法」，因爲如果沒有「法」，「非法」是一法也無；這就是我們前些時候宣講的那一部《大法鼓經》所講的道理。

可是證悟了「法」以後，現見一切法都是「非法」，但都是歸於「法」所生、依附於「法」而存在、不外於「法」；而「法」永遠不會失去，所以這時候根本不用照顧祂，要照顧的是自己的道業怎麼樣按部就班往前推進，至於「法」會不會丟掉？根本不會！不用照顧祂！所以這時候『**法**』**及**『**非法**』**一切皆捨**」，就是努力去學、去修而已，沒有所謂「法」與「非法」的執著了！

這時學習更多了，乃至「**不著諸際名世間明**」。「明」到底是什麼？「明」是無明的相對，今天講經前，講堂播放〈菩薩底憂鬱〉音樂中有一句話說：「**佛法雖易證，無明成障。**」佛法其實是很容易實證的，你可別跟我說：「**抗議！抗議！佛法眞的難證啊！我學這麼久了，都還沒有辦法實證！**」其實佛法很容易證，之所以難，難在無明難破！就因爲無明，所以把自己遮障了。但佛法的確很容易實證，所以要實證之前該作什麼？要把五蓋性障給除掉，然後該有的正知見建立起來，該修的福德修起來，該有的定力趕快修起來；這些具足了，要不開悟也難！

所以大家說：「**佛法很難證啊！太難、太難了！**」老是掛在嘴上的一句話是：「**般若甚深極甚深！**」但我當年，五分鐘整理後就把它解決掉了，因爲前半個小時整理大法師教給我的東西，我怎麼整理都沒用！最後我說：「**不如把它丟了，**算了！我自己來吧！那麼佛法到底是什麼？因爲佛法入手就是明心見性，那我就從『明心見性』四字來整理。明心是明個什麼心？難道會是這個覺知心嗎？絕對不是！」喔！我就知道了！「那麼見性，總有個『性』可見嘛！一定是這個心的另一個層面，被看見了才叫作見性。那麼見性一定是看見佛性，佛性到底是什麼？」這一參究，馬上知道佛性是什麼，然後就看見了！就這麼簡單啊！（大眾笑…）眞的！眞的！諸位聽了，覺得這麼好笑，可是這是我眞實的過程。所以我寫那個〈菩薩底憂鬱〉才會這麼講：「佛法雖易證，無明成障。」都因爲無明把自己給障住了，其實佛法很容易修證，只要你按部就班，把該有的條件具足了，不悟也難！

現在說「世間明」，「明」終於出現了，前面都沒有講到「明」。先談「不著諸際」，爲什麼要講到「諸際」？「際」有很多種，譬如說人際，就是人類互相之間的關係，你可以達到的邊際就是人際；譬如常常有人講演藝界、足球界、音樂界、佛教界、道教界，那就是邊際，以此爲際，不超出這個範圍。如果你的交情不僅僅是人類，包括所有的狗都跟你很好，那就有狗際，不只是人際的關係了。同樣的道理，你如果神通修得很好，跟天界很多天人有所往來，便叫作天際。如果從你本身五陰來講，有過去際、現在際、未來際，由現在而有過去與未來，成爲三際。現在就是從出生到死，就是一個人的一世，那未來際有未來世，未來的還沒有來；過去際有過去世，因爲已經過去了；所以人際只是把握現在世的。

如果有人主張說：「學佛就是要把握自我，要當自我，這叫作人際。」可是實證的人「不著諸際」，要把握什麼自我？且不說人際，連狗際、天際、各種際都不執著；因爲看來看去都是唯一如來藏，沒有第二個「法」；既然全部都是如來藏，有什麼際可言呢？這樣子就可以窮究一切世間。到這個地步，凡有所見任何有情都是如來藏，沒有第二個「法」；所謂「世間」是如來藏依於各人往世所造的業種形成業力，來示現爲人、示現爲天、示現爲三塗，這樣叫作「世間」，莫不是如來藏；能夠如是現觀的人，就叫作「世間明」。

「安處四眾而無所畏，顯示寂滅淨修佛法；無眾生想亦非實想，是名無染分別怖畏。」通教的菩薩須陀洹修到這個地步，安處於四眾之中，都沒有任何畏懼可說了。有的人也許想：「怎麼會沒有畏懼？當我在四眾中爲人說法時，萬一來了一位上位菩薩，他會指出我的錯誤，那我怎麼辦？」其實不用擔憂啦！如果你的證悟是眞實的，頂多就是你說法說得不夠好，偶然有點小錯誤，上位菩薩不會跟你計較；他絕對不會當眾出來說：「欸！你剛才講這個錯了，應該怎麼樣才對！」一切上位菩薩都不會這樣指責人，除非說法者悟錯了！

例如往年那一些退轉的人，跟我私下相處的時候，他們有時會誇耀，說他們修得多好，又有什麼法修得多好，我都是點頭讚歎，說：「喔！很好！很好！」不曾輕嫌過一句話。可是當他們退轉開始攻擊正法時，我就把他們的底兒全部掀出來；因爲只要他們說的法是正確的，我絕對不評論；至於他們說得不夠好，那也是理所當然。這是一切上位菩薩都應該有的認知。

所以假使今天我說的法不夠好，從諸大菩薩、諸佛來看我說的法時，應該就是私底下告訴我說：「你講的這麼淺！」可是他們不會這樣想！同樣的道理，所有的人只要證悟了，接引眾生爲人說法時，我都讚歎！我不但讚歎這樣的人，連那些凡夫大法師們爲眾生說法，我都讚歎，因爲他們接引眾生有功。所以沒有一位上位菩薩會來指責你說：「什麼法講錯了！講得太淺！」永遠不會有這個事情。

因此你證眞如以後成爲菩薩須陀洹，當然「安處四眾而無所畏」，不會有人指責你說法不好，因爲你說的法根本是對的；而且你所說的法「**顯示寂滅**」，你教導大家的是「**淨修佛法**」而不攀緣。因爲實證般若的人，所要顯示的法就是第八識如來藏，所要轉依的法就是如來藏所顯示的眞如法性；而如來藏是寂滅的境界，在祂的境界中無一法可得，都別提六塵。連六識、六根都不存在，當然是寂滅的境界；依這樣實證的寂滅法來清淨修行，當然叫作「**淨修佛法**」。

所以這時凡有所見一切補特伽羅都叫作如來藏，沒有「**眾生想**」了。實證的人是這樣的現觀，所以我看見諸位就像俗話講的說：「**人之不同各如其面。**」然而這是從五陰相來看；但我從如來藏來看時，全都是如來藏，沒有差別；既然這樣，哪來的眾生相？可是轉頭來看如來藏時，如來藏的境界中，沒有所謂的眞實或虛妄之想。當你想到如來藏眞實有、眞實可證的時候，那已經是你意識的事了；你這樣想的時候，如來藏也不理會你，而如來藏心中沒有所謂的眞實，所以「**亦非實想**」；這時候的你就叫作無染、無分別、無怖畏。

無染是由於如來藏從來無染污，有染污的永遠都是你的七轉識，因爲七轉識有染污，所以把如來藏中含藏的種子給染污了；而這些染污的種子流注出來時，還是只跟七轉識相應，卻跟如來藏不相應，所以如來藏繼續保持祂的本來自性清淨涅槃；而染污的種子流注出來，繼續給七轉識去用，所以七轉識就是染污的。如來藏本身無染、自性清淨、本來涅槃，這時候於世間相，就不需要再分別了。

你們看臺灣最近國民黨初選，弄得沸沸揚揚有沒有？看美國跟中國大陸這個貿易戰打得有聲有色，可是我不去關心這個事情；我就只是吃飯的時候順便看新聞，瞭解、瞭解，吃完了沒我的事，繼續工作，我不需要再作分別。我就算分別也沒用，我分別了以後，大陸就勝了嗎？或者美國就勝了嗎？我分別了，郭台銘就勝了嗎？韓國瑜就勝了嗎？（大眾笑…）

其實很多事情，冥冥之中自有定數，因為世間法不離宿命。但佛法不談宿命，他們是世俗人，世俗人就不離宿命。到時候兵來將擋，水來土掩，你擔心什麼？不需要擔心什麼！你該作的就去作，你認為該支持誰，你就去支持誰，但是不需要晚上睡覺時還在那邊想。（大眾笑…）墊上三個枕頭，睡你的大頭覺去！所以不需要去分別它，但是你需要知道它：現在發展成什麼樣子。心裡要有個底，因為菩薩道不離世間道，菩薩不能外於眾生，所以你要預先看清楚未來將會怎麼樣，預先知道應該如何應變，但不用擔心。

在這一些事情上，其實咱們看得很清楚，未來將會怎麼樣，但是我們不必說什麼、也不必去判別什麼；自己知道了，放在心上就好，等著時機到來，檢驗看看自己的判斷對或不對就夠了，不需要去判別它，然後去擔心什麼。到這個時候沒有怖畏了，凡是有所怖畏，是因為染著於某一個法所以怖畏。所以你們看現在「韓粉」們，他們很擔心：「民調萬一被作掉了，怎麼辦？」作不掉的啦！別擔心！不論將來好壞，該來的就來，因為世間法中，這個是定數，這是逃不掉的！可是不需要去覺得恐怖，因為也不會壞到哪裡去。而他們會覺得恐怖，是因為他們看不清楚事情的真相，不知未來將會如何，所以他們恐怖；你如果看清楚了，預先應變就好，沒什麼可以恐怖的！這樣才叫作「菩薩摩訶薩須陀洹」。

「離一切畏亦無死畏，處於寂滅離垢安隱；已過惡趣是故不畏，善說諸道無漏無相。」所以要當菩薩須陀洹不容易呢！你看 如來講這麼多了，都不是聲聞阿羅漢下至須陀洹之所能知。菩薩須陀洹「離一切畏」，所有的畏懼都不放在心中；因為他知道自己該怎麼作，作了以後的結果，他自己去領受，所以於一切事上無所畏懼，當然對於臨死的畏懼就不存在了。不說臨命終時，假使有個人拿了刀子，架在他的脖子上說：「你得承認沒有如來藏，不然我這一刀捅死你！」他也無所畏懼；但是如果還有要務未了，怎麼辦？就說：「好啊！好啊！你放下刀子，什麼都好商量，我就隨你的意吧！」他剛剛放下刀子，一把就將刀搶過來了：「如來藏眞的有！」（大眾笑…）這樣不就解決了？這樣也不會犯戒啊！要不然就成爲「故入難處罪」。所以沒有所謂死的畏懼，當然看不到他臨命終時，在那邊哭哭啼啼，因爲每一世各有父母、子女的因緣。

有智慧的人會想：「現在是該我捨報的時候，我這一世有父母、子女，有祖父母，有孫子女。」祖父母早過去了，現在可能還有父母，但大約是孫子女、或者曾孫子女可能性比較多；可是想回頭：「我哪一世沒有父母、子女、孫子女？那我往世那些孫子女們，我也要捨不得吧！」想來不必了！因爲往世那些子女、孫子女們不就在眼前嗎？一大堆都是啊！那還需要捨不得嗎？不需要了！

可是從菩薩道的道情來講，眞的要捨不得！所以才會有菩薩的憂鬱。〈菩薩底憂鬱〉那個歌詞，你們有沒有好好去讀啊？對啊！所以才說：「願您世世相伴。」

既然世世相伴，表示來世還會在一起；現在只是先分手一下，換個好身體再來，有需要那樣捨不得嗎？也就不需要了！所以這時候「離一切畏亦無死畏」，他的心境是在寂滅當中；因爲他的心沒有汙垢，沒有雜染、塵垢。「雜染」是面對現前的法，有貪染心而捨不得、放不下；「汙垢」是一世又一世累積下來，一層一層疊上去的髒東西，那就是一世又一世不斷地串習世間恩愛。可是這個菩薩摩訶薩「處於寂滅離垢安隱」。

離垢就得安隱。但爲什麼經中都不說「離垢安穩」？因爲「穩」是看得見的，然而「隱」是外人看不見的；但古時的「穩」同於「隱」，是可以通用的，但譯者都偏向於譯爲「隱」。菩薩摩訶薩之所以得心安，是因爲他所證的法幽隱難知；幽隱難知卻是實實在在很分明地現觀著，所以遠離各種汙染、各種塵垢，心中得「安隱」；這樣的菩薩摩訶薩，對於三界中的生死輪迴已經沒有畏懼了，這有一個原因叫作斷異生性。大乘法中眞實見道的人，再也不會去作將來捨壽後會下墮異生的事；除非他沒有轉依成功，所以他「已過惡趣是故不畏」，因爲知道自己超過三惡道的境界了，未來每一世死了以後，都不會墮落三惡道。他每一世都以「道共戒」

爲戒，因此對於生死輪迴無所畏懼，這就是菩薩爲什麼不畏生死，繼續在三界中流轉、自度度他的理由。

阿羅漢們可是怕死了！很害怕自己再受生，重新再來時又成爲凡夫，忘了往世的所證；但菩薩不畏懼這一點，因爲知道自己已經超過三惡道，所以沒有畏懼。這時候他的智慧可眞好用了：「**善說諸道無漏無相。**」所以菩薩摩訶薩善於爲大眾演說外道法、內道法。

諸位也許覺得奇怪：「**菩薩爲什麼也善於演說外道法？**」因爲菩薩知世間相，已經滅除無明了。所以你們看密宗那麼多的法，我一一把它挑出來講；連達賴所不知的，我都寫在《狂密與眞密》裡面，那些不都是外道法嗎？所以把外道法再拿來跟內道這個內明的法來作比對，作爲現成的教材。又譬如說，《成唯識論》卷一到卷三，都在評論古印度的四大外道；那四大外道評論之不足，卷四開始，也把部派佛教那一些佛門的小乘僧所說的、那些凡夫論師們所說的全部加以評論。爲什麼能這樣評論？因爲有「**世間明**」。

從實相法界來看五陰十八界以及所有的心所法等，凡是錯誤解釋佛法的那一些部派佛教的聲聞論師，玄奘都一一加以拈提；所以十大論師裡面，被玄奘所認同的沒有幾個，大部分都是被評論的；因爲他「善說諸道」，所以當年在天竺勢力最大的那四大類外道，玄奘一一加以評論。那《成唯識論》是在天竺就寫好的，是爲了對治外道而寫的，所以不單單是講佛門裡面聲聞法中部派佛教論師們的錯誤，因此說菩薩摩訶薩「善說諸道」。更何況玄奘菩薩早就超越菩薩須陀洹、菩薩阿羅漢的境界了，當然可以把佛門內外的所有外道見一網打盡！

而菩薩所說的道「無漏無相」。外道所說的一切法都是有漏法，不管他們把自己的法說成是佛法或外道法，全都一樣！全部都是有漏法，而且都有三界相。所以你看一神教外道所講的都是有相法，他們講的或者上帝、或者阿拉、或者造物主，全都有五陰相，那境界都在四王天之下，全都是欲界中的有漏法。至於高稱說他們證得報身佛的假藏傳佛教密宗，他們的報身佛成佛境界也都是有相有漏法，通常是連人間的法都及不上；可是這一位菩薩摩訶薩身爲須陀洹，這個通教須陀洹，他說的法都是無漏法，也都是無相法，因爲如來藏無漏、眞如無相。眞如若要勉強說之爲相，就說祂眞實而如如，因爲祂是如來藏的相分，而如來藏無漏無相。

「菩薩之法示須陀洹，爲諸下劣故作是說；以巧方便顯示佛道，爲放逸者故顯此法；救世世尊多方便說，隨其本行而示佛道。」菩薩所證的法可以爲大眾示現爲須陀洹，但是菩薩示現爲須陀洹，這是「爲諸下劣故作是說」。因爲眾生一聽到成佛之道五十二個階位，要歷經三大阿僧祇劫！心都死了；因爲一般眾生的信根未立、信力未足，當你告訴他說：「成佛之道要三大阿僧祇劫。」他心裡面想的是：「我這一世都不曉得能不能證？三大阿僧祇劫？誰知道！」所以他心裡面懷疑；不說三大阿僧祇劫，你說：「成佛得要下一世才能成功。」他就不行了，他說：「你講下一世，不可對證！誰信你？」可是諸位不怕，這值得敬佩！而且菩薩五十二個階位的內涵一一可以實證，我們會裡面有很多人就這樣一步一步走過來呀！這不是思想、不是玄學，而是義學；但是因爲眾生的信力未起或是信根未生，這個「無漏無相」之法甚深難解；不說難解，簡直難信！所以得要示現爲一生就可以親證的，這就是通教菩薩的須陀洹果。

那麼「爲諸下劣故作是說」，以後讓大家也跟著一個一個實證了，接下來就是

「以巧方便顯示佛道」。當大家斷三結、實證眞如以後，知道自己永離異生性了，然後要告訴他：「其實這須陀洹不是實證的目標，而是實證的過程之一。你實證的目標是佛地。」因此要開始應用善巧方便來顯示佛菩提道。如果接受度化的這一些有情，其中有放逸的人，你也必須顯示菩薩須陀洹的實證；因爲那些放逸的人，你如果直接告訴他菩薩阿羅漢的實證，他會想：「我得要實證須陀洹，極盡七有往返才能實證阿羅漢，那到底是眞的、假的？我這一世怎麼知道？」可是你如果告訴他：「菩薩須陀洹現世可證。」他就信了，然後你也幫他實證通教初果；實證之後，他對你有信心，你就可以運用善巧方便爲他顯示佛菩提道。

當他看見你幫他所證的現量，他可以從比量去推度：原來成佛是可能的。之前，就像經文講的「本疑於佛爲得不得」，現在不疑了：「眞的可證！我只要一步一步往上走就是了。」所以「爲放逸者故顯此法」是有必要的。而這樣的佛菩提道，救護世間的 如來世尊作了非常多的方便說法，來幫助大家建立知見、建立定力，然後實證；甚至在弘法的過程之中，諸弟子眾出現了各種不同的狀況時，如來還得一一爲大眾解說：「這某某弟子爲什麼今天是這樣子來成就佛法的？因爲他往昔多劫之前曾經如何……。」所以才會有《本生經》那一些故事。因此阿難、舍利弗、目犍連、阿那律、摩訶迦旃延、須菩提，這些人都各自有過去世的因緣，才會成爲佛世那樣的狀況，所以各人互不相同。那麼 如來就這樣爲大眾宣說這一些事相，甚至於必要時，把往世的所行一一開示出來，用這樣來顯示佛菩提道。

「**阿難當知是須陀洹，爲小智者說如是事；不解方便愚癡狹劣，不識甚深而生諍訟；以百千法示須陀洹，須陀洹者顯菩提法。**」這最後一句就是畫龍點睛。讀到這最後一句，有沒有想起我有哪一部經的《講義》來？總共二十五冊！（有人說：《法華經》。）對了！所以經上說了：「**佛以一音演說法，眾生隨類各得解。**」佛以同樣的那些字句、語言，講出來的大乘法，二乘人聽了變成二乘法；菩薩們聽了就是大乘法，所以有許多大乘經典被二乘人結集成四阿含中那個模樣。這就是說，其實佛陀來人間所要說的法，就是唯一佛乘，無二亦無三；可是眾生根性參差不齊，而且信心薄弱，所以先幫大家實證二乘菩提。

那麼 佛所宣說菩薩須陀洹、跟聲聞須陀洹不一樣，因爲菩薩須陀洹是進而證悟明心，不是只有斷三縛結就行了。那現在 佛陀點出來了說：「**阿難！你應當要知**

道：我所說的這個須陀洹，是爲智慧淺小的人來演說這樣的事情。可是不瞭解這是佛陀方便說法的人，他們是愚癡的，他們的智慧是狹窄的、是下劣的，不能認知最甚深的法，所以就出生了各種的諍訟。」末法時代那一些佛教研究學者，包括釋印順、釋昭慧在內，都屬於「不解方便愚癡狹劣，不識甚深而生諍訟」。

但釋印順不是始作俑者，而是部派佛教時代的聲聞僧就已經開始了。菩薩說了法，他們聲聞人聽了、讀了，然後就出來評論，但總是評論錯了還說是菩薩講錯了；於是菩薩不得不拿他們的評論再來加以評論，所以世親菩薩才要寫唯識三十頌、二十頌，玄奘才要拿大家對那唯識二十、三十頌的註解，再加以註釋或評論，這樣才成就了《成唯識論》；然後從天竺回到中國以後，再奉唐太宗之命，把它翻譯成中文，《成唯識論》就是這樣來的。而《成唯識論》的內涵本來是玄奘寫給自己提示用的，不是要給人家讀的，這樣諸位就知道這部論的本質了。

《不退轉法輪經》上週講到三十五頁第三行，今天要從第四行說起：

「以百千法示須陀洹，須陀洹者顯菩提法。」這兩句告訴我們說：菩薩須陀洹不同於聲聞須陀洹，因爲聲聞須陀洹所證的法並不多；雖然在實證之前，那些次法同樣要修學具足，可是在所證與所斷上面的法不多；所斷就是三縛結——身見、疑見、戒禁取見；所證就是得一分解脫果。所以聲聞須陀洹的所斷與所證其實不多，因此他所能為人演述的法自然有限；可是菩薩須陀洹是要以百千法來宣示的，那可就不只是斷三縛結、證初果解脫的事了，因此菩薩須陀洹除了聲聞法上斷三縛結以外，還得要另有所證，就是親證「**無名相法、無分別法**」如來藏，又名證眞如。

而這個眞如雖然只有一法，實際上要為人演述的時候，卻得要有百千法來方便宣說。這百千法你可以說是一百個法、一千個法，乃至說百千之法，就是以十萬法來為人家說明；可是說明之時，你要如何宣示出這個法來，讓人家去理解？一定要對方聽聞之後而有勝解了，才有可能實證。所以菩薩「**以百千法**」來為大家解說：「**這個如來藏法雖然就只有一法，但祂有無量無數的層面需要你去瞭解；瞭解之後，終於實證了，還要隨後再作各種的現觀，有許多個層面需要你一一去體驗、去現觀；一直到你究竟成佛，這其中的法非常之多。**」所以想要幫助眾生實證之時，為眾生宣示第八識的妙眞如性，並不是那麼容易的事。所以菩薩須陀洹之所證，固然就只是一個眞如，但是爲眾人宣示之時，得要「以百千法示須陀洹」。所以通教菩薩不同於三藏聲聞教的初果須陀洹，同樣是初果人，但他因爲證眞如，因此能「以百千法示須陀洹」；而這樣的菩薩摩訶薩稱爲須陀洹，他所顯示給眾生的就是能使人得到大乘見道的「菩提法」，而不是二乘菩提一個法而已。

接著 如來作個結論說：「**如是，阿難！如來等正覺，爲諸菩薩摩訶薩以善方便說須陀洹。**」「**如來等正覺**」五字是告訴大家：「**一切諸佛同樣都是正等正覺，無有高下。**」假使如來的所證互有不同，那就顯示雙方至少有一方不是如來；也有可能雙方都不是如來，而他們誤會了，認爲自己是如來。那麼像這樣誤會後的假如來，很簡單，就告訴他說：「**你其實是凡夫，因爲諸佛如來沒有誤會的，諸地菩薩也沒有誤會，對自己的所證、自己的所斷非常清楚、分明，可以明確地界定。**」所以如果還沒有成佛而誤會自己是成佛了，那一定是凡夫，實證的人都不會這樣的。所以諸佛如來也沒有高下之別，因爲所證完全相同，所以每一尊如來都稱爲「**無上正等正覺**」。

「**正等**」就是所證沒有高下之分，但是也許有人想：「**那我們前些時候聽聞《法**

華經》，現在《法華經講義》二十五輯都出版完了，重讀一遍，那其中在佛世來護持釋迦牟尼佛的許多妙覺菩薩，其實也是成佛後的如來倒駕慈航而來的，譬如維摩詰菩薩、文殊菩薩，還有觀世音菩薩，他們都是已成之佛；那他們爲什麼又來奉侍釋迦如來？」一定是因爲往昔的因緣哪！就好像我發願說：未來成佛，八相成道示現完畢了，就來尋找看看，釋迦如來現在何處？我也去化現個妙覺菩薩護持祂，因爲三大阿僧祇劫的修學過程中，受到 釋迦如來的恩澤非常多；這個恩澤不會因爲自己成佛就消失。那麼 釋迦如來是古佛，於無量無邊百千萬億那由他劫之前便已成佛，現在只是爲了一千個兄弟以前在因地時的約定，所以重新再來示現一遍成佛。因此諸佛如來的所證沒有高下差別，諸位將來成佛時，你的所證跟 釋迦如來也是一樣的，所以諸佛沒有分等，都叫作「正等」。如果有人說：「諸佛有分爲十等，我是第一等，所以我比釋迦牟尼佛高。」你聽了就說：「原來你是凡夫！」顯然他完全不懂佛法。

「如來等正覺」，就是這樣爲諸菩薩摩訶薩以百千法示現須陀洹，然後來方便宣說什麼叫作「菩薩須陀洹」。而這件事情無可懷疑，我是個現成的事證。我出來弘法到現在二十幾年，再講個幾年就三十年了，可是我講的就是一個第八識如來藏、同一個眼見佛性與證眞如，沒有第二法；可是這個證眞如的內涵有無量無邊的法，所以講二十幾年同樣在講這個法，而所講的法非常多，這就是「以善方便宣說菩薩須陀洹」。這個通教菩薩之法，依所證的眞如也能使人斷三縛結，既通三藏教，也就是通聲聞教，但是也通別教之法，最後還通圓教《法華經》；所以說菩薩這樣的所證就叫作通教之法，那他就是通教須陀洹。

現在我要問諸位了：「你們斷三縛結，然後又證眞如，那麼你是通教的菩薩須陀洹，還是三藏教的須陀洹？」對！就是大乘通教之法。那你如果要主張：「我也是別教菩薩。」當然也可以，因爲你如果有開始依著五十二個階位的別教法，一步一步往前邁進，那同時也是別教菩薩。而通教菩薩最後轉入五十二個階位時就成爲別教菩薩，邁向第五十三個階位佛地，然後示現成佛，這就是圓教佛。

所以菩薩摩訶薩示現爲須陀洹，有他的目的，就是爲了方便接引眾生；因爲你如果說：「我證的是別教之法。」如果是懂得藏、通、別、圓四教之法的人聽了，就覺得你和他之間很有距離！覺得你與他之間的距離很遙遠，因爲你證的是不通三藏教的法。可是你如果說：「我證的也是須陀洹。」他聽了覺得：「你跟我同道。」我剛出來弘法時就是這樣，不在一開始就講菩薩道的五十二個階位。道不同，不相為謀；道相同時可以為謀，兩人互相可以談起來，你就把眞如也帶進來談，他當然聽不懂，然後心嚮往之。所以三縛結的部分、次法的部分，你也跟他侃侃而談，但是偶爾就穿插著講眞如，他會覺得你不可思議，於是心嚮往之；心嚮往之，他就會詢問你：「你證這個眞如，該怎麼證啊？」然後你就把證眞如該怎麼證的事告訴他，那就是參禪；「可是參禪之前，你必須要修的次法與聲聞道有點不同」。順便就告訴他，讓他先去求受菩薩戒吧。這就是通教須陀洹、不同於聲聞教須陀洹的地方。接著阿難又為大眾請問了：

經文：【阿難言：「云何名如來等正覺為菩薩摩訶薩說斯陀含？」「阿難當知！菩薩摩訶薩隨順於智。佛智不可思議，修無量因，亦不取因相及菩提智，能斷一切惑而求佛智慧；讚歎金剛三昧出過一切諸禪定上，滅一切結煩惱闇障；悉見於佛，得一切佛法平等正觀；以無量因求無所得，如佛證法；不動眾生，亦不動於眾生之界而取法界。無量眾生，於曠劫中多所乏少，不能成就菩提之道；引諸眾生到不退轉，志求於佛，根、力、覺、道、禪定、解脫，名無色定。我今當以如是等法，開示眾生令得解悟而求佛道，欲坐道場求如實智，通達佛眼不思議眼；爲欲利益一切眾生求於佛眼，如是智慧爲最爲上。悉知諸法甚深之相，而自於智無所分別，安立眾生住於諸法中，使知一切法不住；爲得是法而來集會，名斯陀含。來已見眾生界及不思議界通達無礙，不取境界亦無得無到，云何當有成就眾生？不見成就眾生故，於一切法及眾生界，非見非不見，而知眾生流注法界；明了法界，同於菩提。解於法界及眾生界，無量佛道無得無分別，同於道智，近無等智；離垢清淨，得無所得，證無所證，是名眞智。菩薩摩訶薩求如是智名斯陀含。」】

語譯：【阿難尊者又爲大眾請問：「如何叫作如來的等正覺而爲菩薩摩訶薩演說斯陀含？」如來說：「阿難你應當要知道！菩薩摩訶薩隨順於智慧。如來的智慧不可思議，往昔修集了無量因，也不攝取因相和菩提智，能斷除一切的無明而求證佛的智慧；讚歎金剛三昧出過於一切的禪定之上，滅除一切結使也滅除一切煩惱和無明闇障；全部看見了一切佛，得到一切佛法的平等正觀；以無量之因而求無所得，如同諸佛所證之法；不動搖眾生，也不動搖於眾生的各種功能差別而能夠攝取諸法的功能差別。無量的眾生，在曠大劫之中總是多所乏少，不能成就佛菩提之法道；引導諸眾生到達不退轉地，立志追求於佛果，五根、五力、七覺支、八正道、各種禪定、以及解脫，名爲無色定。我如今應當以像這樣的各種法，來開示給眾生令他們得以勝解領悟而求證佛道，想要坐上道場而求得如實智，通達佛眼不思議眼；爲了想要利益一切眾生來求得佛眼，像這樣的智慧是最究竟最頂級的智慧。全部都了知諸法的甚深之相，而自己於智慧卻是無所分別，這樣安立眾生住於一切諸法之中，使眾生們能得知一切法而無所住；爲得這樣的法而來集會，就稱爲菩薩斯陀含。來集會之後看見眾生界以及不思議界而能通達無所障礙，不攝取境界也沒有所得、沒有所到，又怎麼可以說將會有成就眾生的種種事呢？不會看見成就眾生的緣故，對於一切法以及所有眾生的種種法界，沒有看見但也沒有不看見，而了知眾生都流注出諸法的功能差別；很清楚地明白及了達於諸法的功能差別，而同於佛菩提。勝解於所有諸法的功能差別以及眾生的功能差別，無量的佛道其實也是沒有所得、沒有分別，所證是同於佛菩提道的智慧，而接近了無等等的智慧；遠離了各種污垢而得清淨，所得的是無所得，所證的是無所證，這樣才稱之爲眞實的智慧。菩薩摩訶薩求像這樣的智慧就稱爲斯陀含。」】

講義：阿難尊者總是爲眾生請問，他最懂得請問，因爲他的願就是護持諸佛的法藏，而且永遠都爲諸佛記持法藏，所以他到現在還沒有成佛；這是他的本願，所以寧可延遲成佛也無所謂，只要能爲諸佛受持法藏就可以。因此他又爲大眾請問：「怎麼樣可以稱爲如來正等正覺爲菩薩摩訶薩演說斯陀含？」也就是說通教菩薩二果的所證，不同於聲聞二果，阿難尊者現在請問的就是通教菩薩的二果境界。如來就說了：

「阿難當知！菩薩摩訶薩隨順於智。」這是說：「阿難你應當要知道！菩薩摩訶薩隨順於佛菩提的智慧。」這一點大家都得記住，當你聽到人家說他所證的法多麼勝妙，而且那些勝妙的法都跟佛菩提的智慧無關，那就是世間法。世間法有多般，無量差別，但不管它們多麼勝妙，終究只是世間法，不離三界生死。而你用佛菩提的智慧來看待那些世間法時，可以說：「這些世間法不論再怎麼勝妙，我都知道。」當對方質疑你，說你怎麼可能都知道，你就告訴他：「我都知道！要不然你講講看，你的境界多麼勝妙？」他開始說了，講得一大堆，也許講到眞的天花亂墜，可是你聽了以後，撂下一句話來說：「**這不過是意識境界，不離五陰的境界，同屬世間法。**」這不就是全部都知道嗎？

難道他有個法可以超脫於三界世間嗎？如果超脫了，那就是三乘菩提的實證了；但他還在人間，講的所謂的證量都是不離五陰的境界，你聽了就知道這不是智慧，全都是世間法。所以不管他所謂的證量多麼勝妙，甚至於也許他不服氣了，當面示現神通給你看，你看了也說：「**這也是世間法。**」不管他怎麼變，神通再好，也不管他有多好的神通，變出超過七十二變化來，也還是世間法呀！因爲都是有所得法。既然都是世間法，你就說：「**我懂，你這個叫世間法！**」因爲不離三界。

也許他反問你：「**你既然說我這個是世間法，那你是證得出世間法了？那你告訴我，哪個是出世間法？**」這時候你就跟他來個默然，學維摩杜口。過了一會兒問他：「**會麼？**」看他怎麼辦？他一定懷疑啊：「**你又沒有問我什麼，爲什麼問我會麼？**」你就告訴他：「**我早告訴你了，自是爾不會！**」這才知道菩薩斯陀含是多麼勝妙，勝妙到不可思議；所以只有智慧是出三界法，世出世間一切函蓋，這就是菩薩斯陀含的智慧。

「佛智不可思議，修無量因，亦不取因相及菩提智，能斷一切惑而求佛智慧；」而菩薩摩訶薩永遠隨順於佛菩提的智慧，這種智慧沒有境界可言，是無所得法，是故 如來開示說：「佛智不可思議。」確實！諸佛如來的智慧不可思議，如果是可思議的，不用修三大阿僧祇劫；可是諸佛如來的成佛，總是要三大阿僧祇劫才能完成。第一大阿僧祇劫斷的就是貪，沒有想到這一點吧！貪的現行斷、乃至有人包含貪的習氣種子都斷除一部分，這是第一阿僧祇劫所斷。第二阿僧祇劫所斷主要在瞋，斷瞋的現行以及貪和瞋的習氣種子，不管是欲瞋、或者故瞋，哪一種瞋都一樣，這是第二阿僧祇劫所應該斷。第三大阿僧祇劫那就純粹是斷癡了，因爲所斷都是如來藏中的無始無明隨眠，不是習氣種子隨眠，都是無記性的變異法。這第二大阿僧祇劫的「瞋」是從第一大阿僧祇劫就開始斷除的，但要斷到七地滿心；可是第三大阿僧祇劫無始無明的「癡」的隨眠，是從第二阿僧祇劫一直斷到第三大阿僧祇劫圓滿，這樣才能成佛。

諸位想想看：最難斷除的無明是什麼？是無始無明。無始無明之所以難斷，是因為七地滿心前它有無明的現行；現行的一部分斷了，終於來到七地滿心了，轉入八地心，開始就是上煩惱的斷除，這上煩惱的斷除全部都是異熟性，而沒有分段生死的習氣種子隨眠了，全都是無記性的各類種子的變異性，所以叫作變易生死的斷除；而這個變易生死的斷除，無關於善惡、無關於一切貪瞋的習氣種子，也跟一念無明的習氣種子完全無關；那純粹是如來藏含藏的那一些異熟性、無記性種子的變異。然而單單這個種子變異的修行，只是斷除「上煩惱」而已，只有三個位階：八地、九地、十地，得要修一大阿僧祇劫，依舊是無明，所以這個無明的斷除最難修。

但是由這樣一個概略來瞭解：佛智為什麼不可思議？因為菩薩摩訶薩成為菩薩須陀洹時，這個通教初果的所證，也不過是五十二個菩薩階位中的第七住位，可是轉入別教進修時，到成佛還那麼遙遠。有時候想起來會覺得說：「**我現在開悟了，可是仰望佛地，還差那麼一大截！不可想像！**」所以說：「**佛智不可思議。**」

但是畢竟你已經踏入第七住位不退了，已經進入「位不退」的行列，就可以有把握說：「**我將來必定成佛！**」但不牽掛說：「**成佛還那麼久。**」因為你已經正式走上這一條路了。請你絕對不要想說：「那我距離您蕭老師還有一大截呢。」別這麼想，因爲我提早出發，你晚出發；要不然我就得要想了：「我距離您釋迦牟尼佛還那麼遠！」所以說「我今在遙」；但我不那麼想，按部就班去走就好了，因爲佛陀很早、很早之前就開步走了。每一個人、乃至每一尊佛都得經歷這個過程，所以要能夠安忍。

張老師那兩個字寫得好啊！有很多人穿著那個背心，背後就是「安忍」兩個字。對啊！一定要安忍；不管你在哪個階位都得安忍，是安而且忍，跟你所想的「安忍」是不一樣的。你所想的安忍，是說：「我得要乖乖地安於目前這個現狀，我得忍下來！」可是菩薩講的安忍：「是要安住於你所斷的境界和所證的法中，然後忍於那個法。」這是法上的安忍，不是事相上的安忍。這樣看清楚了，接著就是不急不緩、不慍不火，按部就班、腳踏實地邁步而行。

正因爲「佛智不可思議」，所以在因地要「修無量因」。諸位想想看，先從這一世來看，你爲了證悟如來藏而進入正覺同修會，在次法上面你修了那麼多了，不是每一件事都一樣；光說法上你就得修六度，六度就有六種不同。爲了建立正知見又修很多的法，爲了讓自己符合證悟的條件，需要多少條件你都一一去修；所修的過程之中，完成的那一些條件也各不相同。所以你是修集了很多福德，修學了很多法，而那些福德的種類與所學法的種類各有不同，最後你才終於得以實證。所以今天有這樣實證的結果，是之前有修了那麼多的法與次法；各個不同的法，或者修福德、或者伏除性障……，修很多各個層面的法，那就是「修無量因」。所以如果有人只是修般若一個法，都不修前五度，結果說他就可以證悟了，我告訴諸位：「他遲早要退轉。」所以我們正法中陸續有人會退轉，並不奇怪，因爲他們沒有「修無量因」。如果你各個層面都去修過了，保證你定力深厚、性障微薄、知見具足，那你證悟之後就不會退轉；因爲你修了那麼多的福德等等，而那些內容是多般變化、各不相同的，表示你已經修了「無量因」。

所以修福德的時候，推廣部、福田部、行政部、資訊部、編譯部、香積部，少數人還到教學部來修福德，有很多個部門都可以讓你修。所以有的人，每一個部的義工他都去作，所作的事情非常之多，這就是「修無量因」。而這一世如此，往世亦復如是，同樣是這樣修，就這樣一世一世累積到這一世來；多劫「修無量因」之後，此世終於有因緣可以實證。可是不要想：「早知道，我往世都不用修，就修這一世就好了。」那就好像那個「六塊半的餅」一樣了！前面六塊餅一定得先吃下肚，再吃後面這半塊才能吃得飽，道理是一樣的。

所以說，沒有所謂「早知道，我就不修那一些福德了」，還是得修。所以也許進到正覺同修會之前，你曾經護持過假藏傳佛教密宗，也許你也護持過盧勝彥或者妙天、妙禪等外道，也許都護持過，但是不冤枉！不說你們，我這一世破參之前，在法鼓山也已護持一百多萬元了；那聖嚴法師還是個凡夫呢，我都護持了。憶起往世的所悟之後才發覺，我根本就護持錯了！可是你還沒有把法憶持回來之前，這都是正常事，因爲菩薩要證得佛智，必得「修無量因」。

那諸位來到正覺，不用去懊惱以前在哪裡護持了多少錢，或是護持了多少體力、精神，都不用懊惱；因爲在因地，這都是正常的事；你想要成佛，就得「修無量因」。而你護持了那些凡夫大法師們，也顯示你護持了佛教，因爲他們接引凡夫眾生也有功勞，這就是「修無量因」之必要所在。但是「修無量因」而得實證之後，「亦不取因相及菩提智」。

當你證悟之後，你來看悟前所修的無量因，發覺：那都是一步一步把自己所站的地基墊高，一步一步墊高到一個層次時，就該你實證了！可是實證之後，你卻「**不取因相**」；不會再一天到晚記掛著說：「**我證悟之前作了多少世間善事，後來爲正法又是爲誰作了多少事。**」有的人證悟之前，還會求 佛說：「**世尊啊！我爲您作了多少事，您知道嗎？**」佛如果是以凡夫的想法來聽這話，一定臉上三條線！（**大眾笑…**）其實都是爲自己作的。好在我的教育成功，沒有人來告訴我說：「**導師啊！您看，我爲您作了多少事！**」這是教導成功。

大家都知道，這都是爲自己作的；因爲現在不作，未來也要作；現在不作的話，未來想要成佛，成佛的過程那麼長的時間也是每一位階都要修福德。如果到了妙覺位，而福德還不夠，還是要回到等覺位再來修福德，所以一切都是爲自己。這個時候想通了，就「**不取因相**」。之前護持正法，作了多少事，就不再想它；想的是：「**將來成佛還需要多少福德，我繼續再修。**」在想將來成佛時所須的福德，而不是斤斤計較於眼前所作的福德了。

而且證悟之後也不取佛菩提智。當你證悟之後轉依眞如，從眞如的境界來看佛菩提智時根本不存在，因爲眞如的境界中無一法可得。佛菩提的智慧也是法，而眞如境界中無一法可得，哪來的佛菩提智？所謂證佛菩提智是五陰身心的事，而眞如是你所證的標的，祂的境界中沒有一法可得，所以「無智亦無得」。不要像以前的大法師們，總是想要把覺知心自己變成眞如心，於是一念不生時就說：「眞如無所分別啊！所以我什麼都不要分別。那什麼叫作不分別呢？就是一念不生。」殊不知「一念不生」時正好是分別。

所以有的法師很會搞怪，故意弄一盤乾掉的狗屎放在餐桌上，徒眾們看了吃不下，她就嘮嘮叨叨說：「你們都有分別，所以吃不下，你們看師父我都沒分別，我就可以吃得下飯。」問題是，她眞的沒分別嗎？她如果沒分別，就應該有時也會去夾狗屎來吃嘛！（大眾笑…）可是她從來不會夾到狗屎。那她認爲：「我這個覺知心會分別，所以是妄心；我把祂修成一念不生時就是不分別，就變成眞心了。」那結果是，修行的心、跟所證的心竟然是同一個心，而分別性仍然繼續現行中。

可是佛菩提道中不是這樣修的，能修行的是一個心，而開悟所證的是另一個心；能修能證的是意識心，被證的是第八識眞如心。所以證悟之後，這個證悟者有很好的智慧，而那個被證的眞如依舊是沒有智慧；而這個證悟者證得那個沒有智慧的眞如，自己變得很有智慧；這又好像繞口令了，然而事實就是這樣。所以你證悟之後，不但「不取因相」，而且不取「菩提智」；因爲知道眞如的境界中沒有任何一法可得，又哪來的智慧呢？既然轉依眞如，就是「無智亦無得」。

可是在這樣的境界之中，「能斷一切惑而求佛智慧」；因爲證得眞如之後，次第進修，到達二果了；或者說，這時候依於所證的眞如，發起了無所得智；有了無分別智了，藉著根本無分別智轉入後得無分別智，也就是轉入相見道位中，繼續細觀而斷除一切惑，也就是求斷一切無明，這樣來追求佛地的智慧；這時候「讚歎金剛三昧出過一切諸禪定上」。

我知道很多人，看見人家修禪定修得好，一入定三天，就說：「哇！這個人修行太好了！」可是那人眞的修行好嗎？有一天你證悟了，專等他出定那一天去拜訪他，問他說：「請問大德，您入定一次多久？」他說：「我入定一次三天，有時候更長，五、六天才出定呢！」你就告訴他：「你這個定不好，我的定比你好！」他一定會反問你，因爲他覺得自己的定太好了，世間難見；而且從來沒有看見過你入定，結果你竟然說他的定不夠好，他當然得要問你：「那你一次入定幾天？」你說：「我無始以來就入定，現在還在定中。」他一定弄不清楚，頭再怎麼抓也想不清楚你的意思，你就告訴他：「我正當和你說話時，也在定中，依舊沒有出定；可是我也從來沒入定，因爲我這個定不入不出，契合中道！」他聽了又傻眼了。因爲你證得的這個定，叫作金剛三昧；你已經轉依了金剛心，而這個金剛心永遠不入定、不出定，這個定叫作大龍之定。

而你證得這第八識眞如心，眞如心性如金剛永不可壞；你依此定而住，就是住於金剛三昧中；而你住於金剛三昧的時候，又無妨爲人演說妙法，或是爲眾生作一切事，無所妨礙。可是世間禪定，入定就得入定，出定就得出定，有入有出；正當他入定時，一切無所能爲；而你住在金剛三昧中，可以繼續利樂有情。那麼問題是：爲什麼這個定叫作金剛三昧？因爲你所證的是第八識如來藏妙眞如心，祂顯示出眞實而如如的法性，你可以「諦現觀」；而這個心的體性猶如金剛，不可毀壞，那你心得決定轉依此心，終不改易，這就是金剛三昧。可別去聯想密宗的所謂金剛三昧喔！那個叫作下流，一點兒金剛性也沒有，更無三昧，也沒有眞如法性。

那這個「金剛三昧出過一切諸禪定上」，當然應該加以讚歎。就算你四禪八定具足了，就算你再進而證得滅盡定了，就算你再依據這個四禪八定進修觀禪、練禪、熏禪、修禪，把師子奮迅三昧等都修好了，眞夠厲害了吧？可是依舊比不上「金剛三昧」，因爲你修的那些都是意識的境界，屬於三界中法；而這「金剛三昧」的所證標的是世出世間法，可以橫跨世間與出世間，所以這「金剛三昧」越過了、也超出了一切世間禪定之上。

由於這個金剛三昧的實證，可以「滅一切結煩惱闇障」。「一切結」跟煩惱以及闇障是不同的，「結」通稱爲結使，「結使」是時時現行，綁著眾生流轉生死，主要就是邪見纏，或者稱爲惡見纏。惡見函蓋了五利使，就是邊見、身見等五個，全都是大乘見道所斷。那菩薩斯陀含當然早就見道，所以滅一切結了，也可以進而滅一切煩惱。「煩惱」廣有多般，包括見道所斷也叫作煩惱，然後修道所斷也是煩惱。接著說，修道所斷總共有八十一品思惑，歸納起來叫作五上分結、五下分結；包括三縛結在內，這些都叫作煩惱。但是「闇障」就屬於無始無明了，上面說的那些煩惱都屬於一念無明；可是無始無明不礙人解脫生死，所以阿羅漢仍然容許有無始無明；但前提是說，他不是通教阿羅漢，只是聲聞阿羅漢。那麼菩薩斯陀含就是要求「滅一切結」，滅一切「煩惱闇障」。

「**悉見於佛，得一切佛法平等正觀；**」什麼叫作「見佛」？還記得《金剛經》講的嗎？「**若以色見我，以音聲求我，是人行邪道，不能見如來。**」所以 如來上忉利天爲母說法，三個月後從天上下來，那時蓮華色比丘尼變化成轉輪聖王，所以她就站在大眾的最前面了，因爲世間國王要站在最前面，而且她是轉輪聖王；但 佛陀卻呵斥她說：「**第一個見到我的人不是妳，而是須菩提！**」可是須菩提根本沒有來迎接 如來，須菩提還是在山洞裡宴坐，但 如來的意思是說：「**這才是眞正的見如來。**」那這裡說「**悉見於佛**」，就是見到佛的整體了。因爲當你證悟了如來藏，那如來藏就整體分明現前了，這叫作「**悉見於佛**」。

所以我們正覺同修會中，如果誰善於繪畫，哪一天他心血來潮，也許畫了十牛圖來獻給我，我就一巴掌給他，把圖搶過來當眾燒了；因爲不需要他畫十牛圖，只有未悟的人才會信受十牛圖講的那些表相的錯誤認知。當你證得如來藏時，當下就是第八識法身整體分明；那十牛圖說要先看見牛的腳跡，繼續往前追尋，然後看見牛的尾巴，然後再看見牛的屁股、大腿、肚子，最後看見了牛角與頭，才整個具足。但那是沒有證悟的人講的，胡說八道。親證而見如來藏的當下，都是當下全體分明，都不是局部。

只有微細的部分你可能沒注意到，需要禪師指點你。譬如說，你買了一頭牛回來，你是整體看見了；可是牛的頭上有什麼記號？牠的大腿或者哪裡有什麼變異？你一開始沒有仔細看分明，那就需要內行人來告訴你，就只有微細的部分你需要人家指導；但是牛隻如來藏的整體是分明顯現給你的，所以沒有十牛圖講的那回事。那創造十牛圖說法的禪師就不叫禪師，他要叫作凡夫。中國禪宗古來沒有幾個人敢這麼講，但咱們就跟他挑明說了。所以會裡面誰很會繪畫的，以後別跟我畫十牛圖來奉獻，我不領情的，因爲表示他悟錯了。

既然「悉見於佛」，當然「得一切佛法平等正觀」。你可別說：「他只不過是菩薩斯陀含，距離佛地的智慧那麼遙遠，怎麼敢說『得一切佛法平等正觀』？」可是你如果從理上來看，證的是這第八識如來藏，諸佛證的同樣是這第八識，沒有差異啊！即使悟後進修，修到成佛了，也還是這個第八識，並沒有改變。入地後修道位中的修行，第八識中所含藏的種子容許有所轉變，但第八識這個心體卻是始終不變的，那麼你從這個理上來看時，這就是「得一切佛法平等正觀」，就是平等性智生起了。所以整體是一樣的，只是你所證的內涵還有粗細差別，因此從理體上說「得一切佛法平等正觀」。

但悟後，雖然已經證得「無所得」法，可是這個「無所得」的法，你畢竟還沒有修到究竟，所以繼續「以無量因求無所得」；乃至悟後繼續進修到將來成佛時，智慧那麼勝妙，依舊是「無所得」；因為所證都是自心中法，不是外法。既然所證都是自心中法，何曾有所得？只不過把自心中本來所不知道的發掘出來而已，依舊是你自家本有的，都不是外來的，所以「無所得」。

可是你想要究竟「無所得」，卻得要歷經三大阿僧祇劫「以無量因」而求。所以你每一世所修的法都不相同，一直這樣繼續進修到佛地，如同諸佛所證的法一樣；這樣就說你從因地直到佛地所證的法，其實就是在攝取法界。法界這個「界」又叫作種子，又名功能差別。以前臺灣佛教界很多道場，每天晚上或者晚課之後都迴向：「願以今天所修功德迴向法界。」有一年我說：「法界就是諸法的功能差別。」我就說：「那他們迴向諸法功能差別，是要迴向什麼？」結果他們輾轉聽聞以後，再也不迴向法界了。可是我今天要說回來：「還是得迴向法界啊！」爲什麼？因爲你要具足法界，得要具足親證諸法的功能差別才能成佛呀！那你不迴向法界，要迴向什麼？（大眾笑…）我今天說了，也許過個半年、一年，他們又開始迴向法界了。其實法界就是眾生界，眾生界又名如來藏，如來藏又名法身；也就是迴向自己要具足圓滿地實證諸法的功能差別，這才叫作「迴向法界」的本義。

那麼證得金剛三昧之後，「不動眾生，亦不動於眾生之界而取法界。」「不動眾生」，這要請問諸位：「你證悟之後，自己這個五蘊是不是眾生？你證悟之後，這個眾生有改變嗎？」沒有呀！還是原來這個五陰。所以禪師家有一句話說得好：說證悟之後，「還是舊時人，不是舊行履」。有這麼一句話，說證悟之後依舊是原來的這個人，然而行履跟悟前不同了。因爲他的身行、口行、意行開始改變，不同於凡夫，他已證得一分解脫；因此以前很貪財的人，現在不怎麼貪了；有時候貪一點小小的，生意繼續作，那不就繼續貪嗎？可是絕對不詐取錢財，也不會一天到晚想著：「我這個生意再怎麼樣把它擴充到十倍、百倍、千倍。」都不會了，這個就是「不動眾生」。

但是他的行爲模式與想法改變了，所以當他面對一切有情的時候，要廣度有情，可是他不會去動到眾生的法界，不會要求眾生說：「你證悟了，就得到我道場來出家。」不會這樣要求，而是隨各人的志願；所以在家的人，就繼續在家吧，無所謂；你如果願意來出家，那就來出家；若是本來就出家的人，可以繼續出家，也無所謂！如果你的道場需要你，就繼續留下來；如果你可以離開原來的道場，而我這道場也需要人，那你就來。都行！就是不動於眾生之界。

就這樣一一接觸眾生、度化眾生而攝取諸法的功能差別，這時候的「法界」解釋就不同了，說這時是要攝取一切眾生界；所以這時候法界解釋作十個法界或六個法界，也就是四聖六凡法界，就這樣攝受「眾生之界而取法界」，攝受圓滿時，就是你成佛的時候了。

「無量眾生，於曠劫中多所乏少，不能成就菩提之道；」在自度度他的過程中，看見無量的眾生在曠大劫以來，總是「多所乏少」。眾生在三界中都是「多所乏少」的，難得充裕，三惡道的眾生就更不用提了。然而人間過著富足生活的人永遠是少數，大約是百分之五或百分之一吧，絕大多數的人都是有所乏少。也許有人想：「不可能吧！假使他生活在美國，那不是富庶之國嗎？」可是我告訴你：「美國失業人口很多呢！不單單是偷渡來美國的，包括美國人本身，有的人都當流浪漢露宿街頭。」那你能夠富裕而安住於正法中，想想應該要慶幸了，所以人類大多是乏少的。

也許又有人想：「那如果生到欲界六天去，不就是很充裕、圓滿了嗎？」可問題是：你得是當天人呢！也許有人想：「那我生到欲界六天，當然是當天人，不然還作什麼？」那可不一定！也許你去當天人的五百個天女之一；搞不好，也許有人還當那五百天女中的一個天女的手下——當那七個婢女之一，這時候還能說充裕、圓滿嗎？也許有人想：「那我好歹去當個天人不就行了嗎？」可是你當個天人就充裕圓滿嗎？你還有很多乏少的，因爲解脫之道無所知，佛菩提道亦復無所知，不就是乏少了嗎？

如果想著說：「那欲界天還沒有離欲呢！還有更高的層次我都應該證得。」那不就是「乏少」了嗎？如果生到色界天，或是生到無色界亦復如是，都有所「乏少」，所以說「無量眾生，於曠劫中多所乏少」；因爲這不是只有說一世，過去無始劫以來到現在大約都有「乏少」，因此都不能成就菩提之道；唯一沒有「乏少」的就是諸佛如來，所以凡是不能成就菩提之道的人，都是有「乏少」的。

所以才說菩薩斯陀含「引諸眾生到不退轉」。菩薩斯陀含一定是要自度度他，因爲還沒有成佛，而且成佛要攝取佛土；攝取佛土就是攝受眾生，所以佛土的成就不在自修，而在於利他。當你所攝受的眾生足夠了，你的佛土才能成就，所以得要繼續引領諸眾生，從次法開始修，修到證悟得「位不退」，這是第一次的位不退，這個位不退要修到初地入地心才算滿足。然後初地開始就稱爲「行不退」，這個行不退要繼續修到七地滿心；入了第八地開始稱爲「念不退」，念不退可還不是究竟不退，因此還得繼續修，成佛了才是「究竟不退」。那你得要接觸眾生、引領「諸眾生到不退轉」的境地。

那麼不退轉地有這麼多的層次，就表示你引領的眾生都要和你一樣「志求於佛」。所以引領眾生作三歸依的時候，一定要他發四宏誓願。沒有一個佛菩提道的修行人不發四宏誓願，這四宏誓願發了，就是要「志求於佛」。可是「志求於佛」之時，有很多法要修：五根、五力、七覺支、八正道、四禪八定、觀禪、練禪、熏禪、修禪以及八背捨，除了二乘的解脫還要加上大乘的解脫。所以大乘法的證悟，例如 金粟如來倒駕慈航，來護持 釋迦如來，稱為 維摩詰大士，祂說的那一部經叫作什麼經？（眾答：《維摩詰經》。）全名呢？《維摩詰所說經（亦名不可思議解脫經）》，因為那個解脫是不可思議的。二乘法的解脫是可思議的，只要有善知識指點，《阿含經》講的有餘、無餘涅槃是可以理解的；就是把十八界滅盡，不受後有，可以理解；可是大乘法金剛三昧這個當下解脫、本來解脫，不可理解，唯證乃知。

所以當你證悟之後，遇見了哪個聲聞阿羅漢，問他說：「**你的解脫可以講一講吧？**」他才剛開口要講，都還沒有講出來，你就說：「**不用講了！**」馬上把他堵回去，因為這是可思議法；你就告訴他：「**我現在正跟你講話、論法的時候，就住在無餘涅槃界中，你怎麼理解？**」他無法理解，所以叫作不可思議解脫。而他將來入了無餘涅槃，那個境界就是你現下現觀的這個境界，沒有第二個涅槃；所以這個解脫叫作不可思議解脫。

維摩詰大士藉著生病，來演出了這一部經，講的就是這個解脫，所以才叫作「不可思議解脫經」。但這種不可思議的解脫，證得不退轉地以後，還要次第進修到達佛地，所以有很多法要修；當「根、力、覺、道、禪定、解脫」你都實證了以後，心得決定而不退轉，這叫作「無色定」。這不是四空定那個無色定，因爲這都不是色法，與色法無關；而你心得決定，終究不逾越絲毫，所以心得決定才叫作無色定；因爲這個心得決定的內涵無有色法可言，因爲是依眞如而證得這一些解脫境界。

那麼菩薩斯陀含說：「我今當以如是等法，開示眾生令得解悟而求佛道，欲坐道場求如實智，通達佛眼不思議眼；」所以成爲通教菩薩斯陀含的人，不會躲在山中不見人，一定得出來利樂有情，因此菩薩的修行之道就稱爲「自度度他」，不能只度自己；因爲成佛時是要有一大票的弟子，每一個層次的弟子都得有。所以如果有人自稱成佛了，他得要示現給大眾看：我座下有一生補處菩薩，我座下也有幾位妙覺菩薩、也有幾位等覺菩薩，也有十地、九地，下至凡夫菩薩都有。要這樣才能說他成佛了。可是末法時代有人自稱成佛了，不說他自己的證量，單說他座下沒有一生補處，沒有妙覺、等覺、十地、九地、八地……，什麼樣的實證弟子都沒有，而說他成佛了，那個叫作大妄語佛。

所以通教菩薩斯陀含不好當，一定要繼續自度度他，應當要以「金剛三昧」這樣的法，函蓋所附屬的種種法來開示給眾生，令眾生得以勝解；勝解之後得以參究而得證悟，要這樣來求佛道，而不是當自了漢一個人繼續進修。所以《法華經》中 如來說的，下方虛空中有無量數的菩薩摩訶薩們，而那些菩薩摩訶薩們座下各有無量數的各階位菩薩。可是那一些無量菩薩摩訶薩中，也有的菩薩只有一個人而沒有眷屬，那麼請問：「他要等多久才能成佛？」所以他努力進修成為那樣的菩薩摩訶薩以後，將來還得回來人間拉拔眾生，否則他將無以成佛。因此菩薩斯陀含要用這個「金剛三昧」之法出來度眾生。

自己努力修道無以成佛，即使他有一天修到了妙覺位，夠高了吧？但他想要成佛時還得要回來接引許多眾生，從證悟開始修。那些眾生有的要修到妙覺位三大阿僧祇劫，換句話說，他修到妙覺位了，沒辦法成佛，還要來拉拔眾生到有人成就妙覺位，他才可以成佛，那他要修多久？所以佛法中，正合了一句俗話：「**後發先至**。」因爲你現在證量固然不高，可是你次第在拉拔眾人往前走，他們成就了，就是你的成就；他們沒有成就，你不能成佛，就是這樣。

所以有的人現在也許修到了八地、九地、十地了，可是他攝受眾生不夠，將來還要回頭繼續來拉拔很多的眾生；而也許你現在還只在十住位，或者乃至入地不等，距離他的十地境界還很遠，可是你攝受佛土的功夫作足了，當大家次第都在往上走；而那一些十地菩薩們還要回頭，再拉拔人家到證悟，那些弟子們還要多久才能到妙覺位？那他就不能成佛了。所以現在這個初地菩薩努力在攝受眾生，看來是離十地的菩薩還很遠，可是將來他會先成佛；而那個十地菩薩成佛會比他慢，這道理要懂。所以菩薩斯陀含必須「**開示眾生令得解悟而求佛道**」，這個「**解悟**」是講勝解而得證悟，不是參禪講的那個解悟。所以帶著眾生繼續進求佛道，那這樣的目的是爲什麼？爲了「**欲坐道場求如實智**」。

「**坐道場**」就是到了最後世出家求道，去到菩提樹下安坐，即將成佛時叫作坐道場。所以不是自己蓋了個道場，把法座做好了，上去坐了就是「**坐道場**」。「**坐**

道場」的定義就是快要成佛了，所以 釋迦如來「坐道場」是坐什麼？坐那個吉祥草。這是依通教、三藏教而說「坐道場」，可是實際上依報身佛來講，那是坐金剛座而成佛，這個就是「欲坐道場求如實智」；因為一切智慧只有佛地是如實，以下妙覺、等覺，下至第七住位，都還有許多的不如實。所以諸大菩薩摩訶薩看下位菩薩弘法時，所說的法有所缺漏或有什麼過失時，大家都不講話。為什麼呢？因為這是正常事。即使到了一生補處，說法都不能夠完全如實，都還有微小的不如實，這也是正常的。所以我們親教師們教什麼，如果有什麼地方講錯了，我也都不提，因為這屬於菩薩弘法過程中的正常事。我有時都還會有錯，他們哪能不錯？連妙覺菩薩都會有錯，所以不是完全如實，所有的法主都有這個認知。

那麼想要求得那個佛地的「如實智」，你得按部就班：「根、力、覺、道、禪定、解脫」等法，就這樣次第去修；修到最後身菩薩位，下生人間示現成佛時，那叫作「通達佛眼不思議眼」。諸位都知道諸佛如來有「五眼」，從上往下說：佛眼、法眼、慧眼、天眼、肉眼。那諸位證悟後就有慧眼了，所以你現在有兩眼——肉眼與慧眼；有一天入地了，可以講一切經、說一切論，表示你有法眼了；那如果你有時間，暫時跟大眾告別，去修你的天眼，修好了你就有四眼；（平實導師指著臉上的眼鏡說）不是這個四眼啦！（大眾笑…）就是這樣修的啊！所以從你證悟那一天開始，就有少分慧眼，隨著你悟後轉入**相見道位**次第進修，慧眼越來越勝妙；當你把無生法忍修好了，把大福德以及解脫果修好了，只要清淨了「十無盡願」，你就可以入地了，這時就有法眼，這就是你修行佛道的過程；因爲見道後，你一定要走這個路，沒有第二條路，其他的路都不究竟。

所以世間的一切法都不究竟，唯有佛菩提道究竟，現在不走，將來也得走；這一劫不走，下一劫也得走；這一百阿僧祇劫不走，一百阿僧祇劫之後，你也得走。俗話說：「**晚走，不如早走。**」因爲既然唯有這一條路是究竟道，總有一天要走，不如早一天出發吧。

那麼這樣子「**通達佛眼不思議眼**」，不是爲自己一己之私，而是「**爲欲利益一切眾生求於佛眼**」，這就是佛教不同於外道的地方。假使你去信了基督教、天主教、回教，當你歸依他們之後，有一天香花供養，或者供養了什麼，然後你在上帝面前發願說：「**上帝啊！我發願：我有一天要跟您一樣，成爲上帝！**」那你想上帝會有什麼反應？一定晚上入夢來敲你的頭說：「你好膽大！我要讓你下無間地獄，永不超生。」他會生氣起來的。可是諸佛如來不是這樣，諸佛如來聽到眾生發願，說他將來也要成佛，啊！都是滿心歡喜！這就是佛教異於其他宗教的地方；因為諸佛如來沒有任何的私欲或眷屬欲，期待於眾生的就是：大家都能成佛！這才是平等法。

那你如果跟阿拉說：「我有一天，也要當阿拉，像您這樣。」他才不容許你！因為他的想法是：「原來你要爭我這個位置！」可是諸佛如來從來沒有什麼位置可說，因為是「無所得法」。諸佛如來從因地發心開始，到成佛之後；即使已經成佛過了無量無數的阿僧祇劫，仍然是始終不改其志，就是「為欲利益一切眾生求於佛眼」，也就是希望一切眾生都可以實證，並且悟後進修，將來跟祂一樣都可以成佛；因為「求於佛眼」，就是要求佛地的智慧。

那麼佛地的智慧「為最為上」，「最」就是到達最究竟的地步，不可能再超過了；世出世間一切法的智慧無有過乎其上，所以這是究竟的智慧；而這個究竟的智慧，沒有任何一法可以超越於祂，所以說「為上」。不但是「為最」，而且是「為上」，因爲沒有一個智慧可以超越諸佛如來的智慧，這樣的智慧就是菩薩斯陀含之所應求；而通教的菩薩斯陀含，不但自己求這樣的智慧，也要帶領大眾同樣證得這樣的「爲最爲上」的智慧。今天講到這裡。

《不退轉法輪經》講到這裡，我這兩天在想：「還有好經典，但是不要在《解深密經》之前一直插進去講，不然這個胃口會吊太久！」其實我們前些時候說：「可以講《無上依經》。」但我今天想一想：「好像《金剛三昧經》也不錯！」所以把它找出來讀，讀了將近一半了，覺得應該是可以講的；只是怕有的人會覺得也許太深、或者怎麼樣吧？因爲它很類似《佛藏經》的前半部，都在說「金剛三昧」，就是如來藏的實證所得的定心三昧，所以想一想：「也許把它留待《解深密經》之後來講也是可以的。要不然《解深密經》那麼勝妙的經聽完了，來聽那個很淺的，大概會覺得沒味道。」就好比一個每天吃滿漢全席的人，端上來小菜，他不屑一顧，因爲都沒味道了！不過其實很多經典都非常棒，那我們挑著重要的、勝妙的，也跟大家息息相關的先講解了，然後剩下的就未來世再講吧！因爲我都七十五歲了，看再十五年後還能不能有氣力坐在這裡，繼續把它講完；這就需要託大家的福了！回到《不退轉法輪經》來，我們上週講到三十五頁倒數第二行倒數第二句。

今天要從倒數第一句開始：

「悉知諸法甚深之相，而自於智無所分別，安立眾生住於諸法中，使知一切法不住；爲得是法而來集會，名斯陀含。」這如果是第一次來正覺講堂聽經，聽這種法時都會覺得太深，但這都是正常的事。世尊說了：「全部都知道諸法的甚深之相，但是自己對於智慧無所分別，安立眾生住於諸法中，卻要使一切眾生都了知一切法不住。」這從字義上看來，有點怪怪的。那我們先來說「悉知諸法甚深之相」。

什麼是「諸法甚深之相」？（大眾答：如來藏。）對了！這叫作三句不離本行。諸法，你如果從二乘菩提來看，無所謂「甚深之相」；諸法就是諸法，全部都不離生、住、異、滅，有智之人都能現觀，何來「甚深之相」？你從三界中的三界九地一切境界，來看所有一切諸法莫不有生；生了以後就有安住的階段，這個安住的階段其實非常，因爲不斷地在變異中，變異到最後一定就是消失了；這是三界中一切諸法的正常狀況，所以沒有什麼甚深之相。但是你如果去探究諸法爲何能不斷生住異滅時，就得探究背後的原因，便可以推知諸法一定有所從來，了知它們都從如來藏而來；生也在如來藏中生，住、異、滅也是都在如來藏中，而如來藏常住不壞，如來藏永恆常住；所以諸法攝歸不生不滅的如來藏時，諸法就不生不滅了，因爲它附屬於不生不滅的如來藏了。可是如來藏難以瞭解、難以信受、難以實證，證得之後更難以轉依。了知到諸法的背後是這個奇妙的如來藏時，這樣就是「悉知諸法甚深之相」，因爲一切凡夫大師及所有二乘聖者皆所不知。

證這個「諸法甚深之相」以後，有了妙觀察智、也有了平等性智，而這兩個智慧是源於根本無分別智；經由這個根本無分別智轉依成功之後，悟後進修，發起後得無分別智，然後歷經了十行位、十迴向位而到初地的初心時，成爲見道中的通達位，這才算完成全部見道的過程。然而證悟如來藏之後進修，自然就有這些智慧；這些智慧雖然都是次第證得，但是從轉依來看，這些智慧就當然是自家本有的珍寶，不需要再去分別，如來藏自身也不會分別；而這些智慧運用的時候也就運用，但是不需要加以分別，所以證悟轉依之後，不會一天到晚看見別人就分別說：「我有智慧，你沒有智慧。」因爲轉依了無我，所以「於智無所分別」。

就像是這樣子自度之後，反身再來接引眾生，使令眾生、安立眾生住於佛法之中。而佛法講的是什麼？就是有情身上的一切諸法，包含第八識眞如在內。所以這樣的菩薩斯陀含要「安立眾生住於諸法中」。固然「安立眾生住於諸法中」完成了，卻要讓一切眾生深入了知「一切法不住」；常住的永遠是如來藏這個法，以外無別一法得能常住，所以「一切法不住」就不會被「一切法」繫縛，便是證得解脫。可是「一切法不住」的前提，卻是「安立眾生住於諸法中」；那麼眾生如果想要於諸法中能夠安住的話，背後得要有個常住法，那就是「諸法甚深之相」。

接著 佛陀就說：「爲得是法而來集會，名斯陀含。」所以通教菩薩的二果人，不是爲得聲聞果而來，而是爲了得到這樣的堅固實相法界以及現象法界的法，才來佛陀座下集會，爲的就是求這個法，這樣叫作通教菩薩斯陀含。所以菩薩斯陀含，聽到聲聞斯陀含說：「一切法生滅不住。」應當起而抗議，抗議什麼呢？要抗議說：「你在誤導眾生。」雖然從二乘菩提來說，聲聞斯陀含說的法並沒有錯，但是菩薩斯陀含看到了聽聞他說法的這一些有情並不是聲聞人，以此緣故就說：「你誤導眾生。」聽聞的法眾如果是菩薩種姓，就不該爲他演說二乘菩提的一切諸法生滅不住，所以 維摩詰大士才會一一訶責阿羅漢們。

如果聞法的大眾是不定種姓，說二乘菩提倒也罷了，偏偏聽聞的大眾是菩薩種姓；而他說了聲聞法，說那叫作斯陀含之法，那麼菩薩斯陀含聽了，當場就要否定他。還記得以前講《維摩詰經》嗎？那些阿羅漢們爲大眾說法，維摩詰菩薩一來，先頂禮阿羅漢，讓他走不得，然後就當面破斥他說：「你這樣講的不是正法。」所以 金粟如來維摩詰大士這一招，大家得學著。假使有人證得聲聞果，面對菩薩種姓的凡夫演說二乘菩提，那你就趕快靠近，先頂禮三拜，跟他讚歎，他就不好走了，然後你就說：「你講錯了！對菩薩種姓不應該講聲聞法。」然後你就講第一義諦，他也只好跟著聽，一樣不能走了。這個方式我們要學著，因爲我們是菩薩；未來我們要利樂有情，弘法過程中不免會遇到聲聞法中的聖僧，當然得要如此。

那麼 世尊接著說了：「來已見眾生界及不思議界通達無礙，不取境界亦無得無到，云何當有成就眾生？」先談這一段。菩薩斯陀含爲了這樣的法而來集會，來到集會現場時，看見眾生法界以及不可思議的法界都能通達無礙。現在一定有人想：「我連實相法界都沒瞧著，您跟我說這個眾生界與不可思議的法界通達無礙，我又從何了知呢？」當然是這樣的，因為你想要看見以及通達無礙的境界，得要兩個法界都通達了，否則不可能看見是如何通達無礙法呀！當你如實地證悟以後，從不可思議的實相法界—就是從如來藏的境界—來看所生的蘊處界以及心所法、外我所等法，你會發覺自己對如來藏這一切法界全部通達無礙，所以二乘聖人無法了達「**法住法位**」的道理，但是菩薩們經由證悟如來藏，進修久了便可以把所有的諸法各自應當安住於何種位次，全都看得清楚。所以不論什麼人問到某一個法，他從這個法都可以談到如來藏；不管是善法、或者惡法、或者無記法都一樣，所以講到最後，一切都歸攝於如來藏。

有的人聽了有點不耐煩，開口說：「**您怎麼每次一談事情，就談到如來藏去？**」因為每一個法都跟如來藏有關聯哪！如來藏於一切諸法當中通達無礙，沒有任何人可以遮攔如來藏處於諸法之中自在運行。我把往世的證量找回來以後，在二十年前有一天我兒子說：「**我不要再跟您談什麼了，因為您講來講去都是講到如來藏去。我又不懂。**」因為確實是這樣，我的所見就是這樣，沒有一法能跟如來藏無關，所以後來我想：「**如來藏這個法太深，雖然祂很勝妙，應該要給所有的有情，**

可就是太深了，有情無法理解。」所以從那時以後，不論見到鄰居、見到誰跟我談佛法，我都是跟他們講皮毛，講個幾句就不談了；因爲我如果繼續講，又會講到如來藏去，因爲如來藏才是諸法的根源。所以那句話還眞講得對了：三句不離本行！我是專業弘揚如來藏的人，弘揚如來藏就是我的行業；雖然這個行業沒有收入（大眾笑…）、只有付出，但還是要講。不過就是每週到正覺講堂來講，不在外面講。所以外面的人看見我，有的人猜我是個算命的，有的人猜我是個教氣功的，有的人猜我是個拳師教打拳的，可就沒有人想到我是弘揚如來藏的，甚至有的人還猜我這個人是廟祝。

所以實證之後，必定要看見如來藏這個不可思議法界，然後祂在眾生界之中通達無礙，因爲一切諸法莫不從之生，祂便運行於眾生界的所有法中。既然萬法都從如來藏生，那麼就可以從一切諸法不斷地追溯到如來藏，所以沒有一法可以遮止如來藏在有情眾生身中運作；而菩薩斯陀含就是要「見眾生界及不思議界通達無礙」，這樣他的實相智慧就會漸漸「通達無礙」。

這時候「不取境界亦無得無到」，他所見的一切境界都說是如來藏的境界。這時候也許有人想：「您這樣講不太對吧？難道那些惡人殺人越貨、放火擄掠，專幹**十惡不赦的惡事，那也能通達如來藏嗎？**」諸位想想看：一個凡夫眾生這樣想也正常吧？因爲如來藏是最勝妙之法，至高無上，三界內外一切諸法無有出其右者，這是最勝妙之法，所以諸佛據以成佛，「**可是爲什麼您竟然說那些殺人越貨等等惡人也能通達如來藏？**」他想的也沒錯啊！因爲如來藏是善法，而那些事情是惡法，怎麼也能通達如來藏？可是很簡單的一個解答說了，大家就明白：「**因爲如來藏生一切法！**」

如來藏阿賴耶識既然出生了一切法，當然能出生這個惡人的五陰。而這個惡人之所以會去造惡，也是因爲跟如來藏中含藏的惡法種子相應，而惡人的五陰身心也得有如來藏支持著才能幹惡業，那惡人不就通如來藏了嗎？只是惡人不可能懂這個道理；所以下墮三惡道也是因如來藏，如果如來藏沒有那些惡業道的種子讓他相應，他就不會幹大惡業！所以下墮三惡道也是因如來藏。可是天人之所以生天，是因爲修十善業、或者修禪定，然後得以生天，也是因爲如來藏含藏了生天的種子。那麼你看，這如來藏又名阿賴耶識，所以上生、下墮或者處在人中，都是因爲阿賴耶識如來藏。

那麼末法時代有許多大法師讀經，他們只讀懂一半，當他們讀到「眾生下墮是因爲阿賴耶識裡面含藏著三惡道的種子」，心中就想：「這個阿賴耶識是個壞蛋，我要把祂砍掉！我不要祂！要把祂捨棄。」所以說法的時候就教導大家：「要把如來藏阿賴耶識捨棄！」這是聖嚴法師講的。好在他死了，我這麼舉證也不會影響他的名聞利養了。更早一點這樣說的就是香港的月溪法師，他說：「你想要開悟很簡單，好好打坐，然後坐到一個時節因緣，『嘩！』地一聲，你就開悟了；然後把這個阿賴耶識一槌搗碎！」說「嘩！」地一聲，你就開悟了。

大問題來了，我要質問這兩位當年的大法師，一個說要把阿賴耶識找出來，一槌搗碎，「嘩」地一聲就開悟了；一個說阿賴耶識是惡法，所以要把祂捨棄後就開悟了；現在我要問的問題很簡單：「你們找到如來藏了沒有？」或者說：「你們找到阿賴耶識了沒有？」當你想要把某一個東西捨棄，一定要你手裡先有那個東西呀！就好像說我要去布施一億元，那麼手裡先得要有一億元才行；如果兩手空空說：「我布施給你一億元！」這樣空手捧出來，誰要？對吧？

同樣的道理，你要把什麼東西丟棄，得先找到它才能拋棄；可是這兩個人都沒找到如來藏，全都沒有找到阿賴耶識，而他們一個說要把祂捨棄，一個說要找出來一槌把祂搗碎；然後事實上，到底阿賴耶識如來藏在哪裡？全然不知！而說他們開悟了，如果要學那魯智深的話（知道他嗎？《水滸傳》那一條漢子，很粗魯的一條漢子），如果眞要學他講話，就說：「你要捨個鳥？」（大眾笑…）有沒有？他會這樣罵人的啊，因為你根本手裡沒東西！要捨什麼啊？

但其實不只他們兩個人斷句取義，臺灣最有名的所謂「導師」釋印順亦復如是；他讀經也是一樣，讀論也是一樣，全都只讀他想要的一半，所以經中、論中明明說：「法相唯識門中有二門。」《起信論》中也明明白白寫著：「一心有二種門，所謂心眞如門、心生滅門。」那唯識學中，也是同樣二門：眞實唯識門、虛妄唯識門。可是這個釋印順專取其半，他說唯識增上慧學只是虛妄唯識，因為他不懂眞實唯識，乾脆把它推翻：「凡是我讀不懂的、我不認同的，我就推翻它；推翻了，天下沒事！」不管誰來問著眞實唯識，他就說：「沒這回事！只有虛妄唯識。」

他推翻了幾十年，可沒想到後來出了個蕭平實，專門弘揚眞實唯識來含攝虛妄唯識，讓他從此口掛壁上，再也開不了口了！因爲一心阿賴耶識有兩門：一個心眞如門、一個心生滅門；心眞如門是講第八阿賴耶識自身的眞如法性，心生滅門是講七轉識的生滅性，兩者合起來總共八識心王，就合稱爲阿賴耶識。所以唯識門中有一句話很有名：「一心說唯通八識。」馬鳴菩薩論中明明白白告訴大家：「阿賴耶識有二門：心眞如門、心生滅門；心眞如門就是第八識如來藏自體；心生滅門講的就是七轉識，由心眞如門所生，永遠附隨於心眞如而運作。」可是末法時代的大法師們全都只取一半。

打個比方說，如果老爸準備要走人了，吩咐說：「我這一些財產全部交給你。」那你當然要得全部接收。可是如果有個愚癡人說：「老爸你有個事業，這事業那麼龐大，可是我不懂，所以我不要！我只要你這些現金就好。」這是不是聰明人？當然是愚癡人哪！事業龐大，你不懂沒關係，你可以當董事長，找個專業的總經理來營運，請個 CEO 便行了，什麼事情都能解決，只要你付高薪就沒問題了。所以老爸的遺產你當然全部都要，不可以沒來由就放棄一半。

這就是說，眾生界以及不可思議界其實是互相通流，毫無阻隔的，因爲如來藏遍布於你五陰身心之中，沒有一絲一毫的間隔。所以從我的所見來看諸位，你們每一個人，夯不啷噹就是個如來藏，再也沒有別的了。將來你實證了，也會跟增上班的同修們一樣，所見一般，無二無別：看來看去就是同一個，全都是如來藏。所以通教菩薩斯陀含來到 如來聚會法座之下，就是為得這個法；「來了之後」就會「見眾生界及不思議界通達無礙」。問題是，為什麼用「來已」這兩個字？一般人都是讀了，一剎那就過去，把它忽略了。但我現在問諸位：「諸位坐在這裡，是不是來已？」對吧？答得這麼心虛！（大眾笑…）是「來已」啊！可是「來了」就要「見眾生界及不思議界通達無礙」。那你們看見了沒？應該看見了才對呀！

所以 如來在世，看見乘願再來的菩薩弟子來歸依 如來時，如來才初一見面，開口就說：「善來！比丘。」意思是說：「來得好啊！你這個出家人。」然後這個比丘當下「鬚髮自落」；這不是說頭髮、鬍鬚自己就掉了，而是說三千煩惱頓斷，他縱使還穿著俗家衣服，本質就是個出家人。所以人有沒有出家，不看他有沒有留頭髮、有沒有點胭脂，而是看他有沒有煩惱？他該斷的煩惱斷了，就是出家人，所以 文殊、普賢、觀音、勢至菩薩，雖然都留長髮、身穿天衣，卻都是出家的菩薩；所以說，這位菩薩斯陀含「**來已見眾生界及不思議界通達無礙**」。

這時候「**不取境界亦無得無到**」，爲什麼「**不取境界**」？（有人答話，聽不清楚。）對了！因爲這一切境界莫不是如來藏的境界，都是自心第八識中的事啊！那又何必去執取祂？比如說你有家財萬貫，那你不會每天去抓著這些錢財說「**這是我的、這是我的**」，不用啊！那就是你家的，本來就是你的。所以看見一切所見的境界、所聞的音聲、所嗅的香味、所嚐的味道、所觸的覺受、所了知的一切法，莫不是如來藏給你的，從來都是你自己家裡的，不是外六塵；所以一切境界都是如此，又何必執取？所以他「**不取境界**」。

那你問某甲說：「**你證悟了，究竟是得到什麼？**」某甲說：「**我雖然證悟了，可是我沒得到什麼，我也沒有開悟。**」答得很奇怪吧？明明他拿到我的金剛寶印，所以叫作開悟，然而證悟了以後卻說：「**我沒有開悟，蕭導師也沒有印證我。**」因爲這時候，他以如來藏爲眞我，知道五陰我的開悟是虛假的，只是生滅性的現象界中的事；而那眞我如來藏是被證悟之標的，不能要求祂來開悟。是你五陰身心要開悟，祂不必開悟；而你五陰開悟是要悟得祂，但祂不管你開悟不開悟的事，因爲求開悟是你五陰家的事，祂的境界中並沒有開悟及被印證的事。

那你再問某甲說：「那你開悟了，現在是到達什麼地步了？」某甲又說：「我也沒有到達哪裡，什麼地方都不到。」你跟某甲抗議說：「不對啊！聽說開悟了是第七住位，而我如今還在初住位、二住位裡混；聽說你悟了，悟了不就是第七住位嗎？那你應該到了第七住才對啊！」某甲卻說：「沒有啊！我也沒有所到，哪裡有什麼東西可以到什麼地方叫作第七住？」欸！果然是這樣，眞的是「無得無到」。既然「來已見眾生界及不思議界通達無礙」，然後「不取境界」，同時祂又「無得無到」；那麼某甲如果幫眾生證悟了以後，當他拉著眾生「來已」同樣也悟了，那麼眾生當然會跟某甲一樣「不取境界亦無得無到」；這時候，怎麼能說某甲有成就了哪些眾生？

幫一個人、十個人、一百個人、一千個人證悟了，也沒有一個人證悟；因爲大家證悟了都跟某甲一樣轉依無我的如來藏，所以「無得無到」。可別懷疑我是耍嘴皮，我說的都是眞的；法界的實相就是這樣，因爲我們增上班六百來人，如果我是耍嘴皮，他們一定會抗議；不抗議的話，明天也會寫 mail 來說：「導師！您又籠罩眾生了。」可是二十幾年來，不曾發生過這種事！所以咱們增上班六百多人，到底他們開悟了沒有？（大眾笑…）別只顧著笑啊！到底他們開悟了沒有？（眾答：開悟了）開悟了？那就是你落在五陰中了！（大眾大笑…）有沒有人要說「沒有開悟」，有沒有？請舉手！有了！只有一個。所以沒悟的人怎麼講、怎麼不對，可是也要把正覺的法學通了，你就說：「非有開悟、非無開悟。」這樣就兼含了現象界和不可思議法界了，因爲你知道從現象界五陰身心來看時有開悟這回事，從實相法界如來藏的境界來看時就沒有開悟這回事，所以才說：「不取境界亦無得無到，云何當有成就眾生？」這樣子，度了眾生以後其實也沒有眾生得度。

接著就說：「不見成就眾生故，於一切法及眾生界，非見非不見，而知眾生流注法界；明了法界，同於菩提。」這時候既然沒有看見眾生得成就，因爲所見就是第八識如來藏，那他對於一切法和眾生界就不能說他有看見，也不能說他沒有看見，名爲「非見非不見」，眞的如此啊！你悟後也許遇到某一個禪師來跟你勘驗，他問你：「你開悟了，是看見什麼了？」你說：「沒看見！」也許他又問你：「那你沒看見，怎麼可以說你開悟了？」你說：「我看見個沒有看見的。」他這一聽，就知道你眞的悟了。

所以悟後到得實相法界，反觀之下，方才發覺，原來自己本來就在實相法界中，所以如今不曾到，因爲本來就在其中，還要到什麼地方去？所以這時候問你看見什麼，你怎麼答都行。說有看見也行，因爲你從眾生法界來談；說沒看見也行，因爲你從實相法界來談；所以這時候要說你沒看見也不行，說你有看見也不行，必得雙非——「非見非不見」。這時候呢，「而知眾生流注法界」，就親見一切眾生不斷地在流注諸法的功能差別；你悟後的所見就是這樣，除非你悟錯了，否則證悟之後，看見一切有情時，就看見他們都在「流注法界」。

不說人，假使你昨晚吃了一塊餅乾，掉了些屑在桌上沒擦，今天早上引來螞蟻了；你瞧著那些螞蟻，牠們的如來藏也在「流注法界」，牠們都把功能差別流注出來了，所以兩隻螞蟻一碰頭就繼續走，一碰頭又繼續走，然後就越來越多，你就知道：「喔！牠們在互通訊息。」這就是「流注法界」了。

到這個時節，「明了法界，同於菩提」。你就明了一切諸法的功能差別，這其實就是覺悟了。所以既然佛門中說有個覺悟的事，當然就有能覺悟的人和所覺悟的內涵；你所覺悟的那個內涵就是諸法的功能差別，因為諸法的功能差別背後就是如來藏。而你找到如來藏了，看見眾生的如來藏都在「流注法界」，這時你就知道：「原來佛菩提講的是這個。」所以你就說：「明了法界，同於菩提。」所以一切實證者都是從「流注法界」之中去悟得如來藏。否則如來藏住在涅槃之中，你如何證得？都是要靠如來藏「流注法界」，你才有機會實證，這樣就懂佛菩提了：「原來佛菩提就是要證悟這個如來藏。」

可是，這也是咱們正覺弘法以後才提出來講的，以前大家都想要把妄心的六識自己，修行變成眞心常住；但我們講的卻是妄心存在的當下，常住的眞心就已經存在，是同時並行的。所以現在知道了：「原來諸法的功能差別，都從如來藏中流注出來，所以看清楚如來藏中流注諸法功能差別的時候，心中就生起實相般若，這就是菩提了。」

接著說：「解於法界及眾生界，無量佛道無得無分別，同於道智，近無等智；」這時候生起勝解了，已經看清楚什麼叫作法界，什麼叫作眾生界；其實眾生界不離法界，因為眾生之所以名為眾生，總不會是癱在那裡都不能動轉的吧？那樣叫作植物人，不然就把它叫作屍體，不叫作眾生了。之所以名為眾生，是因為有情有各種不同的形色、不同的心思、不同的境界，而顯示出有情有各種行為；從這些行為裡面顯示出有情有感情，不是無情，這樣的有情才稱為眾生界。

可是眾生界這樣顯現出來，成為眾生的時候，一定是諸法功能差別不斷地流注出來，所以諸法的功能差別就是眾生界。假使你今天養了個兒子，那個兒子成日裡不動也不轉，不吃不睡，不說話也不表示意思，你一定不會想要這樣的兒子，因為他不成其為眾生。為什麼不成其為眾生？因為他的諸法功能差別沒有流注出來，那他就同於無情了。所以這時候瞭解什麼是眾生了，對眾生有勝解，不是只有聽聞了之後的理解；因為你對自己的「名」已經能現觀了，所以起了勝解，對法界和眾生界有勝解了。

這時「無量佛道無得無分別」，成佛要三大阿僧祇劫，可是佛法沒有量，因為佛法不能拿來論斤秤兩，在那邊計數；佛法也不能用材積來算，說這個總共是幾材；佛法沒有量，這個沒有量的佛道沒有所得，也沒有分別。假使修學佛法而被人家證明開悟，結果他發給你一張證書，你領的這一張證書，這證書上面寫著：「茲因某某證悟佛菩提，特給證書一紙，以為明證。開證人某某某。」蓋個章給你。你來領這一張證書時要價一百萬元。我說啊，你就別領了！那一百萬元拿來供養我，還比給他有福；因為他是個下田，而我是上田、功德田啊。對吧？（眾答：對。）我是功德田、也是報恩田，供養我遠比給他更好，布施要選擇殊勝的功德田。那我收了這一百萬，又捐給正覺同修會，我也成就布施的功德，而我的功德比你更殊勝，為什麼呢？因為我是再加上施主勝。

這就是說，凡是有所得的，都是虛妄法；所以這十幾年來，再也沒聽說過誰寫開悟證書給人家的，但以前臺灣真的有人發給證書的。可是佛法無量，既然是沒有量的，你憑什麼開個證書給人家？開證書也有個壞處，他拿了證書，到處去招搖撞騙，那你要撤銷他的開悟；說他沒有轉依成功，所以撤銷他的開悟，那你一定要把那張證書拿回來吧？可是他不還給你啊，能怎麼辦？所以我最聰明，我不開證書；如果他沒有轉依成功，到處招搖撞騙，我只要公開說出去就夠了：「**我把他的開悟收回來，因為他轉依沒成功。**」這個開悟的證明就收回來了。

所以佛法是「無量」的，祂沒有一個量可以讓你衡量、讓你計算。既然沒有量，而佛法中講的成佛之道容許有各種的施設，所以說八萬四千法門，門門可入；但是門門可入之後，緊接著一句一定要記住：「進得堂來，都是同一個大殿。八萬四千個門進得來，都是同一個大殿，叫作如來藏；如來藏不是法門，而是證悟之標的。」以前臺灣佛教界不理解這個道理，有的人寫信、有的人網路上寫、有的人嘴裡這樣抗議，同樣抗議蕭平實說：「你講你的如來藏，我講我的離念靈知，爲什麼你堅持要求我們要證如來藏才能說是開悟？」有人說：「八萬四千法門，門門可入，爲什麼我一定要修學如來藏法門？」還說得頭頭是道。可是我不說他們義正詞嚴，因爲他們講的義不正、詞也不嚴謹。八萬四千法門都可入，但如來藏不是那八萬四千法門之一，第八識如來藏是被證之標的。所以佛法說的「道」有很多很多法門，但所證的如來藏沒有量；這個無形無色之法，你能拿秤來秤量嗎？也沒有辦法拿個容器去衡量祂，因爲你眞的不能說祂到底多大，大到可以猶如色究竟天宮的報身如來那麼廣大，也可以小到眼睛都看不見的細菌、病毒那麼小，所以祂沒有量可言。

　　這樣的法你實證了，就是修學佛道。而你實證之後會發覺，自己根本無所得，也沒什麼可分別的，因爲分別都是你五陰自家的事，跟祂如來藏老哥無關。這時候你的智慧和佛道的智慧是一樣的，所以說「同於道智」。這時你就懂得佛道是要這樣修行的。所以如果有人說：「修學佛道想要求實證，一定要打坐。」你就說：「誰告訴你一定要打坐？因爲不必打坐也可以實證；而打坐的人反而很難實證。」

所以佛道的智慧你已經有了，而你這個智慧「近無等智」。「無等」是說沒有一個什麼法可以跟祂相等。你證的是這個法，這個法還記得嗎？如來剛降生人間，一手指天、一手指地，說的是什麼？就是八個字，正是「天上天下，唯我獨尊」。這個「我」就是如來藏。釋迦老子一到人間，立刻行走七步，告訴你這個道理；你聽了，就該會了。（大眾笑…）眞是如此啊！

這一個如來藏是唯我獨尊的，天上天下無有一法能和祂相提並論。就好像世間法，立法的時候有母法、子法的區別，說這個子法是依那個母法來建立的，因此以那個法爲母法，而這個法是子法，子法不能牴觸母法。譬如憲法是母法，依憲法而制立的民法、刑法等，所謂的六法都叫作法。又譬如說，有了刑法就會產生訴訟的事，所以刑法是訴訟法的母法，刑事訴訟法就變成子法，依刑法來建立，道理是一樣的。

可是如來藏既然出生了一切法，你的五陰身心也是祂生的，三界、器世間也是祂生的，所以祂是母法。所有的子法都不能抗拒母法，法律界都懂這個道理；佛法中亦復如是，所以你五陰不能抗拒如來藏妙法；可是末法時代的學法眾生無明籠罩，都用言語把如來藏踩在腳下不斷糟蹋，可是如來藏自身從來不曾被他們的邪見所糟蹋到。那麼如來藏既然是一切有情之母，再也不過其上，所以你證得如來藏而生起的智慧就是「無等智」，可是你畢竟還沒有成佛，因此只能說你是「近無等智」；因爲這時候你知道：「如來證的，也是這個如來藏，我證的也是這個如來藏；那麼如來已經成佛了，所以智慧無等等；而我還沒有成佛，但是我已經確定開始邁向佛地了，所以只是『近無等智』。」

還沒有證悟之前，你根本不能預料自己何時可以到達佛地；但是從證悟那天開始你就知道，自己不必超過三大阿僧祇劫便能成佛了。因爲第一大阿僧祇劫已經走完三十分之七了，此時確定自己可以成佛。這樣從不可思議的無量無數阿僧祇劫以來的流轉，來到今天開悟再來看時就說：「我近無等智。」所以學佛怕的是沒有遇到正法，遇到正法以後，倒不急著開悟了，就說：「**我每天在這個大廟裡面睡覺，總有一天我會開悟。**」你們別搖頭，眞的如此。你在小廟裡面（小廟是指什麼？沒有法便叫作小廟，有法就是大廟），如果你在小廟裡面每天很精勤辦道，拜懺也拜、拜八十八佛也拜，而且每天最少打坐半天，就這樣努力都沒停過，整整一世終無所得，根本無法實證。可要是在大廟裡面睡覺或打瞌睡都好，正在睡得稀里呼嚕，突然聽到一句話醒來，剛好你有受用也就悟了。所以古人說：「**寧在大廟睡覺，不在小廟辦道。**」眞的有道理，因爲在大廟裡有個因緣，你就突然證悟了，這時候就是「**近無等智**」。因爲這個智慧是二乘聖人之所不知，而你知道了，從此開始，就是內門廣修菩薩六度萬行，乃至這一大阿僧祇劫過完了，廣修十度萬行，離佛地就更近了。

既然悟後努力進修，就是下面講的事了：「**離垢清淨，得無所得，證無所證，是名眞智。**」所以你看，智慧有眞、有假，像那些外道、那些大法師們講的智慧不要也罷，因爲那些都是假的智慧，全都落在世間法中，怎能相應於解脫及佛菩提智。眞正的智慧當然有個標準，有從事相來判定的，也有從證量上來判定的；

這裡告訴諸位「離垢清淨」，這是從事相上來判定的。如果有個人宣稱說他成佛了，但是一天到晚廣受供養，全部都納入自己口袋，這到底有沒有離垢、有沒有清淨？一看就明白了，不受人瞞。可是愚癡人就會被瞞，於是某甲也來供養，某乙也來供養，大家排隊來供養；而這個所謂成佛的人收了一大堆供養都納入口袋，都沒有拿來用在眾生身上，顯然他不是離垢者。垢與纏不同，「纏」是一時被綁住了，如果把它解開了，就不被繫縛了；可是垢不同，「垢」是很髒的東西一層又一層、一層又一層不斷地累積下來，才叫作「垢」；而廣收供養就稱爲「垢」，因爲它是一世又一世養成的。

可是實證的人有「眞智」。眞實的智慧使人看穿了這一切：凡是有所供養，虛妄不實。所以如果他是一個眞正有證量的人，得到了供養，那很簡單：右手進來，左手出去；左手進來，右手出去；他跟那些供養他的人一樣聰明。在一般情況下，是供養的人比受供的人聰明；那些大法師們都沒有發覺到這一點，所以他們廣收供養。人家是拿他們當福田來種，而他們有沒有資格當福田，自己要衡量啊！可是他們不懂得衡量，被人家種了福田，人家後世成爲大富長者，至少房子兩、三間都不是問題；可是他未來世將是窮途潦倒，一無所得，連餬口都難，甚至還可能下墮三惡道。那麼到底誰聰明？因爲他們沒有離垢，所以他變成一個廣收供養的愚人，流失了好多福德；而離垢的人心地清淨，因爲他轉依了如來藏。

事相上說過了，再來看他的實證：「**得無所得，證無所證，**」說他找到第八識如來藏了，找到之後他到底有沒有得到如來藏？不能說有得欸！（有人答話，聽不清楚。）對！非有得非無得，因爲你的如來藏本來就在你五陰上；如果你出門而在外地，遇到善知識幫你找到自己的如來藏，也是找到你家的，又不從外來，因爲善知識並沒有給你一個如來藏，怎能說是有所得？就好像你家宅院裡面，地下三尺埋了黃金，但你不知道；有一個人有天眼通，來告訴了你：「**你家前院中心點，三尺之下有黃金，把它挖出來受用吧。**」於是你終於去把它挖出來，要是他沒告訴你的話，你要哪裡去挖？根本不知道在哪個位置，也不知道有那些黃金在。但因有天眼的人看見了，來告訴你，說就在這個地方、要挖多深；而你挖下去，果然挖到了；那你到底有所得，還是無所得？你說有所得，它卻是你家本有的；你說無所得，明明你又挖到了，因此說「**得無所得**」。

那這個「得無所得」從法上來講，當然還有別的意思，因為你得到了如來藏；可是從如來藏這個眞如來看，不領受任何六塵境界，那就完全無所得。你證得如來藏以後，發覺祂笨笨的，可是越體驗、越發覺不得了，祂非常伶俐，然後因此你就發起了勝妙的智慧；有勝妙智慧以後，你來看自己的如來藏，祂依舊笨笨的，一點智慧也沒有，原來智慧是你五陰身心的事。從祂來講，你證得祂以後，得到智慧了；可是從祂來講，沒有得到智慧，所以「得無所得」。那麼這時候人家說：「喔！你對佛法有實證了。」你說：「我沒有實證啊！」那對方要問你：「你說沒有實證，可是你說法這麼妙欸！」你就說：「因為沒有實證，所以說法才妙。」

佛法眞是這樣，所以才說：「佛法背俗。」俗人之所珍，在佛法中，棄如敝屣；可是佛法之所珍，世俗人棄如敝屣。你證得如來藏以後，明明就是證了，可是又無所證，因為這是我五陰家的事；而如來藏是我家本來就有的，我從哪裡去證？我證了，還是我家的，不從外來。那麼禪門祖師就流傳著一句話說：「從外所得，不是家珍。」告訴你說：「假使你修學佛法，是從外面得到的，不是你自家本有的，那就不是珍寶。」所以說：「得已還壞。」從外面得來的法以後還是會失去，因為那是外來的，不是家珍。但如果是你自己家裡本有的，那就是常住法，永恆不壞。

那麼既然你所證的，是你自家本來就有的，當然是「證無所證」，怎麼能夠說你有證得什麼？這就是證量。這樣的證量轉依成功以後，就是離垢的、就是清淨的，因爲轉依眞如之後必然如此；有這樣的實證，顯現於外是「離垢清淨」，內是「得無所得」，這樣生起的智慧叫作「眞智」。所以你們如果哪天當了爺爺、奶奶，兒子或媳婦找上你來說：「請您幫這個金孫立個名號吧！」比如說你姓王，你就把他叫作「王眞智」（大眾笑…）。對啊！這名字不錯啊！

這個名字夠好，因爲從世間法來講的話，眞智也是好；從出世間法來講的話，眞智也一樣好。那麼智慧有眞就有假，「假智」就是企圖把生滅性的妄心，修行轉變成常住的眞心，那都是得有所得、證有所證，就不是「眞智」，當他們如是自稱開悟時，就是假智。

最後　如來作了個結論說：「菩薩摩訶薩求如是智名斯陀含。」你看吧，所以菩薩斯陀含與聲聞斯陀含是不一樣的，不能一概而論，眞的不能相提並論；因爲菩薩斯陀含之所證，除了自己要斷三縛結以外，還要證得第八識眞如，才能「得無所得，證無所證」，同時還要令眾生同樣「得無所得，證無所證」；爲了如是法而來人間，才叫作菩薩斯陀含。接著我們再來聆聽 世尊的開示：

經文：【爾時世尊而說偈言：「

隨順此智者，是名不思議；爲求佛慧故，故名斯陀含。
無量因緣說，成就菩提道；修行是法故，我常往來求。
不動三昧相，滅除煩惱結；是故專修習，成就而不退。
亦知法非法，通達無礙相；住諸法實際，修於斯陀含。
隨順佛所說，如聞而修行；爲得此法故，我常往來求。
法界未曾有，不動於眾生；是名斯陀含，寂滅去來相。
眾生無智慧，愚癡甚苦惱；爲欲安立故，而求佛智慧；
根力覺道等，禪定及解脫；勤修三昧相，而求佛智慧。
究竟菩提道，諸佛之所行；是名斯陀含，發行而常求；
若得如是法，佛眼難思議；是名斯陀含，恆求於佛眼。
如佛所應求，爲救護依止；我今所求者，一切智最上；

是智之所知，諸法相眞實；於智無染著，是智爲最上。
是智之所知，諸法相眞實；心常無所染，恆求如是法；
利安諸眾生，一切智中上；是名斯陀含，往來之所求。
諦觀於法界，眾生不思議；是名斯陀含，爲求眾生界；
知眾生界已，不著於眾生；是名斯陀含，而求無所得。
若不得眾生，一切法無相，能作如是知，開導諸眾生；
雖觀一切法，不見觀察相；執心無亂意，而求諸佛法；
如是清淨智，遠離一切垢；不得是智相，是名爲求道；
開示諸眾生，菩薩所不識，是名究竟智，爲得彼故來。
阿難汝當知，爲說斯陀含；少智諸眾生，妄想著是非；
阿難汝當知，爲說斯陀含，使精勤眾生，令作如是解，
常善修多聞，決定甚深法，逮得眞實義，速成於菩提。
阿難！是名如來等正覺爲諸菩薩摩訶薩方便說斯陀含。」】

語譯：【這時候世尊又以重頌這麼說：「

隨順於這樣智慧的人，就名爲不思議者；爲求得佛地智慧的緣故而來人間，所以稱爲斯陀含。

以無量的因緣來解說，而成就了佛菩提道；修行這樣的法的緣故，我總是這樣往往來來而求。

證得這個不動三昧的法相，滅除了煩惱結使；由這個緣故而專門修學熏習，成就之後而不退轉。

也知道法以及非法，通達諸法而沒有障礙之相；住於諸法的實際，修學於通教菩薩斯陀含。

隨順於諸佛的所說，猶如聽聞而努力修行；爲證得這樣的法的緣故，我經常地往往來來而求。

諸法的功能差別其實未曾有，而能不動於一切眾生；這樣實證便叫作斯陀含，於寂滅之中而有去來之相。

眾生沒有實相的智慧，愚癡而非常苦惱；爲了想要安立他們的緣故，而努力尋求佛法的智慧；

五根、五力、七覺支、八正道等法，加上禪定以及解脫之法；精勤地修學三昧之相，而勤求佛法的智慧。

究竟於覺悟之道，是諸佛在因地的所行；這樣就名爲斯陀含，奮發勤行而經常地求證；

如果得到了像這樣的法，知道佛眼眞的難以思議；這樣就稱爲菩薩斯陀含，恆常地追求於佛眼。

猶如諸佛之所應所求，都是爲了眾生的救護和依止；我如今所求的，是一切智中最高至上之法；

這樣的智慧之所知，就是諸法相中的眞實法；對於所悟的智慧也沒有染著，這樣的智慧就是最上之法。

這種智慧的所知，是諸法的法相都是眞實；心中經常是沒有所染，永遠都是尋求這樣的法；

以各種的利益安住所有的眾生，這是一切智慧之中的最上法；這樣就稱爲斯陀含，往往來來所求即是如此。

詳審地觀察於諸法的功能差別，瞭解眾生的不可思議；這樣就稱爲斯陀含，是爲了求得眾生的法界；

了知眾生的法界以後，不執著於眾生中的各類法界；這樣就叫作斯陀含，而求證無所得。

如果所證境界中不能得到眾生，一切法也都無相，能夠作這樣的了知，而開導於一切的眾生；

雖然觀察一切諸法，而沒有看見觀察之相；所執持的心是沒有散亂之意，如是而尋求諸佛所說的法；

像是這樣的清淨智，使菩薩遠離一切垢染；而不曾得到有這樣的智慧相，這就稱之爲求道；

開示給所有的眾生們，諸菩薩們之所不譏嘲，這樣就叫作究竟智，爲了得到這樣的究竟智，所以斯陀含又再來人間。

阿難你應當知道，爲了解說菩薩斯陀含；少智慧的諸眾生們，妄想而執著於各種是非之中；

阿難你應當要知道，爲了演說菩薩斯陀含；使精勤修行的眾生們，能得作出這樣的勝解，

時常善於修習多聞，決定住於甚深之法中，而獲得了眞實的正義，快速地成就於佛菩提。

阿難！這樣就稱爲如來正等正覺爲諸菩薩摩訶薩方便演說菩薩斯陀含。」】

講義：「隨順此智者，是名不思議；爲求佛慧故，故名斯陀含。」所以通教菩薩斯陀含有它的定義，和二乘斯陀含是不同的。換句話說，想要成爲通教的菩薩，必須隨順於這個第八識眞如的智慧，才能夠說他的智慧不可思議。

爲什麼一個第八識眞如可以講這麼久？我出來弘法也不過二十幾年（編案：這是二〇一九年講的），可是 如來弘法那麼久，三十六歲成佛，一直到八十幾歲入滅，都在講眞如，沒有講別的。也許有人心中生起了一個斗大的問號：「眞的嗎？」我告訴你：是眞的。例如二乘菩提，一般人所瞭解的二乘菩提，都認爲那就只有講六個識而已，講的都是阿羅漢的法。可是我說：「六識論不能成就阿羅漢的法。」如今我寫了《阿含正義》七輯，也證明二乘菩提都圍繞著眞如，全都圍繞著第八

識爲中心而演說；雖然二乘菩提只是個方便施設，卻是依第八識如來藏而方便施設，所以其中有非常多的蛛絲馬跡，都顯示 如來是在演述如來藏；只是專爲聲聞種性的人施設，所以才講二乘菩提。

既然如此，「般若」與「唯識種智」當然更是在講第八識眞如的智慧，所以這個智慧才是最高的智慧，因爲這第八識眞如心是有情萬法及宇宙萬有的本源，因此這個智慧不可思議！所以我二十幾年來總是說：「**假使南洋眞的還有阿羅漢，他來到正覺講堂也開不了口。**」如今二十幾年過去了，誰能推翻這個事實？一者、南洋根本沒有阿羅漢；二者、就算眞有阿羅漢，來到正覺講堂還是開不了口。假使有誰不信，眞的去拉了一位阿羅漢來；比如說他有大神通，去找到一位聲聞大阿羅漢；才一見面，就問他：「**會麼？**」大阿羅漢一定抓著後腦勺說：「**你都沒有問我，也沒有跟我講什麼，爲什麼就問我：『會麼？』**」他這一講了，你就告訴他：「**所以我說你不會嘛！**」他能開得了口嗎？所以這個智慧不可思議。

你如果有一天證眞如了，除了根本無分別智，悟後繼續進修，又有了後得無分別智；學著、學著，你就很能得心應手，古來禪師們所有的機鋒你都能用；要不然你自己發明也行，都不難，所以說這個智慧不可思議；因爲諸佛如來所以能成佛，也是藉由這個智慧的實證，然後次第進修，終於成佛；所悟還是同一個眞如，沒有第二個，所以 世尊才說：「隨順此智者，是名不思議。」眞的不可思議。而通教菩薩二果人，就是爲了求得這種 佛陀的智慧，所以他叫作斯陀含。

菩薩「斯陀含」的意思叫作一往來，聲聞斯陀含也叫作「一往來」，當他在這一世成就斯陀含果，捨壽後生到欲界天去；在欲界天捨壽，又下來人間後，就成爲阿羅漢，所以叫作「一往來」。菩薩斯陀含當然也是「一往來」，所以菩薩斯陀含證得第八識眞如以後，他隨順了眞如智，這就是不可思議的智慧；而這個不可思議的智慧，他如實證得、如實觀察、如實運爲之後，就發覺自己眞的可以依據這個智慧，於此人間現象界中死後往生實相法界，再受生回來人間的現象界中，永遠都是眞實佛，所以名爲一往來；而且在事修上面也能次第進修成佛，既然如此，當然不能放棄這個智慧，所以他想要求得佛地的智慧。

永遠不會有人證眞如之後說：「修行到此就夠了，我開悟後就夠了，什麼都不要再修學了，我就這樣混日子。」不會有人這樣的，因爲知道自己眞的可以成佛之後，就會按部就班次第修學；可是他總不能躲到欲界天上去享受玩樂吧？所以他生天也是「爲求佛慧故」；生天之後再來人間，也是「爲求佛慧故」，所以他就這樣「一往來」，這樣叫作菩薩斯陀含。

今天好像比較熱喔？我上週四去正覺寺預定的建地走了一趟，這回去就沒那麼熱了，因爲草都長好了。上回爲了某一個原因，我們把草都割光；那今年雨多、水多，草也長得好，所以現場沒那麼熱。但是希望我們申請開發正覺寺的事，可以早一點過關，現在算是最後階段了。《不退轉法輪經》上週講到三十六頁，說到重頌的第一行，今天要從第二行開始講：

「**無量因緣說，成就菩提道；修行是法故，我常往來求。**」世尊說，菩薩斯陀含，他跟聲聞道的斯陀含並不一樣。「**無量因緣說**」表示 如來說的法非常多，所以在咱們弘法之前，佛教界呈現兩個極端：一個極端是動不動就自稱證悟，或者是自稱證得第四果。另一個極端，知道那些所謂的證果、證悟都不正確，然後自己覺得茫無目標，也沒有下手處，所以就感嘆地說：「**三藏十二分教，浩如煙海，無從下手。**」這就是當年的兩個極端。

可是今天諸位都知道，如來說有五乘法，就是三乘菩提，加上人乘之法、天乘之法。那麼這五乘法講得非常多，因爲聲聞道也不是一般人能證的，所以先要有次法的演說。次法，所謂「施論、戒論、生天之論、欲爲不淨、上漏爲患、出要爲上」，這就包括人乘與天乘了。從四悉檀來講，那是爲人施設的悉檀，然後還有兩個悉檀說完了，才會講到第一義悉檀；可是前面三個悉檀，也是爲了後面的第一義悉檀而鋪陳的。

那麼 如來宣說了人乘之法，是希望大家保住人身，可是那是表面上的希望；眞正的目的是爲了後面的天乘而鋪陳。然後天乘的法說了，包括三界悉檀在內，都是爲了解脫道而鋪陳，那就講了很多法，也都還是三界中法。後來終於開始講解脫道了，目的不在解脫道，而是在緣覺道；因爲他必須先瞭解四諦、八正，然後才有可能修學緣覺法。緣覺法講了，目的卻不是緣覺法，而是爲了唯一佛乘鋪路。可是開始講佛菩提道的時候，卻不是直接把佛菩提道講完，而是要事先施設般若，因此就有六度萬行的施設。在這六度萬行的施設不斷地行的過程中，就會有教外別傳的禪宗直示正道的機鋒，在平常不講經時傳授給弟子們，而諸弟子們六度萬行初步行完了，終於可以進入第七住位安住，因爲能忍於第八識心體的本來無生了，就成爲住不退的菩薩；但也還得要悟後繼續修行六度萬行，終於進入初地心了，這才有資格修學第三轉法輪諸經。

第三轉法輪諸經中的不可思議解脫，才是 佛陀示現在人間的唯一目的，講的就是地後的佛菩提道。所以「無量因緣說」是 佛陀的方便施設，目的都是唯一佛乘，就是爲了要表顯第一義諦的重要；也就是把佛地的境界一步一步從人乘、天乘，一直到第三轉法輪的一切種智諸法，全都次第鋪陳出來，才會有菩薩道五十二個位階的菩薩位，第五十三個位階就是究竟佛地。

但是第一義諦也不過就是一個如來藏，爲何要講那麼多的法？因爲眾生的根性各個不同，所以 如來施設八萬四千法門；即使《楞嚴經》中講的二十五個圓通法門，雖然只有二十五個，目的也是在最後的「觀音圓通法門」。可是觀音圓通法門要你「入流亡所，聞所聞盡」，是要你成爲斷我見的人，然後你要去證得那個第八識空性，現觀「覺所覺空」；那還是爲了第一義諦而施設，所以「無量因緣說」目的都是爲了幫助大眾「成就菩提道」。

佛陀於法中爲王，而且於說法無私；十方諸佛如來都不是吝法者，不說十方諸佛如來，入地的菩薩就已經不吝於法了，否則他無法入地；但是爲眾生說了這麼多法，目的都是爲了成就大眾的佛菩提道，不是爲了讓大家成爲聲聞解脫者而已。既然不吝於法，怎麼可能會把最勝妙的佛菩提勝法留著不說，而只教給大眾聲聞法？所以「無量因緣說，成就菩提道」，這是如實語。

那麼 世尊說了：「爲了修行這個法的緣故，我常往來求。」斯陀含不是一往來嗎？所以有時去天上，再下來人間成就阿羅漢果；可以出三界了就不再來人間嗎？不！繼續再來人間受生，繼續上求下化，目的是爲了佛菩提道，不是爲了阿羅漢果。所以有智慧的人都應當理解，諸佛如來無有吝法者，都是爲了教給大家佛菩提道，才辛苦下來人間受生的。所以遇到有人提出主張「大乘非佛說」，不管他是出家人、在家人，你只要一聽到了，立刻就告訴他：「原來你是個外道。」轉頭就走，因爲這種人與佛法無緣；不但佛法無緣，連聲聞法的緣都沒有，保證他在聲聞道中完全沒有實證。通教菩薩證眞如而轉入別教中進修而具足三乘菩提，尚且不否定聲聞乘；而一個學聲聞乘的凡夫敢否定大乘菩提，這就很容易判斷，那分明是一個凡夫，而且是個心外求法者，絕對不是佛門中人；既非佛門中人，那就是心外求法的外道了。

那麼接下來說：「不動三昧相，滅除煩惱結；是故專修習，成就而不退。」佛菩提道的實證，所證是個不動法，絕不是一個飄蕩無根的浮萍；所以當你證得這個不動法的時候，心得決定而不改易了，就稱爲「不動三昧」。這個「不動三昧」，又名「金剛三昧」，因爲這個不動法性如金剛，永不可壞，所以悟後轉依、心得決定時又名「金剛三昧」。證得這個「不動三昧」的人，繼續住在人間，一定有各種行相，但他的身、口、意行不同於異生凡夫。

從他的身、口、意行所示現出來的行相之中，你可以發覺：他已經滅除煩惱結。「煩惱」與「結」是兩個不同的法。煩惱的定義很廣，從對治自我的貪愛、對治我所的貪愛開始，一直進修到阿羅漢果，這時說可以出三界了，可還是沒有斷盡一念無明；因爲菩薩看一念無明是廣義的，不是從二乘狹義的一面來看。從狹義方面來看，聲聞阿羅漢就算斷盡一念無明，因爲就只有斷四個住地煩惱，還不能成佛。可是菩薩想要成佛，還得把這四個住地煩惱的習氣種子隨眠全部滅盡，才算眞的斷盡一念無明。

那一念無明不過四個：見一處住地、欲愛住地、色愛住地、無色界愛住地（又名有愛住地）；這在阿羅漢位便成就了，可是距離成佛仍然非常遙遠；因爲菩薩修行證悟，又進而證得阿羅漢果之後，還得要再修行才能轉進初地。也就是轉入大乘以後，證得三賢位的應修、應斷之法，然後才能轉入初地；入地後，再以一大阿僧祇劫的時光，把習氣種子的隨眠斷盡。在入地後也要同時修學一切種智，入地開始以兩大阿僧祇劫的時間，還要把上煩惱全部斷盡。上煩惱是無始無明所含攝，斷的都是所知障的內涵，那麼這些都叫作煩惱。

總而言之，三大阿僧祇劫之中，所斷的都是煩惱；但是在斷無始無明煩惱之前，先要斷盡一念無明。一念無明之中有煩惱、有結使，煩惱就是欲愛住地、色愛住地、無色愛住地，就是三界愛修所斷的煩惱。那「結」就是指三縛結，有時候稱爲五利使，因爲加上了邊見、邪見……。所以想要證悟明心之前，得有先決條件，要先斷除一部分煩惱，就是六個根本煩惱中的惡見。惡見之中，總共有五個容易斷除的「結」，它是見道所斷，歸納起來說，叫作三縛結。三縛結斷了之後，還不足以明心，應該還要斷除一部分的煩惱。

從 如來當年這樣弘化的過程來看，顯然是要大家先證阿羅漢果，然後才可以明心的。但如果今天我也效法 如來，要你們先證阿羅漢果，然後再來明心，增上班大概只能有兩、三個人吧，而我也不必辦禪三了，大家省事。可是到了末法時代，不能這樣要求，因爲現在要求個初禪人都難，何況是第四果；我也是直到上上週，才有人來向我報告說，她已經有了初禪的三個法。我勘驗過了，也眞的沒錯。也就是說，得要超過欲界愛；如果沒有超過欲界愛，對於欲界愛住地沒有斷除，表示梵行未立，根本不可能取證阿羅漢果，那又憑什麼明心？這就是 如來在世時的作法。

可是我們現在到了末法時代，不能這樣效法了，要不然正法眼看著就滅了，因爲正法沒有大勢力；所以我需要有很多人證悟，證悟的人多了力量才會強大，才能抵抗外道勢力，因此只要求大家先斷結；這「三縛結」也是煩惱中的一部分，斷結之後，欲愛住地等煩惱慢慢再來斷，同時先明心，這樣正法才有力量足以復興。因此以前要證得「**不動三昧相**」，先得「**滅除煩惱結**」，這就是 如來在世時的次第與內容。

然後 世尊說了：「是故專修習，成就而不退。」世尊要教給大家的，就是先「滅除煩惱結」，然後證得「不動三昧相」，由這個緣故，大家專門修學熏習這個「不動三昧」；這樣得以成就之後，保證不會退轉。但我現在求快心切，所以有時候認爲某個人，可以在護持正法上面有某一種貢獻，於是沒有先幫他「滅除煩惱結」，就幫他證悟了，有時就會出紕漏，因爲他證得「不動三昧相」的因緣還不到。所以現在想一想：「反正兒子多了，已經有六百多個了，不急了。」現在手頭要抓緊一點，不然又弄出一個、半個退轉，然後大陸那邊又是謠言一大堆；結果在大陸那邊，我們正覺又不能去發言，只好悶著聲挨打了！這樣對正法就有妨礙，所以世尊說的道理我們要信受，至少要保證這個人眞的斷三縛結；斷三縛結之後，他的身、口、意行就有不同於異生凡夫的行相；經過如實地觀察，認爲可以了，再幫他證得「不動三昧」，未來就不會有問題了。這樣實證之後，得不退轉，當然也有他的法相：

「亦知法非法，通達無礙相；住諸法實際，修於斯陀含。」所以並不是悟了以後就什麼都沒事了，悟後還要進修，而且法事更多。也就是說，菩薩斯陀含並不是證悟後就沒事，證悟不退以後必須懂得「法」與「非法」。我們上回講過那一部《大法鼓經》，有講到「法」與「非法」；「非法」是有爲，「法」是無爲，所有的「法」主要就是這兩大類。那麼證悟之後，一定要懂得什麼是「法」、什麼是「非法」；而「非法」之中，又分爲有漏與無漏，所以包含無漏有爲法。證悟之後，即使明知自己現在還無法離開有漏，但至少要朝向無漏的方向前進；有漏法可以漸漸棄捨，而無漏法的目標、方向絕對不改變；藉著悟後的繼續進修，使自己對「法」的瞭解、對「法」的現觀更加深入；這樣不論「法」與「非法」兩方面都更具足地了知，要這樣通達「法」與「非法」，次第進入「**無礙相**」的階段。

但這個「**無礙相**」，還只是見地上的「**無礙相**」；也就是在見地上得以通達，但是事相上的次第漸修，還得繼續努力精修。見地到了，不等於通達位，因爲還有法上及事修上的部分，得要具足修證；所以這樣的菩薩、或者說這樣的菩薩斯陀含，他要「**住諸法實際**」來次第漸修。因此如果證悟之後，不是轉依於如來藏，不是住於「**不動三昧**」而修學「法」與「非法」，不能通達「法」與「非法」，或者離開了諸法的實際第八識心，而去諦觀「法」與「非法」，這都不是正確的修行之道。而 如來說的就是：證悟之後，必須住於諸法的實際也就是第八識眞如，來修菩薩斯陀含所應該修的法。

接著說：「**隨順佛所說，如聞而修行；爲得此法故，我常往來求。**」所以《楞嚴經》中說：菩薩是上求下化、自度度他。這就是說，既然要成就佛土，就得度化大眾，否則佛土無以成就。但是度化大眾之時，還有自度的功夫要作，所以在這方面，就得隨順 佛所說了。末法時代，修學佛法的人必須要注重一點：佛的所說必須全面接受，不能選擇性地接受。

我講這個話，含義很廣。大略來說，佛說的法，你必須全部接受，那你就不能分宗立派；因爲分宗立派就是把佛法加以切割，變成支離破碎的狀態；所以不應該建立宗派，必須是一個整體的佛法。如果從法義上來講，說他認爲這個法才是 佛講的，那個不是 佛講的。譬如六識論的那一些聲聞人，外表示現爲大乘的菩薩，可是骨子裡都是聲聞心態，這比部派佛教的那些聲聞人還要惡劣。部派佛教的那些聲聞部派，從兩個、三個、五個、八個，後來變成十八個部派；後來還更多，但最聞名就是十八個部派，他們至少都承認自己是聲聞人，也不曾否定過大乘，只是對於大乘法義有淆訛而爭執不休。

可是末法時代的那些六識論的聲聞人，都去受過三壇大戒，也受過菩薩戒了，表面上是菩薩僧，卻來主張「大乘非佛說」，然後說「如來沒有講過第七識、第八識，如來只有講過六識；而大乘經典都不是佛講的，《阿含經》才是佛講的。」不但如此，進而從《阿含經》裡面加以切割：「這部分是佛講的，其他部分的《阿含經》我不接受，也不是佛講的。」這就是釋印順那一派人。這表示他們沒有「隨順佛所說」；連隨順都作不到了，就不可能「如聞而修行」。

所以釋印順死後，他的門人現在還繼續堅持六識論，甚至還在書中公開說：「聲聞菩提比大乘菩提還要好。」心行顛倒以至於斯，那你要他們「如聞而修行」，更不可能了。所以說那些人，如果捨壽前沒有公開懺悔，他們將會是《佛藏經》講的苦岸比丘等四個比丘一樣的人；他們四個比丘率領一大群人歷經了無數阿僧祇劫，供養奉侍過九十九億佛之後，現在遇到 釋迦佛修學，竟然依舊不得順忍；連隨順聲聞菩提的初果見地都辦不到，因爲被業所障。那我現在等於爲他們授記了，好在我有加個前提：「如果捨報前，沒有對眾懺悔。」如果他們肯聽我的話，對眾懺悔，還是有救的。

因此一切佛弟子，於 如來所說必須全部隨順；隨順之後，緊接著就是「如聞而修行」，但是要能作到這兩句所說的，其實也不容易，因爲得要串習；如果沒有一而再、再而三、五而六、九而十，許多世不斷地去串習，練習到一串又一串這樣變成一個習慣了，那就作不到，所以我說得要串習。那麼 世尊告訴我們說：「菩薩斯陀含是爲了串習這兩句聖教，所以說：『爲得此法故，我常往來求。』」因此怎麼樣使自己能夠絕對「隨順佛所說」，這並不容易。

以前我也常跟諸位講說：「假使你時間到了，即將捨壽，要轉入下一世了；那時候假使如來前來接引你，告訴你到哪裡去受生，你就乖乖去；吩咐你未來世要作什麼，你就乖乖去作，不要懷疑、不要遲疑，因爲這也是學法的一種。」所以到時候不要推辭說：「世尊！那個地方，那些人很難度化，我去了能成辦嗎？」你不用懷疑，如來自然會加持你，否則不會要你去，你對 如來要有信心；總之，「隨順於佛」是非常重要的事。

話說回來，世間人往往是隨順父母，可是我要問諸位，究竟父母的緣跟你比較親，或是 佛陀的緣跟你比較親呢？（大眾答：佛陀！）對！諸位講的對，因為父母跟你的緣不過就是一世，然後可能又要經過很多劫的流轉以後，才會再遇到、又會跟同一對夫妻成為父母子女的關係；而且父母子女沒有 如來的智慧，那你跟佛陀的緣是一世又一世延續不斷的，既然如此，當然應該「隨順佛所說」。

能隨順就表示你有串習的功夫，當然可以「如聞而修行」，那你要實證三乘菩提易而不難；因為佛菩提之所以難實證，就只有兩個原因；我還沒上座講經之前，諸位都聽到那首歌曲：「佛法雖易證，無明成障。」都因為被無明障住了。那另外有一種人，是被業障所障，就是往昔無數阿僧祇劫之前，曾經毀謗三寶，就像苦岸比丘一群人與釋印順那一類人，他們就是毀謗法寶，所以未得「隨順佛所說，如聞而修行」。

想要成就這個串習的緣故，證得斯陀含以後還要常常往來而求，所以有時候生天、有時候來人間，就這樣天上、人間來來去去，為的就是成就這個串習。也許有人想：「我修學佛法不是要在人間嗎？為什麼又到天界去？」但問題是：「人間不是時常有佛法呀！」譬如我們現在末法時期，只剩下九千年；九千年過後，我們得到天上去，要去親近當來下生 彌勒尊佛。而 彌勒菩薩下來人間預備成佛時，我們就提前下來布局，所以說要天上、人間往來而求。

那麼人間、天上往來而求，求什麼呢？求串習佛菩提道。也就是 如來所說之法你必須完全隨順，然後如聞而修，不斷地串習。到未來從某一世開始，如來在你捨壽時來接引你，告訴你去哪裡受生，下一輩子作什麼，你聽了都不思考，馬上就答個「諾」，然後就去受生了。當你應諾去投胎，出生之後，如來自然會安排因緣，讓你成就那一件事，那時就是你的豐功偉業成就了；表面上看來是你成就的，其實是 世尊背後加持成就的，但功德都歸你。如來不會說：「是我跟你加持的，所以你一部分功德要給我。」沒這回事，因為 如來的福德、功德皆已圓滿了。那這個串習之法就是菩薩斯陀含之所應修。

接著再講：「法界未曾有，不動於眾生；是名斯陀含，寂滅去來相。」法界之中，就是有一個未曾有法永遠常住；既然永遠常住，為何叫作未曾有法？因為未曾聽聞、未曾實證，所以第一次聽聞的時候，祂就是未曾有法。未曾有的法，其實是本來常住，而且恆時現前；祂一直都在你眼前晃來晃去，就是你沒留意到祂。甚至聽聞都不曾聞過，所以第一次聽聞到了，就成爲未曾有法。就像二十幾年前，我們正覺開始弘法時，演說第八識如來藏，說這個如來藏叫作阿賴耶識；證得這阿賴耶識以後，就是證眞如。當年臺灣佛教界—包括大陸佛教界—沒有人聽過什麼叫作證眞如，所以當年我講了「證眞如」這回事，「眞如」這個法，就是當時兩岸佛教界的「未曾有法」。

當年我也說：「**證得第八阿賴耶識，就是禪宗的開悟。**」我這話講了出來，他們都不曾聽過，也成爲「未曾有法」，所以好多人就上網去罵正覺，包括有些密宗的道場也在網上罵：「**蕭平實是阿賴耶外道！**」後來他們終於弄清楚，原來諸佛也是證得阿賴耶識以後，次第進修才成佛的。他們現在應該已經知道自己以前都罵過 佛陀了；因爲依照他們罵正覺的標準，佛陀也是阿賴耶外道了。

所以當年我們剛開始演說這個法的時候，對兩岸佛教界都是「未曾有法」。很多人第一次聽到「未曾有法」時，心中恐懼、不能接受；可是這個「未曾有法」，在法界中表面上看來是「**未曾有**」，其實祂是本來常住，而且恆時現前的。很多人求悟的時候老是抱怨：「我都找不到如來藏。」都抱怨說他的如來藏躲藏起來了，所以怎麼也找不到祂；可是如來藏從來不曾躲藏，時時刻刻分明現前；不說如來藏，更難實證的佛性，也是一樣不曾躲藏。可是眾生不能理解，就說：「這個法都藏得太隱密了，讓我找不到！」其實祂沒有躲藏，分明現前。

就像以前我引述過的禪宗說法：「頭角混泥塵，分明露此身；綠楊芳草岸，何處不稱尊？」就是這麼分明！也許你說：「那是牛可以這樣，人就不行了。」人會比牛低等嗎？所以都同樣分明露此身；不論到什麼地方，在在處處都告訴你說「何處不稱尊」。第一次聽聞到的時候就說：「啊！這個叫作未曾有法。」因爲學法以來在佛教界中從來沒有聽聞過。可是聽聞之後，次第修學，有一天過了加行位，終於實證了，發覺自己實證了這一條露地白牛之後，原來「不動於眾生」。

禪宗比喻說：這就是一頭牛！說第八識眞如就是一頭牛，也許可能是引證於《法華經》講的大白牛，說這是一頭牛。可是當你證得眞如的時候，你證得如來藏時，你五陰身心並沒有改變，你這個五陰眾生繼續是眾生，並沒有說證悟以後，就多了一個天眼，或者多兩條手臂、或者多了什麼，都沒有！你的眾生界依然是眾生界，所以「**不動於眾生**」；但是你的智慧開始湧發，源源不絕地出現，不斷地往上升進，這才是菩薩斯陀含之所應證。所以 如來說：「**是名斯陀含，寂滅去來相。**」

然而後面這一句，有點奇怪吧？從佛法中來講，諸法有生有滅、有來有去，顯然不寂滅啊！可是 如來說，證得這個「**不動三昧**」以後，叫作「**寂滅去來相**」；因爲當你證得如來藏以後，心得決定而入不退轉位了，這時候你照樣過你的生活，過生活時就有去來之相。也許有人說：「**我沒有去來相，除非我週二來聽經；不然我成日裡關在家裡，大門不出、二門不邁，哪兒有去來相？**」那我問你：「**你早上起床以後，出不出房間？你吃過飯以後洗不洗碗？要不要去廚房？**」總是要吧？那就有去有來了。那有時候你有事情，打個電話跟人家聯絡，你的心有沒有去來？都有了！有去有來就不寂滅，因爲你都落在六塵境界中。可是不要誤會我說的道理，我不是要你離開六塵境界，而是你在六塵境界的當下，你就不在六塵境界中了，所以就沒有去來之相。

這時候一定有人要抗議了：「**不對！既然我已經在六塵境界當中，怎麼可能又不在六塵中？**」可是我跟你保證：絕對可能。因爲你有兩個「我」，一個眞實我叫作如來藏眞如心，另一個假我叫作五陰身心。五陰永遠都在六塵境界中運行，這個是假我，都不寂滅，都有去來；可是你的眞我如來藏永遠都沒有去來，永遠住在寂滅境界中，因爲祂的境界中沒有六塵；而證得菩薩斯陀含的人，就是要證得這樣的境界，所證得的這個境界，是法界所「未曾有」的。而且你證得之後，「不動於眾生」法界，這樣的菩薩斯陀含所住的境界是寂滅中而有去來相，於去來相之中卻是始終寂滅的，應當如是住，才叫作菩薩斯陀含。

「**眾生無智慧，愚癡甚苦惱；爲欲安立故，而求佛智慧；根力覺道等，禪定及解脫；勤修三昧相，而求佛智慧。**」眾生爲什麼叫作眾生？因爲一世又一世以不同的六道種類，非常眾多的種類一世又一世不斷地出生，所以叫作眾生。你如果進入菩薩數中，成爲菩薩中的一分子，就不叫作眾生；雖然你表面上看起來跟眾生一模一樣，但是因爲你有智慧，成爲菩薩的身分，至少來世可以不必繼續生在人間，諸佛淨土隨願往生，這是你能夠辦得到的；但是也可以不用往生淨土，就生到天界去也行，所以你不是被「業」所拘繫。不被業所繫縛而可以隨願往生，是因爲你有智慧，身爲實義菩薩，如來說證悟的菩薩有這個功德；可是眾生沒有智慧，他們就永遠是眾生。

沒有智慧便叫作無明，無明另一個名詞叫作愚癡。愚癡的人都很苦惱，所以很多不必操心的事情，他每天都去操心；很多不必煩的事情，他每天去煩，所以說「甚苦惱」。爲了想要安立菩薩斯陀含的往來境界，所以他努力在斯陀含的境界中修行，不求聲聞道、不求緣覺道，只求佛智慧。然而佛地的智慧無邊廣大，那是函蓋各個層面的，所以這樣的菩薩斯陀含要修的法很多，歸納起來就是：五根、五力、七覺支、八正道、十二因緣，加上四禪八定、八解脫等，所修的四聖諦、八正道都是第一義諦。

然而在到達這個境界之前，所應該修學的三昧廣有多種，不是只有一個「金剛三昧」而已，所以要「勤修三昧相」；因爲「根力覺道」不是單純的根、力、覺、道，一一都必須與定心所相應，才叫作有三昧。所以五根修好了，發起五力時，這也是一種三昧；因爲你心得決定，與定心所相應。五力修好了，有能力取證七覺支諸法，也是一樣叫作三昧，因爲都要有心得決定。如果四禪八定以及修八背捨而得的俱解脫，甚至於繼續進修得三明六通的大解脫都一樣，都需要「勤修三味相」，都必須與定心所相應，所以菩薩於法絕不得少為足。菩薩努力進修，就想要把所有三昧全部通達，以這樣的方式來求證佛地的智慧；所以菩薩斯陀含看起來好像是二果人了，覺得很了不得，其實才只是剛開始要修行而已；因此從佛菩提道來講，這都沒什麼。

接著說：「究竟菩提道，諸佛之所行；是名斯陀含，發行而常求；若得如是法，佛眼難思議；是名斯陀含，恆求於佛眼。」想要究竟菩提道，很不容易，因為「究竟菩提道」是諸佛之所行，「諸佛之所行」得要三大阿僧祇劫才能完成。想到這裡，腳底涼了沒有？大概覺得說：「那麼長遠的時間，我保不定來世就退轉了。」對吧？（有人答言：不會。）不會喔？欸！你們眞厲害！可是那個保證不算數！（大眾笑⋯）因為現在保證自己不退轉，來世才一出生，什麼都忘光光了；以前那些退轉的人當初也都跟我保證不退轉，都還沒有去未來世，今世就退轉了。

所以說，想要「究竟菩提道」是不容易的；且不說入地後的十度萬行，單說入地前三賢位之中的佛菩提道，那也是要修六度萬行。請問諸位：「這六度萬行，你行了幾行？有具足萬行了沒？」如果沒有具足六度萬行，就不要跟我抱怨說：「我

進同修會好歹也有六、七年了吧，爲何我現在都還悟不了呢？」別抱怨！因爲你六度萬行可能只行了數百行，還不到一萬行呢！而且悟了以後，也還是六度萬行，還要行更多才能入地；因爲到六住位滿心，至少要六度的萬行；第七住位以後求見佛性，可是眼見佛性所必須的福德，比明心的福德要大上好幾倍。也許有人想：「**喔！那要六度三萬行、十萬行。**」這也不一定，因爲也許你往世修了很多的萬行，這也保不定，總之盡力去修就是了。

而且每一尊佛之所以成佛，都已經是「**究竟菩提道**」了，所以諸佛示現在人間的時候，表面上看來只是個凡夫的模樣，但其實那是表演給眾生看的；因爲必須這樣表演，眾生才會相信說，原來人可以修行成佛。如果他一受生，就示現成佛的模樣，那人們會說：「**他是本來就是佛，我們是本來就是眾生，想要成佛根本沒機會，何必辛苦修行。**」那就變成宿命論了。可是佛法不是宿命論，佛法就是要一世又一世、一劫又一劫、一個無數祇劫又一個無數祇劫，歷經三大阿僧祇劫修行才能成就；要這樣努力修行，到最後要把佛菩提道具足實證，無一遺漏，這才叫作「**諸佛之所行**」；因爲過去諸佛如是，現在諸佛如是，未來諸位成佛時亦復如是；所以不是成佛以後就沒事了，成佛以後繼續度眾生，示現入涅槃以後還繼續示現成佛，繼續示現度眾生，想要成佛就得學這個道理。所以 如來說：「是名斯陀含，發行而常求；」所以菩薩二果人稱爲「一往來」，就是爲了發起這個心，修行這樣的身、口、意行，一世又一世，天上人間不斷地往來，求這樣的「發行」；要能夠如此「發行」，最後才能成就佛道。

正覺弘法之前，佛教界常常說的是：「你開悟了，大事已畢。」都說大事已畢。然後正覺出來弘法之後說：「不！開悟了，事情更多，只是了結眞見道一件事情而已。」後面要了結的事情萬萬千千，數之不盡。然後當年佛教界罵我，說我是高傲，我說：「蕭平實眞的高傲嗎？蕭平實認定開悟只是第七住位，你們這些罵我的人都是認定自己開悟就是阿羅漢、就是成佛，那麼到底誰高傲？而我開悟了，我沒有說我成佛；你們還沒有開悟，你們說自己成佛，那到底誰高傲？」所以誤會佛法的人太多了！他們對於「諸佛之所行」還沒有發心，就更不用說他們付諸於身體力行，所以他們沒有「發行」，反而我「發行」了以後安分守己、自度度他，這樣才符合菩薩斯陀含的定義。

那麼如果你證得這個「不動三昧」，得到了這個法，你就有了慧眼；因爲你可以諦觀眞如，這是一切二乘聖者之所不知不見。那你想：「我如今開悟證眞如了，我有慧眼，可是我還沒有法眼；即使諸地菩薩有法眼了，也都還沒有佛眼哪！」這樣想起來，這佛眼眞的不可思議，所以說「佛眼難思議」。反觀末法時代的佛教界，要找到一個有慧眼的人都很難；所以全世界有慧眼的人，如果不是從正覺出去的，就是從我的書裡面去閱讀而發起的；沒有一個人可以逃離正覺的庇蔭，這是事實。可是以我現在來看，佛眼眞的難思議。證得慧眼的人，發覺自己可以諦觀眞如，非二乘聖人之所能；可是仰望諸地的法眼、仰望佛地的佛眼，眞的無法思議，所以菩薩斯陀含應當進求法眼與佛眼；進求法眼的目的，是爲最後目標那個佛眼，所以說：「是名斯陀含，恆求於佛眼。」因此沒有誰證得慧眼以後，每天墊三個枕頭睡大覺的，一定要趕快進求法眼；證得法眼的人，也沒有墊三個枕頭睡覺的，都要努力進求佛眼；具有這樣的見地，才能叫作菩薩斯陀含。

「如佛所應求，爲救護依止；我今所求者，一切智最上；是智之所知，諸法相眞實；於智無染著，是智爲最上。」既然說猶如諸佛所應當求的，那麼諸佛應當求的究竟是什麼？就是來爲眾生作救護、作依止。所以不是成佛以後，八相成道示現完了，跟阿羅漢一樣入涅槃就沒事了。事實上並不是這樣，因爲沒有這樣的佛。所有的佛追溯到兩大阿僧祇劫之前，剛入地時發了十大無盡願；這十無盡願的每一願在佛前發完之後都說：「**虛空有盡，我願無窮。**」表示成佛之後，依舊被這個十大願的無盡願力所支持著，繼續去度化眾生。

所以沒有哪一尊佛說：「**我八相成道完了，就沒事了。**」而是選擇適當的世界，繼續示現八相成道。所以諸佛入涅槃時都不叫入涅槃，因爲諸佛不住無餘涅槃哪！既不住無餘涅槃，卻又不住生死，才叫作「**無住處涅槃**」。從無住處涅槃的實證就應當知道：「**如佛所應求，爲救護依止；**」就是爲了作眾生的救護、作眾生的依止，永無停歇時。菩薩斯陀含懂這個道理之後，就發願：「**我今所求者，一切智最上；**」這就是每一個菩薩所應當發的願，並且這個願不是入地以後才發，而是證眞如之前就要發。

在因地，一而再、再而三，不斷發這個願說：「**我某某人永遠不入無餘涅槃。**」這個願發慣了，將來縱使你證得阿羅漢果，要你入涅槃，你也捨不下眾生了。所以應當仰體佛心，諸佛所求的就是爲眾生作救護、爲眾生作依止；那菩薩斯陀含瞭解諸佛所應求的，當然就是要先求得佛地的功德，所以就發願：「**我今所求者，一切智最上**；」這裡的一切智，不是《俱舍論》講的阿羅漢的一切智，而是稱呼諸佛如來所說的「**一切智**」，也就是具足三乘菩提的一切種子的智慧。

接著就說明，這個一切智的所知，就是「**諸法相眞實**」。在二乘菩提中，諸法的法相都是生、住、異、滅，不是眞實法，所以要把五陰滅盡、十八界滅盡、六入滅盡，要入無餘涅槃，解脫生死輪迴；但是那個諸法生住異滅的說法是 如來的方便施設，要讓大眾先證得解脫果。證得解脫果後心中有把握了，能現觀自己死後得以解脫生死，這時對 如來有具足信心，然後 如來再演述般若之法，將這一切生住異滅的萬法收歸如來藏；而如來藏常住不壞，如來藏是眞實法，當這些生滅性的諸法收歸如來藏後，都只是在不生滅的如來藏表面上生住異滅，永無休止；而如來藏眞實，所以「**諸法相眞實**」。

然後 如來教導大眾說：「**眾生得度以後，並沒有得度；因爲得度也是如來藏，解脫生死也是如來藏；而如來藏現下就沒有生死，那你又何必入無餘涅槃？**」所有增上班的同修們都可以如是諦觀，無法如是諦觀的人本質上仍是凡夫，遲早都要退轉而離開正覺的。這個諦觀是你無法推翻的，我說是現量，因爲這是你的現前諦觀，所以《楞伽經》才說阿賴耶識是現量境界，祂不是想像法。當你實證阿賴耶識的時候，阿賴耶識是你的現量境界，不是施設法、不是建立法；這時候，你能把二乘菩提收攝於大乘菩提，就能了然而知：二乘菩提果然是施設法，不究竟。這時候你可以次第進修，雖然還沒有到入地的階段，但是你也懂得要證七住眞如、十住眞如，以及十行、十迴向眞如。

以前二〇〇三年退轉的那一批人，到現在二〇一九年，已經十六年了！他們當年一天到晚宣稱說：「我們證佛地眞如，你們正覺沒有證眞如。」所以我後來講了什麼叫「證眞如」。我講完了，他們就次第後退；因爲他們說佛地眞如，我就講佛地眞如；他們後退講證得初地眞如，我就講初地眞如；他們講證得七住眞如，我就講七住眞如，最後他們自稱沒有證眞如。

什麼叫作證眞如？就是你現觀自己所證的眞如，和你證眞如後所生起的智慧平等、平等，無二無別；這時候你還有眞如可證嗎？無眞如可證了，才是證眞如，也就是轉依成功了。所以證初地眞如是什麼？就是你證得初地的眞如以後，發起了初地應有的無生法忍；然後你來觀察你自己所證的初地無生法忍智慧，跟你所證的眞如心平等、平等，此時「無智亦無得」，這就是證得初地眞如，可是初地眞如無可炫耀於人。但我這樣講完了，他們從佛地眞如退到初地眞如，又再退到七住眞如，又退到凡夫位說：「**我們沒有證初地眞如，半年後可以親證。**」果然是沒有證啊！因爲不懂什麼叫眞如。

所以證眞如的時候，最後「**於智無染著**」，因爲你證眞如的時候，要現觀你所證的眞如與你證眞如之後發起的智慧，兩者之間是平等、平等，無二無別；既然如此，這個智慧是因眞如心而生起的，所以你證的智慧並沒有高於你所證的眞如心，這智慧仍然要歸眞如心所有。你這個五陰身心也歸眞如心所有，這樣，你對所發起的智慧就沒有染著；心清淨了，沒有染汙、沒有執著了，如來說：「**是智爲最上。**」所以你看《大般若經》，如來講了六百卷，講那麼多，就是把佛菩提道中的每一個法，鉅細靡遺的都提出來講，每一法的最後都說這個法跟眞如心平等、平等，因爲每一法的自性就是眞如心的自性，如此讓你去證得非安立諦的三品心。

而你次第證得這三品心，當你證得第一品心的時候，還要向內遣除那個證眞如的智慧；爲什麼要遣除那個智慧？因爲眞如心的境界中「**無智亦無得**」，才不會被智慧所繫縛。這時候你所證得的智慧，叫作「內遣有情假緣智」。爲什麼這個「**有情假緣智**」發起之後還要內遣？特別是證眞如以後，你又眼見佛性，圓滿十住位的智慧了，你有了具足的有情假緣智，可是這個「**有情假緣智**」爲什麼還要內遣？爲何要向內把它遣除掉而依於眞如？遣除掉就等於不存在了，可是遣除後你的智慧還在啊，爲什麼說要內遣呢？因爲你要歸依眞如心，以免被繫縛。所以返歸而轉依於眞如心的時候，不需要一天到晚對別人說：「**你們好笨啊！都沒有這個智慧！我有這個有情假緣智。**」那就表示你還沒有內遣成功；既沒有內遣，這第一品心就沒有完成，就是還沒有十住眞如的實證；乃至最後「遍遣一切有情諸法假緣智」，全都要內遣哪！這非安立諦的三品心要建立完成，也就是你內遣這三個智慧完成了，然後安立諦的十六品心及九品心也完成了，「十無盡願」如果發心清淨、該有的條件也有了，那時就入地了！這才是證得初地眞如。所以說，「**於智無染著**」這很重要，這就是「**內遣**」的意思。可是很多人不懂，他們好像以前那個智者大師，說要內遣，然後遣之再遣，最後連遣也不見了，說那樣叫「遣」。然而那樣眞的叫作內遣嗎？那叫作意識思惟，文字研究。所以這都是實證的事。

然而實證的人不是一天到晚在跟人家炫耀說：「你這個也不懂，你那個也不懂，你太差了！」而其實當他笑人家這個也不懂、那個也不懂的時候，其實他才是什麼都不懂的人。因爲什麼都懂的人，不會笑人家什麼都不懂；因爲已經內遣而轉依完成了，所以 如來說：「是智爲最上。」因此一個內遣成功的人，表示他不會把智慧放在心上；那就像是禪宗祖師講的「入廛垂手」，就是去接引眾生，但是不會一直炫耀自己而嘲笑眾生。

所以初地菩薩有個特色，就是低調，不會到處去宣揚自己；出門就當作什麼人都沒看見他一樣。這就是說，眞正最上智慧是要和眞如心平等、平等，而眞如心「無智亦無得」，所以他的智慧要內化成功，並且不以智爲傲。世俗人有一點小小的智慧，就會向人家展示他的傲氣；可是智慧最高的人，出門都不談佛法。因此以前我常常在外奔走的時候，那時會裡沒有多少人可以辦事，我總是自己出去辦事；那麼有時在外面辦事到中午了，就去素食館坐下來用齋。有時候隔壁桌就剛好是個大法師（電視上常常看到的），然後他就大放厥詞，講了一堆的佛法；我都忍住，都沒有噴飯（大眾笑⋯），當作沒聽到。

有一次在士林頤園餐館，看見幾個比丘尼跟一些居士，她們奉侍著一個密宗的喇嘛。我心裡想：「喇嘛現在也能素食嗎？倒也不錯！」不過他們講什麼呢？我就不聽了，因爲很怕噴飯。所以出門在外，我當自己什麼都不懂，這樣就好了，我吃我的飯，把這個肚子解決了，繼續好辦事就行；佛法就不用提，這才是「於智無染著」。如果是剛證悟的人總是會去比較，尤其看見了出家人在素食館裡面，一堆人前呼後擁，竟然只是一個凡夫僧，就會覺得好可憐：「出家了，竟然不懂得爲什麼出家？好在我有證眞如了。」就覺得很安慰。可是其實連這個安慰都不需要有，就只管爲眾生去作事；然後必要的時候，作爲眾生的依止來救護眾生，這樣就夠了。

接著如來說：「是智之所知，諸法相眞實；心常無所染，恆求如是法；利安諸眾生，一切智中上；是名斯陀含，往來之所求。」世尊說：這個智慧的所知，就是諸法相背後的眞實法；不同於二乘菩提所觀諸法的生住異滅，因爲那只是現象界的事，沒有涉及實相法界。可是般若屬於大乘，能使人成佛的一切種智也屬於大乘，都是涉及實相法界的。從實相法界來看待實相法界所含攝的現象界等一切法時，這一切法卻都是眞實的。

就好像一面明鏡，你不能說鏡中的影像是生住異滅的，因爲那影像是連續不斷的，也是永遠都存在常住的鏡子裡，沒有消失過；二乘菩提只從人的一世來看，單看現象界中的蘊處界入等有生之法，說叫作生住異滅，有生必死；可是大乘菩提是從過往的無量世，來看未來的無量世與今世，全都歸屬於常住不滅的如來藏，只是如來藏中的一部分；一世又一世、無量劫又無量劫，永遠都不消失，所以說「**諸法相眞實**」。證得這樣的法以後，轉依如來藏心而住，所以全部八識心王就成爲常住，因爲全都依於如來藏心而住。當第八識如來藏心常住，依如來藏的常住心爲自我的時候，他這六識心和意根以如來藏爲我，就一直都無所染，所以不貪求三界一切諸法，而菩薩斯陀含就是永遠都在求證這樣的法。

也許有人想：「**那我不是要證眞如，才能修到菩薩斯陀含位嗎？既然已實證了，爲什麼還要永遠求這個法？**」可是你如果反觀一下，從七住位證眞如，到將來菩提樹下坐上金剛座時，所證的不還是這個眞如嗎？還是一樣啊！既然同樣是證這個眞如，爲什麼諸佛證眞如成佛了，但你證眞如時只在第七住位？爲何差這麼遠？表示其中還有很多法都含藏在眞如裡面，需要你一一加以求證，所以說：「**心常無所染，恆求如是法。**」但是「**恆求如是法**」的過程當中，至少要經歷兩大阿僧祇劫！通常都超過兩大阿僧祇劫，這個過程你難道不攝受佛土嗎？難道你是自顧自一個人修到佛地？結果座下什麼菩薩都沒有！不可能這樣！

所以說，在這個自度的過程裡面要度化眾生，要利益諸眾生、安樂諸眾生。而利益、安樂諸眾生的最好方式，就是幫助眾生同樣可以實證眞如，並且繼續幫助眾生一世又一世不斷串習這個法。而眾生跟隨你修學、實證，悟後隨著你繼續進修，這樣的智慧才是一切智中的最上智慧。所以我們正覺傳授的法，不單單是正法，包括奉侍 如來、供養三寶在內；在這過程當中，所應該學的其他部分的知見、觀念、行事以及一切的規則，我能教的都盡量同時教給你，所以我不是只告訴你眞如是什麼，我告訴你的方面是非常廣的，而這些你都要學。

如果你只懂得學法，學了法以後，見了 佛也不懂得問訊、禮拜，也不懂得唱讚等修福的方式，什麼都不懂，只懂得法，那還叫「佛弟子」嗎？所以「利安諸眾生」的時候，承事 如來之道，修學佛法之道，種種各個層面都應該要教導。能教導各個層面的法，而不單單只是解脫道、佛菩提道裡的法義，這樣才能叫作「一切智中上」；像這樣的人才能叫作斯陀含「往來之所求」。

所以有時候我告訴你們某一些佛教的倫理、佛教的觀念、佛教的制度等法，那其實也不下於法，因爲它的重要性絕對不下於「法」。所以將來 彌勒尊佛講《法華經》的時候，如果你們誰來到 彌勒尊佛座下，只是打個招呼就坐下了，彌勒尊佛一看，祂馬上會知道：「這是蕭平實教的（大眾笑⋯），這麼差勁！」就是這樣。所以該瞭解的那些層層面面，我都得講，只要我有想到；沒想到就沒辦法了。這個就是菩薩斯陀含「往來之所求」。

接著說：「諦觀於法界，眾生不思議；是名斯陀含，爲求眾生界；知眾生界已，不著於眾生；是名斯陀含，而求無所得。」成爲菩薩斯陀含以後，要懂得觀察眾生界不可思議，很多人都沒想到這一點。可是眾生界之所以不可思議，是要你能夠諦觀法界；法界就是諸法的功能差別。學佛法者在三賢位證得如來藏時，叫作證得「人無我」，這是《楞伽經》講的；可是你還要證得「法無我」。證得法無我，就是要觀察諸法的功能差別；你越細觀、越發覺：「原來眾生身上有無量無邊的法，這無量無邊的生滅法，皆從眾生的如來藏中出生，而每一個有情的如來藏都一樣，沒有所謂天人比較高貴，地獄眾生比較差的事實，一切有情的如來藏全都一樣。」而如來藏說名眾生，如來藏就是眾生，眾生就是如來藏；而眾生這個如來藏有無量無邊的法界，所有的功能差別莫不出之於如來藏；那你就知道眾生眞的不可思議。今天只能講到這裡。

《不退轉法輪經》上週我們講到三十七頁第七行前兩句，說菩薩斯陀含也就是菩薩二果人，如實地詳細觀察諸法的功能差別，也就是觀察於法界；觀察完之後，就知道眾生不可思議。在經中，如來有說：「甚深義即是法界、即是第一義諦，第一義諦就是眾生，眾生就是如來藏，如來藏就是法身，所以法身就是如來藏（註）。」但法身卻是在眾生身上，不在外面，所以說眾生又名法身。世尊這麼一兜轉起來，全部都貫穿在一起。所以法身就在眾生身上，而觀察法界最好的地方，就在眾生身上；因爲所有的佛法都不外於眾生，如果離開了有情，就沒有佛法可說了。可是佛法是這麼勝妙，不可思議；而這些佛法都在眾生身上，這樣詳細地、如實地觀察於法界之後，當然就知道眾生不可思議。所以三大阿僧祇劫的修行，都在自己身上修行，不在別人身上；面對別人的時候，也許有些順心之境，也許有些逆心之境，但其實都是要面對自己，因爲佛法就在自己身上。（註：《大乘起信論》卷上：「如是等過恒沙數非同非異不思議佛法無有斷絕，依此義故名如來藏，亦名法身。」《佛說不增不減經》：「舍利弗！甚深義者即是第一義諦，第一義諦者即是眾生界，眾生界者即是如來藏，如來藏者即是法身。」）

那麼三大阿僧祇劫的成佛之道，始從十信位開始，末至究竟佛地，所聞、所修、所學、所斷、所證都在自己身上；觀察自己時如此，觀察一切眾生時，莫不如是；既然都是這樣，那就知道眾生眞的不可思議，才說「**眾生不思議**」。所以最懂我們的是誰？是 如來，不是我們自己，因爲 如來具足了知了，而我們證悟之後，也只是知道一點點；而我今天這個階段，也不敢說我全部知道，只有如來地才可能全部知道，所以說「**眾生不思議**」。

就好比以前我評論釋印順的時候，我自稱是他的知己；因爲我瞭解他，比他瞭解自己還要瞭解。所以釋印順的落處在什麼地方？他不完全知道，我都知道；所以他對自己的瞭解，不如我對他的瞭解。同樣的道理，最瞭解我們的人是諸佛如來，因爲我們還有很多未知的法，都在我們身上，但是 如來具足瞭解，所以最瞭解我們的人是 如來。如果要講世俗層面一點的話，就說 如來十力之中，那個「**宿住隨念智力**」好了；如來見到所有弟子們，只要祂想知道這個人過去世曾經歷過什麼，都是應念即知，不必像阿羅漢們那樣，還要入定，用宿命智明去看。都不需要，如來一念即知。那我們知道自己的過去世嗎？如果你知道前一世就算不錯了，而我知道自己，過一大阿僧祇劫以來，經歷過的重要的事情；但是在那之前，又不知道了；可是 如來具足了知，而且一念即知。

如果從每一個人的心性來看，我們每一個人對自己心性的瞭解有具足嗎？也沒有啊！可是 如來應念即知。依此來看你未來世將會如何？可以爲你授記；顯然我們還差很遠。但這一些 如來的所知，都在有情身上，藉著諸法的功能差別去了知。換句話說，一個有情眾生所含藏的諸法功能差別，就函蓋了三大阿僧祇劫成佛的過程中所必須斷、必須證與必須修的法；所以說每一個有情眾生都不可思議。

我也講過說：超過三大阿僧祇劫之前，曾經毀謗一個證得第四禪的凡夫，所以死後下墮成為老鼠。

可是後來我看見那個情境，才知道說：「原來老鼠聽懂人在講什麼。」當然那是家鼠，不是野鼠；因為野鼠沒跟人生活在一起，牠聽不懂。如果是家鼠，跟你同一個屋簷下生活，聽你說完話、去作什麼事，牠聽久了會懂，就知道你在說什麼。所以看見往世那個情況以後，從那天開始，我對老鼠都很恭敬（大眾笑⋯），因為我知道牠懂得我在說什麼、想什麼。那我想：「原來我們人有八個識，牠同樣有八個識，只是牠有業報，無法說話，而其實牠的心行都跟我們一樣。」所以當人家看見了過街老鼠喊打，我喊不出來了，因為牠同樣是八識心王，跟我一樣。那麼知道這個道理以後，就懂得什麼叫作「眾生不思議」了，於是平等性智又再度發揚了一分。

世尊說能「諦觀於法界，眾生不思議」，這就是菩薩二果人為何要「求眾生界」的原因。那什麼叫作「求眾生界」？界，就是一個界線，這個界線表示有侷限，所以它所能夠發揮的功能差別被侷限了，就不能超脫於這個範圍；如來教導我們這個道理，要我們一世又一世不斷地受生在人間，去觀察「眾生界」。所以你在人間看到了人：白種人、黃種人、黑種人、紅種人，通稱爲人，但心性不一樣。看到了人以外，日常生活中看到了寵物，狗、貓最多，其次就是鳥，像鸚鵡等，你都要細心觀察，並不是悟後就沒事了，這一切有情你都得細心觀察。

所以養狗、養貓還好，如果養鸚鵡，你要先考慮好，因爲金剛鸚鵡歲數很長，一隻鸚鵡可以活六十年。狗如果一歲滿足，以坊間簡略的算法，相當於人類是七歲或六歲；如果你養牠十年，牠等於人類的六、七十歲；七十歲倒還好，我如今七十好幾了，還算康健；你如果養牠十五年，等於超過人類一百歲了；這無所謂，因爲牠老得比你快。可是你如果現在四十歲，養了一隻金剛鸚鵡，牠要活六十歲（人間的六十歲）；當你八十歲的時候，牠還要再活二十年，當你死了，走了，那時牠對你的感受怎麼樣？你要有這個體諒的心。

這就是觀察眾生界的時候，你體會得出牠們的感受，你不能忽略牠們的感受！所以有的人養鸚鵡時沒想到這一點，二十年後他死了，鸚鵡還要再活三十年；那時只能換別人養，不像他那麼疼愛，那鸚鵡就開始有一些自虐症出現；牠每天就咬自己的毛，一天咬掉一兩根、一兩根，到後來全身都咬光光了！最後主人才發覺是有問題，還要帶牠去看醫生，為鸚鵡作心理治療，你看有多麻煩！

所以從眾生界去瞭解的時候，你會發覺到有許多的法，但是牠們跟人不同，牠們是因為業報的關係，被侷限在某一些法裡面，無法表達自己的意思，這就是功能差別的受限。這個「意思表示」在法律上是很重要的名詞，因為意思表示完整地顯示出來以後，代表某一個意涵，是有法律效果的。那麼人可以用語言具足表達自己的意思，所以能互相溝通，被冤枉時也可以有機會申述，可是寵物就沒辦法。所以好的主人，會瞭解寵物的感受，那表示他對眾生界瞭解比較多，菩薩正是要這樣。

所以你瞭解到「眾生界」和你一樣，都有八識心王的時候，一定下不了殺手；所以我住在舊別墅十四年，沒殺過一條蛇。本來要殺蛇很簡單，你只要拿一根棒子，往牠的七寸這麼一打，牠動不了，就會漸漸沒命了；可是殺不下手，又不能容許牠在庭院裡，那時能怎麼辦？只能買一支捕蛇夾子回來，夾了把牠送出去。有的蛇很兇，有的蛇很柔順，因為我夾過幾條以後，得出這個結果（大眾笑…），這也是「求眾生界」。有一條毒蛇，那正是夏天，我們前面道路正在整理；我跟我同修說：「那邊有一條蛇停在那裡，妳不要踩到！」可是她沒聽清楚我的話，繼續走過去，但是那條蛇都沒動；我看這樣不行，回家拿了蛇夾去夾牠，要把牠送走。我在夾時看牠沒什麼反抗，就把夾子放鬆一點，夾到河上放了，讓牠下去水面就游走了。可是有一次，我夾一條蛇，牠非常兇，一直咬那個蛇夾子，咬個不停。

你們看！蛇也有不同的個性，各不相同；有的很柔順，牠被人夾住了，也不反抗，看你怎麼處理牠；有的就很反抗，一直不停地咬；那蛇夾子當然不怕牠咬，但我就觀察出來牠的心性是這樣；於是瞭解同樣是蛇，心性也是各自不同，因為牠們同樣也有八識心王。所以那心性不好的，我要放掉牠時才鬆一些夾子，然後要讓牠下河裡去游；如果牠還不肯鬆開，還纏著蛇夾一直在咬，就表示牠還要當蛇很多劫，一定數以萬劫計，不曉得是要十幾萬劫再幾十萬劫都不知道。那心性柔順的那一條，可能再過個幾劫，也許牠會去當狗、當貓一類的，因為牠的心性沒那麼毒，可以成為人類的寵物；這樣在人間觀察各類有情，也和牠們結了好緣，也是「為求眾生界」。

所以眾生的法界，即使牠身爲毒蛇，可以毒死人，可是牠沒那個居心，而牠如果有時使用毒牙，只是爲了取得那個食物；對人、對狗牠都沒有那個居心，那表示牠離毒蛇等一類的有情身，已經不必再等很久。如果不管怎麼樣牠都要咬，不管你是人、狗、貓，遇見什麼牠都要咬，不是食物牠也要咬，用牠的毒液來損害眾生，表示牠未來要算阿僧祇劫繼續當蛇。這意思就是說，你要懂眾生界，從天人看到修羅道、三惡道去，這樣「**求眾生界**」。

對於「**眾生界**」都如實了知以後，接著「**不著於眾生**」。當你了知眾生界以後，回頭來看自己的親人，不過就是眾生界中的一分子，是因爲跟自己比較有緣，所以相聚，但是不用太執著；這一世該盡的本分就盡，該了的往世緣就了，該爲他們作的事情就去作，把自己的義務盡完；但是臨命終時，不需要哭哭啼啼。即使二十年後我要走了，比我晚走的同修們也不要哭哭啼啼，灑灑脫脫地跟我揮個手，say good-bye 就好，不要哭哭啼啼，因爲那不是菩薩之所應爲。

菩薩該走人時，想的是下一世什麼樣的因緣，又可以重新來團聚，攜手走上成佛之道。因爲臨命終這個分手，只是爲了更長遠的將來而分手，所以不用哭哭啼啼，要有這樣的觀念；因爲眾生是一世又一世不斷地出生，才叫作眾生；既然有一世又一世不斷地出生，就會一世又一世不斷地相聚，所以 普賢菩薩告訴大家說要廣結善緣，目的就在這裡，所以那「十大願王」講的都有道理。如果你這一世結了善緣，下一世遇見，雙方一見了，雖然從沒見過面，可是覺得很熟悉；於是成爲好朋友、成爲家人等，然後繼續邁向佛地。

這個就是說，你得要先了知眾生界的常態。眾生界的常態就是不斷地生、住、異、滅，一世又一世不斷地生住異滅，那我們藉著每一世不斷生住異滅虛妄的五陰，一世又一世延續下去，這樣來成就佛道。所以在成就佛道的過程中，每一世都跟眾生有生離死別；菩薩和眾生生離死別的時候，不用哭哭啼啼的，記住了喔？今晚我看你們大陸來的同修，在十樓隨著我上香的時候哭哭啼啼的，這要改過來喔！以後見到我要笑嘻嘻的、歡歡喜喜的；因爲「禁止自由行」不會是永久的，它是一時的，所以這一世咱們要再見，還有很多機會；保不定我還跑去大陸看你們！（大眾鼓掌…）所以不用哭哭啼啼，要記得這一點：在正覺學法，要歡歡喜喜！那意思就是說「不著於眾生」，因爲分離的時候，知道下一世又會再相聚，所以不必執著。說句老實話，你執著也沒用，該走時就得走，執著不捨還是得要走，所以「知眾生界已，不著於眾生；是名斯陀含，而求無所得」。

來到正覺，都是爲了追求佛法的實證，可是佛法實證了以後，卻發覺根本沒有所得，因爲你所證的是自己的第八識，所斷的是煩惱。斷煩惱的意思就是把煩惱捨棄，捨棄越多，成佛就越快。斷煩惱以後，就有所證，可是所證沒有得到什麼。所證的意思，就是從斷煩惱換個方向來講：我現在證初果、我現在開悟。其實都是自心中事，並沒有從外面得到什麼，都是「無所得」。這一世在三賢位中開悟了，無所得；未來成就佛地的時候，依舊是無所得，只是更徹底而已，所以菩薩斯陀含和聲聞的斯陀含不同。

聲聞的斯陀含一直修學到阿羅漢，都叫作有所得，因爲即使他成爲阿羅漢了，都還怕落入六塵境界中；心中還恐懼六塵境界，就表示六塵境界還存在他心中，所以他才要「藏六如龜，防意如城」。但菩薩無所謂，盡管在六塵境界當中打混，都無所謂；所以古德有一句話講得好：「在欲行禪，不可思議。」稱之爲火中生紅蓮，就這樣讚歎在家菩薩們。在家菩薩們每天一張開眼，就是面對五欲：家人、財產、名聲、五塵等一大堆，這些事情出家了都可以擺下；可是在家人一張開眼就得面對這些，結果你在家住於五欲境界不能脫離的狀況下，還能得離欲而發起初禪，這叫作「在欲行禪」；古德就讚歎說，這樣的在家菩薩眞的不可思議。如果出家了，環境就是離欲的，沒有欲可以接觸，那樣證得禪定時，那個禪定能不能經得起五欲的考驗，還是要打個問號的；可是在家菩薩「在欲行禪」而得離欲，這是經得起考驗的，所以天魔就無可奈何了。

但出家菩薩是以出家身而得禪定，他還要經過磨鍊，所以二祖慧可因爲不能廣爲弘法，他晚上便繼續睡妓女戶練心。是二祖對喔？因爲禪宗想要廣傳，得要等到六祖的年代才行，他知道不能廣傳，所以白天有機會就到處爲人說法。他有時候在人家寺院的牌樓外面就跟人家說法，因爲寺院裡面不讓他進去說法，他只好這樣講；然後晚上去睡妓女戶，不動其心，這樣練心；然後有時買酒來喝，看定力有沒有跑掉。所以眞淨克文禪師懂這個道理，寫了一首偈很有名，克勤老和尚就常常拿那一首偈來講，說悟後練心很重要，所以不是悟了就沒事。

他講的道理就是「在欲行禪」，所以祖師說：「**手把豬頭口誦淨戒，趁出淫坊**

來還酒債；」因爲喝酒可能跟人家賒帳了，既然賒了酒喝，總是定期要還，所以「趁出淫坊」從妓女戶趕了出來後，來到酒廊還酒債；心中得定而不退轉於五欲，就說他這樣叫作「事事無礙如意自在」。這就是悟後練心——藉境練心，也就是說：酒影響不了他，男女之欲影響不了他，所以他可以不受一切引誘。這也就是說，他看穿了一切有情法界，要把所應斷的煩惱進一步斷除。因爲不能弘法，所以到他那個境界時就是要藉事練心了；他不是在一般的情況下去獲得禪定的修證，而是要在世俗人五欲的環境下，不受引誘而完成這樣的證量，那天魔對他便無可奈何，就像這樣「而求無所得」。那麼無所得的道理我們就不再說明，因爲以往講很多了，所以從事相上來講無所得、從理上來講無所得，以前都講過很多，現在就不再談了。

接著說：「若不得眾生，一切法無相，能作如是知，開導諸眾生；雖觀一切法，不見觀察相；執心無亂意，而求諸佛法；」是說一個菩薩斯陀含（通教菩薩二果人），經由深入觀察眾生法界以後，如果能夠觀察具足，結果發覺「不得眾生」；因爲他的所見，一切眾生都是如來藏，沒有眾生可言。既然全部都是如來藏，沒有眾生可得，這時所見的一切法莫非如來藏，所以一切法都是無相的如來藏。永嘉玄覺那《證道歌》寫得好啊：**無明實性即佛性**，所以貪瞋即是法的眞實性，爲什麼呢？因爲都從如來藏來，貪與瞋的種子都含藏於如來藏心中。

所以看見世俗人在那邊貪求各種世間法，菩薩斯陀含觀察的結果判定說：「**還是從如來藏的種子來的**。」看見世間人起瞋，所以對眾生作了不利的事，可是這些法種依舊從他的如來藏中來，因此說一切法只有一相，叫作無相，因爲如來藏無相，沒有一法不是從如來藏來。你看我們從二〇〇三年的年初，我記得是二月，開始講《瑜伽師地論》，現在講到九十二卷了，（很好！快講完了。）所講的那麼多的法，講了十幾年，那些法都是從如來藏來的呀！從法上來看，每一個法各個都有自己的法相，互不相同，然而這些法都歸結到如來藏時，無有一法不是如來藏所生的法；然而如來藏無相，所以一切法也就無相。

因此說通教菩薩二果人必須如是觀行，接著「**能作如是知，開導諸眾生**」，如果你實證了，要能夠像這樣了知；單單自己了知了還不算數，因爲你是菩薩。受了菩薩戒當然是菩薩，既然是菩薩，如是證知了以後，你就得「**開導諸眾生**」。所以我們正覺常常說：「菩薩開悟不是爲自己求，而是爲了利樂有情來求開悟。」所以悟了以後，要努力爲眾生作事，讓眾生將來也有一天同樣可以實證，所以說：「能作如是知，開導諸眾生」。

這時候「雖觀一切法」，可是沒看見什麼觀察之相。這時候一定有人想：「我就明明看見我在觀察您蕭老師講什麼，有觀察相啊！爲什麼說『不見觀察相』？而且經文也說『雖觀一切法』，那明明就在觀察了，爲何又說『不見觀察相』？」所以這種經文沒人要講啦，就只有咱們正覺開講。

話說回來，凡是人都有見分與相分，乃至一條沒有眼睛的蚯蚓，牠一樣有見分與相分；只是牠被業報所侷限，所以牠的見分不具足、相分也不具足；而人類具足十八界，所以見分與相分都具足。相分是指這個五色根：眼、耳、鼻、舌、身五根，再加上六塵——色、聲、香、味、觸、法，這就是相分，也稱爲色陰。而能攀緣於這相分的心，就叫作見分。那麼現在一定有人心裡面很想問一個問題：「那如來藏算不算見分？或者如來藏是相分？」諸位說說看，到底是見分、還是相分？我告訴諸位：「如來藏具足見分與相分，因爲你這五色根加上六塵，都是如來藏所生；你這七轉識見分也是如來藏生的。」

所以人說穿了，每天一早醒來，活動到晚上睡覺又入夢的時候，都是自己玩自己。譬如說，現在年輕人打電動遊戲，玩得不亦樂乎；可是他玩的是什麼？其實是自己的五色根，再加上如來藏幫他顯示出來的六塵，他並沒有接觸到外境六塵。他有接觸了六塵，看來好像是外面的六塵，其實是如來藏顯示給他的內相分六塵。所以就好像一條兩頭蛇一樣，這一條蛇長出兩個頭，這個頭是相分，另一個頭是見分，然後見分回頭來玩相分，就這樣過完一生（大眾笑…）。諸位別笑啊！眞的如此。

悟後進修，在大善知識的開導下，所見就是這樣：你從來沒有接觸到外境，結果眾生玩得不亦樂乎，還以爲實有外六塵被他所玩。從這個道理來看，能觀察的心由如來藏出生，那個所觀察的相分也由如來藏出生；那能觀察的六識心見分，雖然能觀察一切法，所觀察的一切法卻是如來藏出生的相分，結果你都在如來藏裡面玩。請問：你有觀察到外面的一切法嗎？所以你所觀察以爲是外六塵的法相根本就不存在，你覺知心只存在於你的如來藏所變生的六塵相分裡面。

週二講經時，我常常把「無生法忍」夾雜在這裡面來講，諸位多熏習一些都是好的。所以看起來，表面上你是有觀察一切法，可是你觀察一切法的時候，其實沒有觀察到一絲一毫外法，都只是自心玩自心，能玩與所玩都是自己的如來藏。既然見分是如來藏所生的，相分也是如來藏所生的，那其實都是如來藏啊，不就是如來藏在玩如來藏自己嗎？看見這個道理了，就不用跟眾生在那邊計較了，能幫忙的就幫忙他，眞作不到就說聲抱歉，因爲你所得的一切法都在你的如來藏裡面。這時候，既然「**不見觀察相**」，回歸到如來藏這個心了，所以「**執心無亂意，而求諸佛法；**」這時候執定自己的如來藏是眞實心，就把自己的心專注在如來藏上面，心得決定時就沒有亂意；因此用這樣的所見，用這樣的見地，來求種種的佛法。

所以佛菩提道中說的見道非常重要，因爲你只有見道了，才能現觀我剛剛所說的這一些法；如果你沒有見道，無法現觀的。那麼無法現觀的人所說，到底該信、還是不該信？（有人答：不該信。）該信！不能疑！如果他是依文解義而不是亂說的話。因爲信了，將來就有機會實證眞如；疑，就沒機會實證。如果聽完今晚這一席說法，心中有疑，那就有可能是過無量無邊阿僧祇劫之前的苦岸比丘等四群人，歷經無數劫受生來到現在還是疑，那就是業障。心中信而無疑，努力付諸於實行，就沒有業障，最後終究會實證；所以業障是自己往世作出來的，不要怪別人，也不要怪天、怪地，自己的業障與天地何關呢？

有的人一天到晚在佛菩薩聖像前抱怨：「佛啊！菩薩啊！我好多業障，您都不肯幫我消除！」其實業障是他自己造來的，與佛菩薩何干？竟然賴到佛菩薩身上去了。所以業障是否盡了，要看自己；當自己全然信受正確的第一義諦，無有絲毫懷疑；然後把實證之前所該具有的那一些條件，一一把它圓滿具足了，那就是實證的時候了。所以業障是自己造的，想要消除業障也得自己消，不要怨天尤人、呼天搶地；甚至於怨到佛菩薩身上去，都沒有義理啊！所以要這樣「執心無亂意，而求諸佛法」，有一天一定會見道。見道以後，回想我今天所說的，你眞的能夠現觀眞如；因爲這是現觀的境界，不是思想，不是玄學，而是義學，正因爲可以「諦現觀」的緣故。

接著說：「如是清淨智，遠離一切垢；不得是智相，是名爲求道；開示諸眾生，菩薩所不識，是名究竟智，爲得彼故來。」說像這樣的清淨智慧，遠離了一切的汙垢。這個「遠離一切垢」是狹義的定義，從狹義的定義來講，阿羅漢仍然有垢，因爲他怕三界六塵等境界，一心想著取滅。可是菩薩悟後，乃至於證得阿羅漢果之後又入地了，還是迴身到六塵境界中來；每天投身在六塵境界中爲眾生努力，無所畏懼，因爲菩薩很清楚知道，想要成佛、想要利樂更多的有情，一定得在六塵境界中；離開了六塵境界無佛可成，也無眾生可度，所以就無佛土可攝受。

但是想要自度度他，前提是先要有像這樣的「清淨智」，而這樣的「清淨智」，「遠離一切垢」。因爲菩薩證得的是如來藏，現觀一切六塵境界中的所有行爲都是如來藏裡的事；既然都是如來藏裡的事，有垢也是自己如來藏中的事，與別人無關。那就從自己心中下手，次第滅除一切垢。雖然滅除一切垢，發起智慧了，可是卻發覺證得智慧以後，其實也沒有智慧可言，因爲你轉依如來藏了；這時從如來藏的境界看時，什麼智慧都沒有了，所以《心經》直接告訴你「無智亦無得」；在這裡也說「不得是智相」，要這樣現觀時才能叫作求道。所以悟後增上班的課程繼續熏習、修學，聽到後來發覺：「這課程好像沒有止盡。」會覺得這樣，但這是正常的，這也才是正確的；因爲你要學整整三大阿僧祇劫才學得完，否則學不完。

那麼一方面學習，一方面諦觀：「原來我所學的這些法，一一都從如來藏中來，可是如來藏本身的境界中卻沒有這一切的智慧，所以智相不存在。」才說「不得是智相」。就在「智相」不存在的狀況下繼續求道，這才是眞實的求佛道；所以眞正的佛法智慧沒有境界相。這樣求道的人，在《楞嚴經》裡面說自度度他，名爲菩薩，所以菩薩在成佛的過程當中，要不斷地把這個法「開示諸眾生」，因此不可以想說：「有朝一日我悟了，就躲起來自修，再也沒事了。」不能躲，因爲你躲得過眾生，躲不過自己；讓你躲上十年、二十年後，你會想：「難道佛法只有這個明心嗎？難道我就這樣混日子嗎？那麼我將來何時成佛？」

最後躲不過了，還是要來人間「開示諸眾生」；如果這個辦不到，菩薩們哪天見了你就說：「你悟後都躲起來了，還算是菩薩嗎？」這時候是不是耳朵燙起來了？對呀！菩薩本來就不該悟後躲起來的，除非他已經要進入第四地時，正在三地即將滿心位，必須把四禪八定修完，否則不能躲起來；可是他想要進入第四地之前，先要把度眾生的事情作好，所以幫有緣的眾生開悟實相法界，是他的責任，因此他必須繼續「開示諸眾生」。

當大家次第進修，甚至於有一些弟子們都已經入地了，這時他可以準備轉進四地去了，那時才躲進山裡面，把四禪八定、四無量心、五神通修好，否則就是要繼續利樂大眾；像這樣「菩薩所不識」，才能叫作「究竟智」，因爲他的所見，已經看見將來成就佛地的過程中要修學什麼了；而他所應該修學的那些法都在如來藏裡面，不外於自心如來藏。所以看見將來成佛的時候，還是這個如來藏，只是改了個名稱叫作無垢識，這樣才叫作「究竟智」。所以究竟佛地的「一切種智」是菩薩之所求，但是求這個一切種智之前，他必須在自度的過程當中，同時也度化有情跟上來；這樣的「究竟智」就是菩薩斯陀含之所應求，正因爲這個緣故，所以菩薩斯陀含去了又再來，不離人間。

「阿難汝當知，爲說斯陀含；少智諸眾生，妄想著是非；阿難汝當知，爲說斯陀含，使精勤眾生，令作如是解，常善修多聞，決定甚深法，逮得眞實義，速成於菩提。」如來吩咐阿難尊者說：「你應當要知道，我爲你解說菩薩斯陀含的道理，是因爲智慧缺少的眾生們無法擺脫虛妄想，老是執著在是與非當中；」「妄想」

不是指著一般學佛人打坐的時候，心中生起語言文字那個妄想；這裡的妄想是指虛妄之想，就是對於佛法、對於解脫道，以及對如來藏勝妙法，起了不如理作意的想法，叫作「妄想」。

以前許多佛教界的大法師們都說：「如來藏只是個假名施設，如來藏是緣起性空的異詞。」意思是說：「如來藏不存在。如來講了如來藏這個法，是因為某些眾生怕證得阿羅漢果，入涅槃後墮於斷滅空，所以為他施設如來藏這個法來說；所以如來藏就是緣起性空的另一個名詞。」誰講的？釋印順。因為他犯的過失以及邪見實在太多了，所以我常常要提到他；因為以前他對佛教界的影響太深、太廣，所以我動不動就要叨唸他。大家讀我的書，不管讀哪一本，幾乎都會讀到釋印順被我叨唸的文字；這樣大家就會印象深刻，說不可以再信他。意思是說：他的虛妄想太多，不管什麼法到他那裡，都變成虛妄想再講出來，所以他說的都只是相似佛法。

你看我們《正覺電子報》連載〈救護佛子向正道〉的文章，結集出來就是《霧峰無霧》，說霧峰現在沒有霧了，一片清明，再也不會迷惑行人。所以現在要出第二輯了，先預告一下。這就是說，我們臺中游老師他從悟後就開始寫，悟後就懂得評論印順了；悟前說讀不懂印順的書，覺得太深了，現在說：「原來它到處都是錯誤。」因為印順的書中寫的都是自相矛盾，所以你們懂邏輯的人讀不通。我說老實話，連印順自己也讀不通，只有我讀通，然後我告訴大家。因此游老師悟了就可以評他，因為我懶得再評他。

釋印順的妄想太多，著作四十一冊，加上死前幾年出版薄薄的那一冊，聽說後來又有一冊，現在總共四十三冊著作，所說全部都是邪見，都落在妄想中，所以他會錯評「空有之諍」。可是佛教史中，從來就沒有空有之諍；學術研究者寫的佛教史上所謂的空宗、有宗，這兩宗都是聲聞部派佛教建立出來的；他們在印度佛教的期間，就開始去閱讀大乘的經論，然後質疑菩薩的所說，還指控菩薩們是有宗；但菩薩回應時是在教導他們，不是與他們相諍。那麼菩薩們導正部派佛教聲聞僧的這件事情，並不是只有在天竺時作，來到大唐還要再作一遍。這些事也都不是空有之諍，依舊是學二乘法的那些僧人跟菩薩相諍，菩薩就把道理告訴他們，所以才有《成唯識論》寫出來。來到今天，以前部派佛教的論師們寫的著作，譬如清辨論師、佛護論師、安惠論師等人的邪論被收入《大藏經》中流傳下來；末法時代六識論的聲聞法師們都是他們的遺緒，讀了那一些論師的著作，又援引過來跟菩薩相諍。

所以我這一世不客氣，乾脆把安惠拿出來評論，把他的《大乘廣五蘊論》給破了。好現象是，聽說現在臺灣佛學院不再教安惠那部邪論了；以前是規定佛學院裡必讀、必教，現在大家知道，原來那是六識論，是錯誤的，不教了！未來一千年、兩千年後，還會再重複這樣的事情，菩薩們就陪著那些愚癡的眾生，繼續去建立八識論而破六識論；然而事實上是，那些人全都是部派佛教的遺緒，繼續在跟菩薩們爭執，本質上並沒有空宗與有宗的爭執，因爲菩薩們所說法義不墮於空有兩邊，在第七住位的眞見道時便已遠離空有兩邊等邊見了。

我們這一世，依著這些部派佛教的遺緒所說的那些六識論的邪見，一一加以處理，希望未來可以維持個一、兩千年正法命脈。當然不會永遠保持住，所以未來一、兩千年後，咱們還要再辨一次八識論的楷定，這是凡夫論師們永遠都會與菩薩不斷相諍的事。所以眾生的「妄想」非常多，然後我們再藉機評論誰對誰錯。

其實菩薩的所證之中並沒有對錯，因爲所見就是如來藏，而如來藏的境界中沒有對與錯可言，因此沒有是非或空有可說；但爲了救護眾生，就得評論對與錯。

那麼 如來這樣開示完了，吩咐說：「阿難！你應當要知道，爲了演說菩薩斯陀含，使精勤的眾生可以作出這樣正確的勝解；爲了達到這個目的，菩薩要經常性的、而且要善於修學多聞之法。」所以菩薩不是證悟後就沒事了，菩薩證悟之後要繼續熏習、修學，而且要善於修學多聞；因此不是悟後就沒事了，除非他想整整一世原地踏步。

但爲什麼要「善修多聞」？因爲對於甚深之法，菩薩必須心得決定，不許有一絲一毫的疑惑存在；如果有疑惑，一定要請示善知識，別老放在心中自己生疑。所以 佛陀捨離人間之前，還是不斷地問弟子們：大家有沒有疑惑，趁如來在世，趕快請問。這表示解決疑惑很重要，最怕的是悟後自己讀經、讀論產生錯解了，卻認爲自己的證量比善知識高，然後不可一世，這就是走上岔路了。我們弘法以來，三批的法難都是這樣發生的；他們有疑問不肯請問，後來發動法難以後，我讓他們論法，他們又不肯問，那就沒辦法救了。

雖然法難當年大家認爲說：「正法好像有點走到窮途末路了。」我說：「我的所見不是這樣，我的所見是，他們發動這一次大規模的法難，反而是我們正法的機會；因爲這個法難，我們才有機會把很多勝妙法說明出來，否則師出無名，你能講什麼勝妙法？藉著他們發動法難質疑的機會，我們有機會或因緣把它講出來，對佛教界是好的。」果不其然！我們最後一本《燈影》出版時，我說：「這一本出版以後就夠了，不必再寫其他的書了。」所以從那時候開始，臺灣佛教界就有一句話，當弟子來請問師父說：「師父！我也想開悟欸！」師父就說：「小聲一點！你去正覺，別說我講的。」這話就傳出來了。表示什麼？正法大勢底定。

因爲我們藉著法難而把勝妙法講出來了，以前都沒有機會講，現在藉著這個質疑，我們有機會可以講，師出有名；否則你自己寫了出來，人家說：「你這個人愛現。」不能自己主動寫出來。那麼法難時我們這樣一寫出來，臺灣佛教界大勢底定。其實大陸佛教界，要不是被宗教局及佛協管控著不讓我們去，否則這兩年也應該大勢底定了；但現在就只能由著那一些六識論的大陸各省大法師們亂講，由著各省佛協亂講，因爲我們過不去，無可奈何。但沒關係，我們慢慢等待機會，就像一句俏皮話說：「總有一天等到你！」這是我的期望，到時候就是由我過去看你們大陸同修了！（大眾鼓掌…）就不是像你們今天過來看我。

所以這個機會是存在的，我們生而為菩薩，心裡頭始終要存著希望，不要放棄；放棄就表示心死了，而我們總是心不死，一定要等待著機會。那麼「常善修多聞」的人，對於甚深法才能心得決定，這就是有定心；心得決定的人才是真正「逮得眞實義」的人。諸位想想看，本會弘法過程中有三批退轉的人，乃至於這兩年有大陸的人得了法以後又退轉，都是什麼原因呢？都因為心中不得決定，心不得決定就無法轉依成功，就不是眞的開悟，所以歷次法難的發動者都犯同一個錯誤，跟釋印順他們一樣的顚倒。

釋印順他們認為人只有六個識，沒有意根的存在；他早前的講法是：意根就是意識的種子，種子流注出來時叫作意識，並沒有流注出來一個有作用的心叫作意根。這是他們早期的講法，印順後來才說意根是腦神經。但這說法並不是他創造的，是古時天竺部派佛教安惠論師他們創造的，在天竺的時候就有這麼講過了，全都是部派佛教的事。然後到印順臨死前，大約死前十年左右吧，出了一本薄薄的書（《般若經講記》），他改說：「意根就是腦神經。」所以每回禪三，我開示到這裡，都要開個玩笑說：「哪天我遇見了印順，一定要逼問他說：『你上輩子來這裡投胎的時候，有帶腦神經來投胎沒有？』」所以這樣的人就是沒有「逮得眞實義」。

那我們退轉的那三批人也沒有「逮得眞實義」，因爲他們對於阿賴耶識、對於第八識如來藏心中有疑，有疑又不肯來問我求開示，所以就退轉了（編案：二〇二〇年退轉的琅琊閣、張志成等人也是一樣）。但二〇〇三年退轉的楊先生等一批人，他們在我幫助下證得阿賴耶識以後，當他們認爲阿賴耶識是被另一個心叫作眞如所出生時，那他們所有的思想體系、義學體系就全部亂套，所以一說出來就成爲處處都錯；但這個叫作老套，因爲第一批退轉的人也是這樣的想法，所以這種事情會不斷地重演。

這是因爲我們生在五濁惡世，見濁的眾生一定會這樣，至於命濁、眾生濁先不談，先談見濁。因爲所見是不淨的，就會有這些邪見或妄想，當他們這個邪見、妄想產生的時候，就無法抓到眞實義了；沒有抓到眞實義，他們想要「速成於菩提」，就變成癡心妄想。所以說整體佛法不許缺漏哪一部經典不講，但也不許頭上安頭而創造僞經；至於一般人沒有頭上安頭，可是作出來的事情往往頭上安頭，就像《楞嚴經》講的演若達多看不見自己的頭，所以一天到晚找人問：「我的頭在哪裡？我的頭在哪裡？」可是有智慧的人會跑到鏡子前面去看：「我的頭在不在？」或是會想：「我是否能看見、聞見、觸摸等？」可是他沒智慧，一天到晚找人問：「我的頭在哪裡？」也不會摸摸看，就只光用眼睛看自己的頭，當然看不見。但一般人就像這樣子，所以想要「逮得眞實義，速成於菩提」不是容易的事。

因此在《大乘本生心地觀經》裡面說善知識很重要，眞的有道理。其實實證佛菩提並不難，難的是自己的無明沒有打破，所以都是自己障礙自己。從諸地菩薩來看一切眾生時，其實開悟很簡單，只要把無明滅了，開悟的事情就順理成章；或者換個詞兒：水到渠成。眞的水到渠成啊！你那個溝渠不斷地挖，從下游往上挖到了有水的地方，最後那一鋤頭鏟下去，水就通了！可是雖然只要那一鏟，但那麼長的水溝卻是你要去挖的；在從下方往上挖水溝的過程中，就譬喻你修學六度。這六度萬行你修好了，最後「加行位」這麼一個鋤頭挖下去，一挖開了，水就流通過去了。

所以心得決定很重要，如果心中不得決定，就表示你沒有「逮得眞實義」，就算你知道般若的密意也沒有用，因爲心中還在疑，疑還在的時候智慧就生不起來。當你聽聞 如來說法之時心得決定了，就會轉依成功，就說你「逮得眞實義」，從此以後，只要依著善知識按部就班去走即可。當你每次來上課，覺得自己只是進步一點點，可是對於還沒有悟的人來講，你每進一步都叫作日進千里，他們永遠追不上來，這樣就叫作「逮成於菩提」。

然後 世尊作個結論說：「阿難！是名如來等正覺爲諸菩薩摩訶薩方便說斯陀含。」所以你看，通教的菩薩斯陀含道理這麼多，而這些全都是大乘法，和二乘法大異其趣，不同的地方太多了！而這樣的經典只有通教菩薩能讀懂，也只有別教菩薩能讀懂，二乘四果人及緣覺都是讀不懂的。那麼接下來 如來又有開示說：

經文：【阿難言：「云何名如來等正覺爲諸菩薩摩訶薩說阿那含？」佛告阿難：「菩薩摩訶薩出過一切世間之相，究竟佛行，心無行處；雖知去來，而常不取去來之相，知一切法無依住，亦不來還。何以故？不見諸法有去無去，出過凡夫。除凡夫想，不著佛想，逮無住法。何以故？究竟一切寂滅法界，亦不得佛與凡夫差別之相。遠離惡道，除其貪欲；不著眾味，離於四食。開示知見，不取一切六十二見；不見有相，不著無相，悉離有無。於諸蓋障作涅槃相，無轉無不轉；除惡道垢，摧伏眾魔；遠離愚癡，拔無明箭，竭無明種，害無明怨。照除欲瞋，斷諸結使，開示諸有，拔愛欲箭。除諸憍慢，曉了陰相，究竟明處；常樂佛乘不思議乘，到於一切諸法實相。菩薩摩訶薩若能如是出於淤泥，離於繫著；得本願藏，亦得過去、未來諸佛之藏，悉於一切伏藏中上；亦為過去諸佛之所建立，而心平等不高不下。得如是乘，於諸眾生為最為勝，第一無上。菩薩摩訶薩究竟佛乘，於一切法悉得無相；菩薩摩訶薩於諸法中斷於疑網，證不還果。」】

語譯：【接下來，阿難又為我們請問：「如何名為如來等正覺為諸菩薩摩訶薩說阿那含？」佛陀告訴阿難說：「菩薩摩訶薩超出而遠過於一切世間的法相，究竟諸佛的所行，而心中卻沒有所行之處；雖然知道有去有來，然而卻經常都不攝取去與來的法相，也知道一切法都沒有所依、沒有所住，也不再還來欲界的境界。為什麼是這樣呢？因為菩薩阿那含沒有看見諸法的有去、或者無去，超出而越過了一切凡夫的境界。菩薩阿那含滅除了凡夫之想，也不執著於諸佛之想，因爲逮得了無住之法。爲何這樣說呢？究竟了一切寂滅的法界，也沒有得到佛與凡夫的差別之相。遠離一切惡道，滅除了心中種種的貪欲；也不執著於各種法味，遠離團食等四種食。菩薩阿那含開示眾生各種的所知所見，但是並不攝取外道一切六十二見；沒有看見各種的有相之法，也不執著於無相之法，全部都遠離了有與無。在各種的遮蓋、遮障之中，而顯示與運作出涅槃之相，並且沒有運轉也沒有不運轉的事情；滅除了惡道之垢，摧伏了種種的魔；遠離了愚癡，拔除無明箭，耗竭了無明種，也害死無明大怨。以智慧光照來滅除欲和瞋，斷除種種的結與輪迴之結使，開示種種的有，拔除了愛欲之箭。滅除種種的憍慢，曉了五陰的法相，究竟到達智慧的處所；永遠都愛樂佛乘這不可思議的車乘，到達了一切諸法實相的境界。菩薩摩訶薩如果能像這樣出於淤泥，離開各種的繫縛、執著；證得了本願之藏，也得到了過去和未來諸佛之藏，是於全部一切伏藏之中的最上乘；也是過去諸佛之所建立，然而菩薩心中很平等而不高不下。證得這樣的法乘以後，於諸眾生中爲最究竟、最殊勝，第一無上。菩薩摩訶薩究竟了佛乘，於一切法全部都

證得無相：菩薩摩訶薩如是於諸法之中斷除了各種的疑網，證得不還果。」】

講義：現在要講菩薩第三果了，但因爲這不是講聲聞第三果，所以有很多法可以講。如果講聲聞三果，那就把五下分結提出來談，然後把斷除這五下分結需要的條件講完了，聲聞三果的法義就講完了。可是通教菩薩的三果有很多法可以講，所以 如來講了這一段，還有下一段呢！那麼阿難依著順序就爲我們請問說：「**什麼叫作如來正等正覺爲諸菩薩摩訶薩們說阿那含第三果？**」

阿那含又名不來，因爲聲聞三果人死後生到色界天去，不再還來人間，大部分就在色界天取無餘涅槃；因爲他們在色界天就會修學成爲阿羅漢，所以不還來人間。最差的第七品三果人，則是次第往上走，到了無所有處、非想非非想天，然後就取證阿羅漢果，所以都不會回來人間，故名不還。可是通教菩薩的不還果是怎麼說的呢？這跟聲聞三果是不一樣的。菩薩三果人說不還來欲界人間之後，卻繼續受生來人間，這就是菩薩三果不同於聲聞三果的所在。

阿難尊者就爲我們請示這個道理，如來就開示說：「**大菩薩們超出了、也越過了一切世間之相**」，這是怎麼說的？世間之相講的就是五陰、十二處、六入、十八界的法相；這些既然都是現象界中的世間之相，那麼請問諸位：「**聲聞菩提二乘法證得不還果，他們之所觀行的內涵，到底有沒有出過一切世間之相？**」嗄？沒有啊？可是他們明明是不還果啊！他們只會繼續往上走，然後一定出三界；那他們到底有沒有「**出過一切世間之相**」？還是沒有啊？你們也眞厲害啊！知道是沒有，因爲我一定會說沒有，你們早知道了（大眾笑…）。

試想：「**二乘三果人他爲什麼不還人間？**」因爲他們心心念念記掛著：「**我要超越人間，要超越三界之相。**」既然心心念念記掛著，表示他們心中就是有三界之相存在，否則他們爲什麼要逃離？可是菩薩摩訶薩不一樣，菩薩摩訶薩證得如來藏妙眞如心了，這如來藏函蓋了一切世間之相，可是如來藏本身的境界中沒有三界任何法相；菩薩依止於第八識如來藏，來看待一切世間之相時，所見一切世間之相都是如來藏相，沒有第二相，但這是住於實相法界，不還來三界法界中。

不信的話，等你哪一天證悟了，而且拿到我的印證了，你再來反觀：有哪一個世間法的法相不是存在如來藏中。你自己可以親自諦觀，一切世間之相全都在如來藏中；這時候你不就超出了、不就越過了一切世間之相了嗎？這時候你來看一切身、口、意行，莫非如來藏行。再看上位諸多大菩薩們乃至諸佛，一樣都是第八識之行，這就是「**究竟佛行**」。可是「**究竟佛行**」的時候，你反身再來看：這如來藏心有所行嗎？結果全都是七轉識在行；而七轉識在行時，不離如來藏之行，所以七轉識之行還得歸於如來藏之行，原來一切行都是如來藏行。可是如來藏卻無所行，一切行莫非七轉識之行；這樣來看，你的眞實心如來藏根本沒有行處。

所以你走路的時候，你五陰有走路，如來藏沒有走路；但是你從如來藏來看時，如來藏有走路，五陰或七轉識又沒有走路，那麼到底是誰走路？一切吃喝拉撒莫非如是，最後說「**我在努力修道，可是我努力修道的時候，都是如來藏修的。**」然而如來藏有修道嗎？從來沒有啊！如來藏根本沒有修，所以「**心無行處**」。這樣說法不落兩邊，可是當你說個不落兩邊的時候，已經落到一邊去了；然後你又回來看如來藏境界的時候，又不落兩邊而沒有還來三界中了。這樣子當菩薩太好了，因爲一腳踩在現象法界，一腳踩在實相法界，那你就爲眾生這樣說法；有時候從現象法界講過來，有時候從實相法界講過來，通融無礙，那一切實證的同修們一聽就懂；至於聽不懂的同修們怎麼辨？沒有怎麼辨，就繼續熏習，熏習到因緣成熟了，一念之中觸著、磕著、踢著、撞著，你就悟得實相法界了；這一悟，七通八達。可是還沒悟之前，聽善知識說法，絞盡了腦汁也想不通；就像 克勤大師講的「七花八裂」，因爲腦汁絞乾了、裂開了，還是想不通。

可是當你證悟之後，把祂觀行而整理通達了，生起見地了，就進入眞見道位；這時候，你可以證明自己眞的「**出過一切世間之相**」，可以證明自己「**究竟佛行**」；也可以證明自己「**心無行處**」，雖然你一天到晚行來去止，但是都無行處。這時候「**雖知去來，而常不取去來之相，知一切法無依住，亦不來還**」。這時候你知道有去有來，因爲你從現象界來看，當然知道：「**我今天來到正覺講堂了，聽完經以後我又回家去了。**」有去有來，你很清楚知道；可是你永遠都沒有攝取去來之相，因爲你轉依如來藏來看的時候，這都是意識覺知心在如來藏中了知的事，而如來藏沒有去、也沒有來。

所以你從如來藏來看待去來這件事情，明知道七轉識有去有來，可是如來藏的境界中，自始至終沒有去、也沒有來；這時候你已經「**知一切法無依住**」，因爲一切法來時都從如來藏中來，而這一切法依如來藏而住，也依如來藏而生、而滅、而有所變異；可是你依如來藏來看這一切法時，任何一法都無所住，這時候你說：「**我學禪是要了生脫死。**」現在便了了。原來生也從如來藏中生，死也回歸如來藏中去，所以生了了，死也脫了；可是你眞的有了生、有脫死嗎？依舊一切法都無，所以還是在如來藏中，不必再還來人間或還來三界中，就稱爲菩薩不還。今天講到這裡。

本來想你們大陸同修今天不會來的，想不到你們還能來；原來是留下來，住到現在；求道心切，不容易喔！這眞是令人感動！但是我們會裡也有在努力，希望能滿大家的願。《不退轉法輪經》上週講到三十八頁第二段第三行「**亦不來還**」，今天要從「**何以故？不見諸法有去無去，出過凡夫**」開始講。

上週我們說，菩薩阿那含名爲不來；從二乘菩提來講，「**不來**」是因爲他捨壽之後，生往色界天去，然後就在色界天取涅槃；或者乃至像最遲鈍的三果人，上流處處般涅槃，也許他還要上流到非想非非想天捨壽，才能般涅槃；總之，他永遠不再還來人間或三界，所以叫作不還。「**阿那含**」的意思就是不還，但是從菩薩阿那含來講，這個不還是從眞如的境界來看，不同於二乘菩提是從事相上說他不再還來人間。現在就解釋說，爲什麼菩薩阿那含不還來人間或三界？這是從眞如的境界來說的。換句話說，菩薩阿那含是證得第八識眞如，然後從眞如的境界作爲他的轉依、作爲他所住的境界；然而眞如的境界中沒有人間諸法，莫說沒有人間諸法，連三界諸法都沒有，因爲一法也無！那麼菩薩阿那含以此境界安住，永遠不再還來人間或三界的法中，所以稱爲阿那含。

那爲什麼他永遠不還來人間等法之中？從表面看來，他明明還住在人間，爲何又說他不還來人間？因爲他從所證的眞如境界來看一切諸法時，沒有一法可得，全部都是第八識眞如；所以你如果要說他捨壽之後，往生色界而不還來人間，因此而說他有去的話，其實說不得，因爲他依舊住在人間；可是他並沒有去色界，因爲他所住的是眞如的境界，而眞如本來就這樣，不是三界中法，所以也沒有去可說。可是當你說他沒有去的時候，卻又錯了！因爲他明明不還來人間，他所安住的境界中就是眞如，迴無三界中的任何一法，所以永遠不住於三界中，更何況是住於人間。那他這樣子說有去也不對，說無去也不對，那該說個什麼好？那就得雙非了——非有去非無去，因爲他不是有去呀。

他這個五陰這時候改名叫作五蘊，還住在人間呢，所以非有去；但他卻因住於眞如境界中，明明不住於人間法界的法中，所以又非無去，因此就是「**不見諸法有去無去**」。那麼說白一點，就是說，菩薩阿那含證眞如之後，看見自己以及所有一切法無非都是如來藏妙眞如心，而一切諸法生也好、滅也好，全都在如來藏裡面，本來無生，從來無去無來，所以說他「**不見諸法有去無去**」。

如來說他這樣的境界超出而且越過了凡夫。老實說「**出過凡夫**」這四個字還講得客氣，因爲應該說「**出過二乘聖者**」——這是二乘阿羅漢之所不懂，也是緣覺或者獨覺之所不懂的，所以也應該說「**出過二乘聖人**」，因爲這是眞如的境界。只有佛法可以說「**不見諸法有去無去**」，因爲這是從實相法界函蓋現象法界來說的；如果你純粹從二乘菩提所觀行的現象法界來看，也就是純粹從三界諸法來說「**不見諸法有去無去**」，這一句聖教是講不通的；因爲有去就是有去，無去就是無去，不可能「**非有去非無去**」。所以一定是從實相法界來函蓋現象法界，也就是從如來藏來函蓋了五蘊而說時，才能說「**不見諸法有去無去，出過凡夫**」。

世尊接著說：「**除凡夫想，不著佛想，逮無住法。**」「逮」就是抓住的意思，「逮無住法」就是抓住了「無住法」，也就是親證了「無住法」。世尊說：「菩薩阿那含已經除掉了各種凡夫之想。」凡夫之想最有名、最根本的就是「三縛結」，就是身見、戒禁取見、疑見；這三個結繫縛眾生不斷地在三界中輪迴生死，所以叫作「結」，「結」是綁住的意思。那麼這位菩薩阿那含已經除掉了凡夫之想，表示他永遠不會再墮落三惡道了，凡夫的各種虛妄想他已經不存在了；可是他也不會執著於佛想，所以中國禪宗祖師有時候人家來問：「如何是佛？」他回答一句話說：「沒有佛！」告訴你沒有佛，其實他已經分明告訴你什麼是佛了，就這麼一句話。那你如果要從文字上來質疑他，也不行，因爲他這麼講，也有聖教依據，《般若經》裡面早就講過了：無佛、無法、無眾生。

所以「證眞如」這個法很厲害啊！只要悟得眞，也轉依成功了，怎麼說、怎麼對，罵人也對、打人也對，有時候跟妳開個玩笑也對。譬如有個比丘尼來問老禪師：「如何是佛？」老禪師竟然說：「竹籃打水。」你看，他也會開玩笑欸！但他已經分明指出來如何是佛了。所以說，這個法不是二乘聖者之所能知，凡夫意識思惟更不能知。因此他證眞如之後，發覺諸佛如來的境界也是這個眞如；而眞如的境界中無一法可得，哪兒來的佛？哪兒來的法？哪兒來的僧？所以「不著佛想」。

他在見地上「不著佛想」，可是當他見了　佛卻又恭敬得不得了，唯命是從；這個眞怪吧？證悟的人，他的行止就是這麼怪。可是當你問佛的實際，很恭敬請問，他卻告訴你：「沒有佛！」老趙州還說：「佛之一字，吾不喜聞。」有的禪師還告訴你：「我聽到佛這個字，要去溪邊洗耳三天。」要用溪水洗耳朵，說他不想聽到。這可怪了！明明他證悟了，證悟的這個法都是從佛而來，可是他竟然告訴人家說：「我不喜歡聽到！你只要講個佛字，我就得去溪邊，把耳朵洗上三天。」這叫作「不著佛想」。

如果你執著有個佛，那就不是佛，落在意識中了。因爲那只是現象界中，來示現給眾生親近的佛，不是眞實佛，眞實佛是第八識眞如。所以　世尊說《金剛經》時告訴大家：「若以色見我，以音聲求我，」是人行什麼？（大眾答：邪道。）果然是「行邪道」！就說他不能見如來。表示眞正的佛是第八識，不是示現在人間的這個應身如來；可是你要證這個第八識，卻得隨從應身如來修學，才有機會證得；

那表示他已經「逮無住法」，表示他已經實證「無住法」了。證得第八識眞如心以後，住於眞如的境界中，那我問你：「你到底住在什麼境界裡？」你也只能說：「我無所住。」因爲眞如的境界沒有境界，所以叫作「逮無住法」。

如果有人悟後，一天到晚跟人家炫耀：「我證悟了，我是開悟的聖者。」那表示他是個凡夫。我弘法二十幾年，在人間行走時，不曾跟人家講過佛法，我給人家的感覺就是一個糟老頭兒，所以有的人認爲我是個算命先生，有人認爲我是個教拳的或是教氣功的，有人認爲我是廟祝先生，因爲我從來不說佛法；只有一個例外，就是週二坐在這裡講佛經，以及週末增上班坐在這裡講佛法；下座以後，不談佛法。當人家問我：「老先生！您是從事什麼行業啊？」我想：我總得變個東西給他吧！我就說：「你看呢？」有時候遇到有人家說：「我看你像個算命先生。」就問：「你算一次多少錢？」我說：「我算命很貴！因爲我算命不是算一世，我算的是未來無量世，所以很貴。您花不起！」那有時候有的人問（因爲他把我當作廟祝了，我說我自己怎麼瞧著，都不像廟祝啊），只好告訴他：「我不是廟祝！我每兩個月要出一本書的。」結果他電腦上馬上把我改了：「寫書先生」；所以我在外面不示人眞面目，人家不知道我是什麼人，這樣大家都省事。爲什麼這樣呢？因爲「**逮無住法**」，既然證得無所住法，一法也無，那你說自己是什麼？眞要勉強編個名字來講，只能叫作「如來藏先生」，因爲確實是這樣。所以這個「**逮無住法**」是無一法可住，因爲眞如的境界中無一法可得，要如是實證，才可說是「**逮無住法**」。

但是這個「**逮無住法**」得要有原因，所以 世尊說：「**何以故？究竟一切寂滅法界，亦不得佛與凡夫差別之相。**」不懂的人依文解義，就很難講解這個道理；因爲明明看起來，佛跟凡夫就是不一樣，所以凡夫才要歸依三寶，要從佛修學；可是這裡竟然說：「**不得佛與凡夫差別之相。**」因爲這菩薩阿那含證得了究竟一切寂滅法界。寂滅有很多個層次，初學佛的人聽不得這種寂滅，聽了就會起煩惱。所以我二十幾年前開始弘法時，把這個究竟寂滅的法界講了出來，臺灣佛教界罵聲一片，都說：「**蕭平實是邪魔外道！人家講的寂滅法界都是離念靈知，偏偏他一個人講成如來藏。**」後來書又傳到大陸去了，大陸也一樣，甚至把我的書蒐集起來，當眾焚燒；所以不是只有臺灣燒過，大陸也燒過。但是隨著我們書漸漸地出多了，他們想要在書中找碴，找來找去，只找到能喝的茶（大眾笑…），找不到「石」字旁那個碴！因爲我這書中的法義後韻極深呢！越讀越有味道，於是他們後來發覺：原來這才是眞正的佛法！那些毀謗的聲音就消失了。

現在剩下那一些大陸的法師們繼續在毀謗，因爲我說的法義影響了他們的名聞利養，而我們也沒有辦法去大陸發出聲音，由著他們去毀謗吧，咱們不理他。但是一般人認爲的寂滅，是只要一念不生、不打妄想就算寂滅了；可是這時眼還見色，閉著眼睛也見光，晚間把燈關了，眼睛也還見暗；耳根繼續聞聲，鼻子繼續嗅香，舌頭也嚐著淡的味，或者口渴了會有一點苦味；身觸也還在，意仍然知道各種法，六塵都在就不能叫作寂滅啦！所以那個離念靈知的寂滅是很粗糙的。進一步的寂滅進入了初禪等至位中，香與味不見了，這五塵只剩下三塵，但這還不夠寂滅；到了二禪等至位，五塵統統不在了，只剩下意識知道法塵，是什麼法塵呢？等至位那個定境法塵。

這夠寂滅了吧？還不行！因爲這個是外道的寂滅；眞正的寂滅是六塵都不在了，可是六塵都不在了，意識滅了就是證眞如嗎？那可不一定！比如說：外道得第四禪以後又證得無想定，六塵也不在了，意識與前五識都斷了，但他還是外道、依舊是凡夫。如果是阿羅漢入了滅盡定呢？他固然是聖人，可是從佛法來看，他依舊是個外聖內凡的凡夫，因爲他沒有辦法證眞如；而他入定後總要再出定吧？這一出了滅盡定，依舊六塵宛然，六塵還是很分明出現，並不寂滅。

可是菩薩證眞如之後，一方面六塵宛然，一方面都無六塵、迥無一法；這樣迥無一法的寂滅境界和六塵分明存在的境界同時並存，這才是眞正的「**究竟一切寂滅法界**」。因爲即使是二乘阿羅漢入涅槃之後，五陰滅盡了，那個無餘涅槃的境界，就是菩薩現前所證的眞如境界；那你說，菩薩證的這個眞如境界究竟不究竟？寂滅不寂滅？這就一目瞭然了！所以不管什麼樣的阿羅漢——慧解脫、俱解脫、三明六通大解脫都一樣：入了無餘涅槃，還是菩薩所證這個第八識眞如境界。那菩薩證得這個眞如以後，看著寂滅的眞如，心裡面想：「我將來證得阿羅漢果以後，入了無餘涅槃，把五蘊滅盡了，還是這個眞如境界；但這個眞如的涅槃境界是現前就在，我已經證了，那又何必還要入無餘涅槃？」所以我才要求你們：「悟了，都不許給我入涅槃。」就是這個道理，因爲沒有必要入了。

當你證得這個境界，再從眞如的境界來看三界一切諸法時，同樣都是這個第八識的境界，四聖六凡全都一樣，根本沒有佛與凡夫的差別相。佛也是由這個第八識來當佛，而我們證悟了來當實義菩薩，也是由悟這個第八識來當；因為沒有這個第八識的時候，根本不可能有你的五陰十八界，所以推究到背後還是如來藏。但是每一個有情的如來藏都一樣，沒有差別！

示現為最小的如來藏大概就是病毒的吧！濾過性病毒，那顯微鏡還要調到很大的倍數才看得見；那牠也同樣是如來藏所成就的，牠只是被業力所拘限，所以牠的如來藏為牠示現那個非常小的小身；可是當牠的業盡了，回來人間了，就像我們這樣；如果哪天證得初禪，那就有初禪的廣大天身，也還是同一個如來藏變現的，所以說其實一切有情莫非如來藏，沒有第二個法。

假使你有大神通，你往西方極樂世界去，見了 阿彌陀佛，禮拜了起來，你看祂是不是第八識？禮拜完了心想：「**跟我一樣是第八識。**」不然，回來經過這個娑婆世界不停留，再往東方去見了東方 阿閦如來；禮拜了起來一看，還是這個第八識。不會有第二個識，同樣都是這個第八識，所以根本沒有「**佛與凡夫差別之相**」。當你有這個智慧，心胸漸漸開闊了，心量越來越大了，漸漸地可以當菩薩摩訶薩，異生性早就滅盡，這時候「遠離惡道，除其貪欲；不著眾味，離於四食」。

「遠離惡道」是因爲你證眞如之後，三縛結斷了，又加上證眞如而有了大乘的見地，所以永遠不墮三惡道；但是有個例外，那就是善知識識人不明，在學人證悟的條件還沒有成熟之前就把他拉上來；拉上來以後，他轉依不成功，幹了謗三寶或抵制正法的大惡業，他死後就得下惡道。眞有轉依成功的人才是證悟者，證悟的人永遠不墮三惡道，所以遠離惡道。遠離惡道之後，次第修行，就能「除其貪欲」；所以我們會中的同修們就這樣子修行，因此現在也有人可以「除其貪欲」，發起初禪。所以會中證得禪定的人，不是只有我一個人，這是事實，不是我編派的。然而如何「除其貪欲」發起初禪，然後再進修二禪，那些道理以及初禪、二禪的境界，我都已經爲諸位講過了；因爲那是我走過來的路，你們只要跟在後面亦步亦趨，總是會走得到的；而現在證明不是只有我一個人走得到，這就是如實修行可以「遠離惡道，除其貪欲」。

接下來生活就改變了，「不著眾味」，當人家來告訴你說：「某某人哪！」你接起電話來說：「喔！是某甲！什麼[illegible]他說：「欸！我聽說你家附近有新開了一家素食餐廳，好好吃哩！明天我請客！」你說：「省了吧！你不要勞心勞力了，多一事不如少一事。」所以我的飲食很多人可能不會習慣，因爲我都隨便吃，隨便吃就隨便老，老到現在七十幾歲了，還很有活力，就這樣子。有時候泡個麥片，我怕熱，前一晚開水把它沖了，溫杯把它蓋好就不理它了，第二天早上再來吃。有的人看了說：「你到底吃個什麼？吃餿水喔？」我說：「是啊！算是餿水吧？昨晚的東西！」就這樣，日子可以隨便過，但在法上不隨便過，法很嚴謹，因此沒有那些貪欲，所以我不挑嘴；要餵我很簡單，只要能塡飽肚子就行，這叫作「不著眾味」。

但「不著眾味」只是初步，因爲接著要「離於四食」。這個四食有文章，講的是摶食、觸食、意思食、識食。摶食又名段食，是說我們在欲界中的食物往往都是一團一團，或者說有時候切成一段又一段，但是這個摶食吃了以後，它是以爛壞作爲摶食的法相。有沒有人把色、香、味俱美的食物吃了以後，照樣色香味美拉出來的？沒有！它一定要爛壞，沒有爛壞就不能分解；不能分解，你就無法吸收其中的營養，就不能存活。如果像小孩子呑下很細的果子，他用呑的，都沒有咀嚼，然後又排出來，完好；如果他每餐都這樣，他活不了多久，兩三天後就死了，因爲他無法吸收食物的營養。得要分解以後，看來是爛了、壞了，其實就是分解；分解以後，你才能吸收到所需要的營養，所以摶食「以爛壞爲相」。但是摶食存在的時候，你同時也有觸食，有意思食還有識食。當摶食存在的時候，同時有的那三種食也說一說，就不必再去講欲界天、色界天、無色界天，也不用再去講地獄了，大家依此類推就好。

在人間有摶食，所以飯一顆又一顆，菜一段又一段，或者說你去油炸了，也是一團、一段；你總得吃它，否則不能生存，這叫作摶食。可是這個摶食進食的時候，難道你沒有接觸到那個食物嗎？你有很多種接觸，還沒有進到嘴裡，鼻子先接觸香塵而聞香，這也是摶食；摶食就具備了六塵，所以送進嘴裡有觸感，也有它的味道；咬的時候，耳朵還聽到聲音；然後你知道它的軟硬細滑等，這就是觸食。你知道那食物裡面，又有些什麼韻味；擅於製作食物的人，他們很懂得營造那食物的韻味，讓你吃了以後懷念不已，於是後天、大後天你想想：「太好吃了！」又來一次，餐廳就是這樣賺錢的。這就是觸食，因爲它包括了觸覺與香味香塵、味覺等，全都在裡面，包括那個韻味。

有觸食就表示也有「意思食」。當你知道自己吃的是什麼，在「吃」這個法裡面起了各種的講究，所以有的人乾脆開創了一門課，叫作食道，講的都是飲食之道；這個「意思食」其實是跟你在吃摶食的時候同時存在的，只是你有沒有去留意它；所以你吃之前有作意存在，吃的時候也有作意存在，吃完了還有作意存在，才會產生那一句名言說「餘味留香」、或者說「齒頰留香」，有沒有？

那麼有這個「意思食」，請問：「會不會增長你的識陰六識？」你識陰六識就因爲這樣，在食上面不斷地增長，所以越來越計較飲食。你沒有聽見嗎？孔老夫子說：「席不正不坐，肉不方不食。」一定要切得方方的，他還眞挑剔呢！但那個就是「意思食」，也是「識食」。因爲有這一些意思食，就表示前面的觸食、摶食也具足了，於是這樣不斷地飲食的結果，增長了六個識；這六個識在人間，特別是在飲食上面不斷地增長，於是就滅不掉，那就輪轉生死。所以你看人間吃的食物有這麼多講究，所以 佛陀說一切眾生以食而得增長性命。除此以外，在人間學習或串習諸法，也都會使六識種子增長，這也都是識食。

因此說一切有情因食而得增長，既然講的是一切有情，那麼無色界有情有沒有食？當然有啊！因爲一切有情皆以食而得增長，那無色界當然也是有情，但他們以什麼爲食？以識爲食；他們的觸食非常少，主要就是在意識上面，對於定境的了別上面作爲他們意識的食。這時一定有人起了疑問：「**那無間地獄的有情到底有沒有食？**」也有喔？那他們吃什麼？地獄的有情有眾多的苦痛，肚子餓，餓得慌，那個慌可不像人間這樣餓得慌，所以不得不進食；但進食的時候，用熔銅給他吃——熔化掉的銅給他吃。一定有人想：「**那他才不吃呢！**」可是我告訴你：「**那地獄有情他就得乖乖地吃，因爲他餓得難受，不得不吃。**」可是吃了呢，從頭爛到腳，整個貫穿了，死過去，就這樣成就他的食；業風一吹，又活過來繼續受苦，也是觸食及識食，這就是地獄果報。當然有的果報不同，我們現在只是說食，就只說這一種，所以地獄有情也有食。有這種食，就會有觸食、意思食、識食。

那麼有人想：「**那餓鬼之所以名爲餓鬼，就是無食嘛！**」可是他們眞的無食嗎？也還是有食，所以他們不斷地在觸食、意思食上面去長養識食，因此一天到晚要去找找看，看有沒有人感冒吐了口痰，趕快去搶；搶到送進嘴裡，變成焦炭也得吃。苦不苦？苦！可是他們的飢餓比那個更苦！諸位想想看，那動物捕食，牠捕捉到一隻蟑螂也好，蟑螂的腳也有很多刺；如果捕到是螳螂呢？如果是像螽斯、蝗蟲，牠們腳上都有很多刺的，但石龍子牠照樣吃，難道那樣牠不覺得是苦嗎？是苦啊！可是牠還得吃，要不然餓更苦，道理是一樣的，所以經中才說「**一切眾生皆仰食存**」，是說一切有情皆以四食方得生存，一切有情都因爲這四種食而存在於三界中，那這個叫作四食。我們今天因爲不是講這個，所以不像《阿含正義》書中詳細解說，就大略講一下就好。

菩薩阿那含「**不著眾味**」之後，爲何說他「**離於四食**」？明明每天看著他吃三餐，爲何說他離於四食？因爲他證眞如，心不住於食。所以你看「證眞如」這個法厲害吧？把它套到一切法上來都通，因爲眞如遍一切法中。你可別懷疑說：「**哪兒有？我找眞如找了好久，就是沒找著！偏偏你跟我說，眞如都跟我在一起，但我怎麼瞧也瞧不到啊！**」我說：「**那可不一定！等哪一天，因緣成熟了，撞著、磕著，你就看見了。**」所以證眞如的人，依眞如而言，無一切食；因爲眞如的境界中，無食可得，一法也無，哪來的食？所以四食全部遠離。

除了如此，還有在見地方面，世尊就開示說：「**開示知見，不取一切六十二見；不見有相，不著無相，悉離有無。**」當你證眞如以後，次第進修，成爲菩薩摩訶薩阿那含的時候，能爲眾生打開你的所知、你的所見；爲眾生講出你的所知、你的所見，這就是「**開示知見**」。但是「**開示知見**」之後，明明知道眾生有六十二見，卻說「**不取一切六十二見**」。這六十二見，我們在增上班有大略說過了，如果你有興趣，去將《阿含經》讀一讀，《阿含經》就有；《電子佛典》搜尋一下就看見了，主要就是常見、斷見、邊見，加上不同種類的有情邪思，再加上前後三世，這樣演變出來就有六十二見。

本來我擬的書單，其中也有六十二見，本來想寫這個，可是現在看來沒希望；因爲《成唯識論釋》現在才寫一半，後面還有親教師們給我指定的《八識規矩頌》說要寫，說若是我寫的，意義不同。我說：「**這個你們也可以寫啊。**」他們說：「**不！老師，您寫的意義不同！**」於是我又多個任務了，這是弟子派任務給師父呢（大眾笑…）！可我也得接受下來，因爲師父不一定每一世都是師父，一世又一世輪轉的過程中，就是互爲師徒；看來「**六十二見**」我是沒機會寫了，留給親教師們去寫。

可是爲什麼「不取一切六十二見」？原因是什麼？也還是那句老話：「證眞如。」眞如的境界中，一法也無，哪來的見？連正見也沒有，何況是外道六十二見。所以這時候只見眞如，住於無相中而不見有相，也不執著無相，有無皆離；所以我在寫《成唯識論釋》的時候，就是感嘆：「一世又一世都在作同一件事。」以前在天竺作的，就是跟聲聞部派佛教辯論大乘法義，把三乘菩提界定爲八識論的法；那部派佛教主張人只有六個識，說是 佛所講的；他們都不知道自己已經是謗佛了。

然後來到大唐，也是一樣在作這個事；那時有的人說有九個識，有的人說有七個識，有的人說只有六個識，我說只有八個識，不增也不減。那現在再來註解《成唯識論》，也還是作同一件事，又把部派佛教那些人錯說的法，再拿來加以解說破斥一遍，對治聲聞部派佛教的遺緒；而我們遇到了那麼多次的法難，同樣也是處理這個事情，他們都是吃了聲聞部派佛教以及遺緒的臭口水。你看，兩千年了！都在作這個事，累不累？可是也不能說累，因爲眾生永遠都這樣，你就得一世又一世繼續幹。又沒別的事可作，只能作菩薩啊！如果說叫我去作人，我作人失敗！（大眾笑⋯）不然怎麼會有法難？叫我當「世間天」，我又不願意去；叫我當畜生、三惡道，我又當不了，最後不得不就當人了！

當人時最難當的就是菩薩，可是我卻說菩薩最好當，因爲諸法一以貫之就是眞如，沒有別的，所以菩薩最好當。因此我一開始弘法就講眞如，弘揚了二十幾年，已經快三十年了，還是在講第八識眞如；所以菩薩最好當，這一當，就當了快三十年。因爲眞如沒有相所以「不見有相」，也「不著無相，悉離有無」；所以我常說：「佛法的修證是無所得法，有所得者皆是非法。」這道理 佛陀早就講過了，因此以前那些發動法難的人都認爲他們是次第增上，比我教他們的更好，沒想到被我證明是退轉。因爲欲界所有的有情，包括十方三世諸佛總共就是八個識，不多也不少，少了一識便叫作殘障，也必定是凡夫；多了一識就叫作妄想，所以菩薩永遠都在幹同一件事，就是楷定佛法爲八識論。因爲你如果要創造第九識，別人就會有第十識的創造，然後就會有第十一、十二、十三、十四識，成爲所證法無量而永遠不能窮盡、不能完成的過失；這麼一來，到底能有誰證得究竟？沒有一個人能究竟，也就沒有人能成佛。

可是人類只有八個識，多了的話，不但佛法要全面修改，乃至三界現象界中的事也要全面修改，人就不成其爲人，動物也不成其爲動物，天也不成其爲天，因爲整個都會改變。但是人有八識這是「現量」，所以不可改變；不可改變的緣故，諸佛菩薩依所證的現量而演述了出來，留下文字就成爲「聖教量」，因爲它是法界的定量。「量」就是境界，「定」就表示不可改變；不可改變的境界就叫作「定量」，而 如來說：「**一切法、一切有情皆以眞如爲定量故。**」這表示所有有情就是這八個識，這八個識的「現量」都是不可改變的，而一切有情都由這第八識所出生，一切有情之所以存在，乃至一切的運作都依這個第八識而來，全都由第八識如來藏妙眞如心所變現的事實，這個叫作「**自心現量**」。

每一個有情同樣都住於「**自心現量**」，表示這是不可改變的，都是由眞如心所變，所以說這眞如叫作「定量」，經中就說「**一切法、一切有情皆以眞如爲定量故**」；依於這個眞如定量而演說出來，結集成文字流傳下來時就稱爲「聖教量」。那麼菩薩爲大眾開示演說時，就牽涉到「比量」，譬如諸位跟我同住於人間，我依著「現量」來告訴諸位：如果你實證了如來藏，聽了我的解說時經由比量就可以現觀而成爲現量，所以悟後才眞的需要聞法。那麼談到天界、談到三惡道，跟你的境界不同，那就是以「比量」來了知他們。如果沒有實證的人，他以比量而說的時候，就會講錯，講錯了就叫作「非量」；所以比量是正確的，比量錯了就叫作非量，不叫作比量。那爲什麼菩薩阿那含可以爲大眾這樣開示知見呢？因爲「不見有相，不著無相，悉離有無」。

接著世尊說：「於諸蓋障作涅槃相，無轉無不轉；除惡道垢，摧伏眾魔；遠離愚癡，拔無明箭，竭無明種，害無明怨。」菩薩阿那含看見眾生有五蓋，也有各種障礙，這個障礙叫作一念無明，叫作煩惱障。

五蓋也很平常，貪欲、瞋恚蓋等五個煩惱會遮蓋人們的智慧光明。既然這些蓋、這些障都存在，而明明這五蓋以及所知障、煩惱障都障礙眾生證佛菩提道，如來竟然說：菩薩阿那含「於諸蓋障作涅槃相」，爲什麼把五蓋、把二障當作涅槃相？其實就是說，從眾生身上看得見的五蓋，以及從所知障、煩惱障上面來看，反而容易看得見眞如；越往上走，越難看見眞如。比如說，如果你到無色界去，哪裡看眞如去？無色界的一般天人是絕對看不見眞如了。下來色界天時，欸！都看見了，可是不具足；因爲眞如雖然無一切法，卻函蓋一切法、出生一切法，所以一切法即眞如，眞如即一切法。

那你想要具足見得眞如，人間最好，因爲人間苦樂參半，雖然有苦，不至於很苦；雖然有樂，不會使人下墮，所以從具足諸法來看時人間最好。譬如說：百法裡面貪、瞋、癡、慢、疑，你如果要見「貪瞋癡慢疑」，人間最容易看見；如果去了三惡道，譬如說去當狗好了，就少很多了！狗不會貪財產吧？不會啊！牠只貪主人；貪主人的目的貪什麼？貪住的跟吃的以及討拍拍（大眾笑…），對吧？狗就是貪這一些，其他的少貪了，由於異熟果及外在環境限制的緣故。

可是人呢？財、色、名、食、睡什麼都要，賺得一百億了還不夠，要一千億；一千億不夠，要全世界；人最貪了！可是你如果來看看蚯蚓時，牠貪什麼？牠比狗貪得更少了。如果去看地獄呢？沒有貪可以現行了，他們一心只想離苦，所以下了三惡道以後，法又不具足了，最具足諸法的是人間。所以在人間，你可以分明看見某甲有五蓋，某乙他有二障。

學佛人之中還有很多是有業障的，別懷疑這句話！當你實證了以後，在街上走著，看見出家人、在家人學佛的，你心想：「證眞如也不難哪！爲什麼他們不證眞如，連斷我見都很難？」眞的很難呢！你問他：「想不想證初果？」他一定告訴你：「想啊！我渴望死了！」可是你眞告訴他「斷我見」是什麼境界時，他又不要了！他把「我」抓得緊緊的，把這個「識陰的我」抓得很牢，根本就不肯放手！那爲什麼你把道理講這麼清楚給他了，他依舊不肯放手？因爲他有業障。《佛藏經》聽過了，苦岸比丘那四批人，到現在還在佛門中流轉生死，所以在他們身上反而很容易看見諸法眞如，非常圓滿具足；因爲一心有二門，所以心眞如門、心生滅門在人間最具足，而且兩門都有。但你如果到五不還天去，眞如門多而生滅門很少；到無色界天根本就看不見這二門了，所以人間最好，具足各類眞如門及生滅門的種種生滅法。

那菩薩就在「**諸蓋障**」上面，看見這五蓋及二種障都來自如來藏——都從眞如心中來，不外於眞如心，所以那些六識論者遇到這句話就死定了，解不得。他們都沒辦法解釋：爲什麼菩薩「**於諸蓋障作涅槃相**」。五蓋與二障都是生滅法，涅槃是不生不滅法，菩薩憑什麼把生滅性的五蓋、二障，當作不生不滅的涅槃相呢？講不通啊！可是你證眞如之後，再來看這五蓋、二障，不也是從如來藏眞如心中出生的嗎？不都是從眞如心中而有的嗎？如果離開了眞如心—離開了第八識如來藏—哪來的五蓋與二障？所以菩薩「**於諸蓋障作涅槃相**」，這也是法界定理，是法界中的現量。

親見這樣的「**自心現量**」以後，這時菩薩「**無轉無不轉**」；所以菩薩在人間轉法輪，到底轉了沒有？還眞不好說喔！我轉法輪二十幾年（其實已經三十年），諸位說說看，我到底轉了沒有？（有人答話，聽不清楚）對啊！就是非轉非不轉。你要說我沒轉，我明明說法二十幾年了；你要說我轉法輪了嗎？可是我轉來轉去都是語言、文字，何曾轉法輪？可是有的人，從另一方面來說：「**老師！您明明每一次上座都在轉法輪；其實還沒有上座，您就轉個不停了！**」說的也是啊！而且所轉都是第一義法輪，難道我要上座才能轉法輪嗎？可是你如果說我轉了法輪，可是我如來藏不曾講過一句話，何處轉法輪？所以眞的叫作「**無轉無不轉**」。

你看週二講經、週末增上班，這增上班以前講過《成唯識論》，那是百法。二○○三年開始講根本論——《瑜伽師地論》，那是六百六十法，也快講完了，全都在轉法輪；可是實際理地是如來藏，如來藏不曾轉法輪。但是這麼一講，家裡人又抗議說：「不對！不對！是如來藏轉法輪，五陰何曾轉法輪？」說的也是喔！是如來藏轉法輪。可是如來藏沒有講過一句話，不曾說過一法，何曾轉法輪？所以說「無轉無不轉」，就這樣沒有講過一句話當中，就把法輪給轉了。而大眾在聽聞一切法當中，從來無所聞；在無所聞當中，卻聽聞了了義大法，就這樣證了法，證了法以後卻又沒有證。

如果還沒有親證般若以前，聽到這句話就覺得說：「嘿！您蕭老師講話怎麼七顚八倒？」可是從我看來，不是七顚八倒，而是七通八達！所以從此以後轉依眞如，心中的污垢開始去除；去除以後，當然就永遠不墮三惡道，所以成爲「除惡道垢」，這就是大乘見道的厲害——永遠不墮三惡道。無量劫流轉生死，來到這一世，只要遇上而且實證了，夠本！不論你往世加上此世合計花了多大的本錢，都值得！因爲永不墮三惡道。接著悟後進修見地越來越勝妙，當然可以「摧伏眾魔」：五陰魔、煩惱魔、天魔、死魔都可以摧伏；因爲你從此開始遠離五欲，生活過得越來越單純。

所以我的生活比出家人還出家，因爲早餐用過了，就上佛堂開了電腦開始工作了。現在怕腰痛，乖乖設了定時器，只要它一嗶嗶叫，把它關了，趕快起來走一走；走完了，又坐回去，繼續開始再作。沒事不出門，所以這一回家，可能三天、可能五天才會再出門，就這樣過生活。上館子，沒機會；看電影，二十幾年沒看過了；聽歌，也沒去過；旅行，以前破參前闔家去了一趟日本，再也沒出門過；就這樣過的生活都是在弘法。我的生活重心就是弘法，所以我的孩子們要來見我不容易，比諸位見得少；他們可能半年才能見得著我一次，而你們每週都看得見我，我也不知道到底誰比較幸福！（大眾笑…）他們要來看我時都要跟我三約、四約，約到我有空，才能讓他們回我家來看我，這就是我的生活。

所以因爲這樣的緣故，天魔能引誘我什麼？天魔沒辦法用五欲引誘我，因爲我在人間，五欲已經習慣了，沒覺得什麼奇特：好吃的也吃過了、好玩的也去過了，人間的各種境界都看過了，無非就是五塵境界。老實講，無始劫以來，吃的多了、看的多了，天魔能引誘我的就只是欲界天以下的東西吧！欲界天不曉得受生過幾次了，都不稀罕了！現在稀罕的是佛法，所以天魔引誘不了我。煩惱魔對我來講，也幾乎是不存在；現在努力的就是斷除所知障的上煩惱等。至於生死魔，反正無生亦無死，無去也無來；生也了了，死也脫了，生死魔也與我無關！這個色身當然有生有死，可是實際理地無生無死。至於五陰魔，早就踏底把它踩穿了！這不就是「**摧伏眾魔**」嗎？

這時候可以為大眾「**開示悟入**」，當然就是「**遠離愚癡**」。「**遠離愚癡**」的原因是因為「**拔無明箭**」。每一個眾生身上都有無明箭，拔完一根還有一根，拔不完！可是你如果有智慧，只要拔一根就好；像二乘菩提那樣拔是拔不完的，在大乘菩提中，你只要把這一根拔了，其他的就會漸次脫落；所以講經前，你們聽著講堂播放的那首歌，有沒有？「**佛法雖易證，無明成障。**」佛法其實很容易實證，不難！難就難在無明造成的遮障，所以「**拔無明箭**」以後就「**遠離愚癡**」。這時候次第把無明種子劃除掉，所以悟後要作的事情比悟前更多，因為要把無明種子不斷地劃除掉，所以「**竭無明種**」，當你把一念無明打破，也把無始無明打破，你會發覺：距離佛地是那麼遠！因為這時才發覺，原來還有很多無明的種子。這時候呢，你得乖乖地每天一鏟、又一鏟，慢慢把它劃掉，這沒有速成之道，千萬別將六祖慧能講的「**一悟即至佛地**」當作究竟說，他那樣講是為了要廣弘禪宗，不得不施設的方便說，鼓舞大家努力見道，因此才能夠一花開五葉；但那是方便說，是從理上講的，不能當作究竟。這樣悟後繼續一鏟又一鏟，把無明種子剷掉，這叫作「害無明怨」。《楞伽經詳解》講過：「菩薩犯五逆之罪，不但無罪，而且要讚歎！」有沒有？殺無明父、害貪愛母等，就是這個道理。無明是你學佛之道中的大怨家，一定要把無明害死。

那麼這樣子「害無明怨」以後，接下來就有一個現象，就是「照除欲瞋，斷諸結使，開示諸有，拔愛欲箭。」證悟之後，要有能力自省；如果證悟之後，一天到晚指著別人：「你犯這個過失、你犯那個過失，你又犯那個過失！」當他食指指著別人，都沒想到其餘三個指頭都指向自己，其實他自己犯的過失最多。所以你們可以問增上班的同修們，我有沒有指責過哪一位同修說：「你這樣是什麼過失、你那樣又是什麼過失！」沒有！我們親教師們也不這樣說別人的過失，只有在布薩與羯磨的時候才談這個事。也就是說，要用斷除無明的智慧，因為斷除無明一定會生起智慧，要用這個智慧把慧眼拿出來，觀照自己有欲、有瞋沒有？如果有欲，把欲斷了；有瞋，把瞋斷了。斷不盡，沒有關係，次第斷，佛也沒有叫你一次就把它斷盡。

所以《楞嚴經》也明白著開示：「理則頓悟，乘悟併銷；事非頓除，因次第盡。」這是說在理上，就是這個如來藏實相你是要頓悟的，當你悟的當下，第八識眞如全體現前了，原來眞如心如來藏的境界中從來沒有煩惱；乘著這樣的開悟，你許多的無明就開始消失。可是理固然是頓悟，事修上面卻得要次第進修，就好像 佛把天主供養的劫波羅巾打成六個結，用右手拿著問大眾說：「這樣能不能解開？」大家說：「不能！」然後就換到左手：「這樣能不能解開？」解不開！答案是要兩隻手才能把它解開。

然後又問：「是一次解六個結？還是一個結又一個結來解？」是要解開一個、再解另一個；最後說明「因次第盡」，說事修上，你得一部分又一部分乖乖地去修，所以沒有一悟成佛這件事，除非你是最後身菩薩。因此證悟之後，要把慧眼拿出來，觀照自己的欲和瞋；「欲」起來了一次，趕快把它斷除；斷了一次，後來又出來了，再把它斷，就這樣慢慢串習去斷它。「瞋」也是一樣的道理，這個叫作「因次第盡」，是要因著次第修學，而在事相上把它漸漸斷盡；不是要你一次就把它斷盡，因爲事實上作不到。

也許有人想：「你說一次把它斷盡，你作不到，好像不對！因爲我在《阿含經》讀過，如來說了法以後，那弟子當下就成了阿羅漢，那不是一次就斷盡嗎？」問題是：「那位阿羅漢是這一生斷盡的嗎？」他是因爲胎昧，然後又來受生當菩薩，忘了往世的修證；所以 佛說法以後，把他往世的修證引生出來，所以他一次就斷盡煩惱成阿羅漢。因此佛世也有好多阿羅漢是「善來比丘」，佛陀也沒有跟他說什麼法，只是跟他說：「來得好啊！比丘。」他就鬚髮自落，即刻成爲阿羅漢。只告訴他說：「來得好！比丘。」那我現在依樣畫葫蘆，跟諸位（大眾笑…）再講一遍：「來得好啊！諸位，出家了！」諸位有沒有出家？沒有啊！三千煩惱絲宛然。可是人家就這樣出家當上菩薩了，所以那是往世就已經斷過了；這一世 佛陀示現成佛，他們聽到這個風聲來了，佛陀把他們往世的證量喚醒過來，所以在往世也是一世一世修行，次第斷盡，所以悟後要作的事情就是「照除欲瞋」。

有欲、有瞋，想要當菩薩，不修很難，因爲這是欲界；但是要懂得觀察、懂得照除。可是「照除欲瞋」有個前提，要先「斷諸結使」，「結」就是繫縛的意思，被外法用繩子綁住了就叫作「結」。「使」就是煩惱的意思，有鈍使也有利使。「鈍使」就是那五個根本煩惱——貪、瞋、癡、慢、疑。「利使」就是最後那個「惡見」，而「惡見」細分爲身見、見取見、戒禁取見、邊見、邪見；這五個煩惱，見道的當下就可以斷除，所以要斷它很快，叫作「利」，所以又稱爲「利使」；因爲有五個，所以稱爲「五利使」。

斷除這「五利使」，以斷除「三結」作基礎，也就是身見、疑見、戒禁取見這些斷除以後，那個見取見、邊見、邪見自然跟著就斷除了，所以斷五利使時仍以斷三縛結爲根本。這五利使斷除了，悟後進修，貪、瞋、癡、慢、疑就漸漸可以斷盡。這六個根本煩惱的現行斷盡時就是阿羅漢了，可是成阿羅漢之前，你還是要次第進修去把它斷除，不是一次就能斷除，所以不能拿佛世那一些比丘來套在自己身上。有的人很愚癡，看見《阿含經》記載有人聽聞 佛陀一席法之後，就成爲俱解脫阿羅漢，他就想：「那你爲我說法，我聽了以後爲什麼還不是阿羅漢？所以你這個法不對。」然而問題是，人家往世多少劫修下來，因爲胎昧的緣故，這一世悟了就是阿羅漢；他往世不曾悟過、不曾修行，煩惱不曾斷過，這一世聽聞我說法，就想要成爲俱解脫，門兒都沒有！所以對自己的現況要瞭解，但是對佛世聖弟子們的實況也要有所瞭解，這樣才能夠眞的「斷諸結使」，然後才能夠「照除欲瞋」。

這時可以爲大眾「**開示諸有**」。不是說有四生、二十五有嗎？歸類起來，就是卵、胎、濕、化四生，細分下來有二十五有；可是這二十五有，或者說簡單一點，叫作三界有，其實莫非是眞如心如來藏，同樣都是第八識如來藏所生。但是無量劫以來，我們每一個人都不斷地造作各種業種給祂收藏；那如來藏收藏了我們過去世的七轉識給祂的善惡業種，到這一世你證悟之後，這些業種難道叫如來藏就這樣呑著不吐嗎？祂當然是要流注出來還給你，因爲這都是你給祂收存的啊！祂既然不會受用，還是要流注出來給你受用。這是因爲往世跟這一世一樣，同樣都活在如來藏裡面；既然都活在如來藏裡面，所造的善業、惡業以及一切的無記業，當然都收藏在如來藏眞如心中；而那些種子跟如來藏不相應，只會跟你相應。所以你往世給祂什麼，祂這一世就還給你什麼，很公平！那你往世作的那一些業種，現在要一件一件、一個一個慢慢去把它轉變，這叫作事修。所以理上一定是頓悟的，但修行一定是在事相上，一步一腳印，誰也逃不得。

這時看清楚了就可以爲大眾說明：原來二十五有、或是三界有，同樣都是如來藏收藏的種子，而這些種子都是每一個人自己造了業丟給如來藏的。你現在修行了、悟了，還是要由你一個一個去把它修行轉變，所以修行還是自己修；悟是悟得如來藏，可是悟後不是如來藏替你修行，還是要你自己修行。你修行清淨了，如來藏的種子就跟著清淨，流注給你的就是清淨後的種子，這個因果很公平。不是像一神教講的上帝賜給你的罪，或是祖先留給你的罪。其實所有人都沒有原罪，上帝沒有那個能力給人原罪，那是騙人的。而且他們騙人時臉不紅、氣不喘，功夫眞好，但咱們不騙人，也騙不了聰明人。

（未完，詳後第四輯中續說。）

佛教正覺同修會〈修學佛道次第表〉

第一階段

＊以憶佛及拜佛方式修習動中定力。
＊學第一義佛法及禪法知見。
＊無相拜佛功夫成就。
＊具備一念相續功夫—動靜中皆能看話頭。
＊努力培植福德資糧，勤修三福淨業。

第二階段

＊參話頭，參公案。
＊開悟明心，一片悟境。
＊鍛鍊功夫求見佛性。
＊眼見佛性〈餘五根亦如是〉親見世界如幻，成就如幻觀。
＊學習禪門差別智。
＊深入第一義經典。
＊修除性障及隨分修學禪定。
＊修證十行位陽焰觀。

第三階段

＊學一切種智真實正理—楞伽經、解深密經、成唯識論…。
＊參究末後句。
＊解悟末後句。
＊透牢關—親自體驗所悟末後句境界，親見實相，無得無失。
＊救護一切衆生迴向正道。護持了義正法，修證十迴向位如夢觀。
＊發十無盡願，修習百法明門，親證猶如鏡像現觀。
＊修除五蓋，發起禪定。持一切善法戒。親證猶如光影現觀。
＊進修四禪八定、四無量心、五神通。進修大乘種智，求證猶如谷響現觀。

佛菩提二主要道次第概要表——二道並修，以外無別佛法

佛菩提道——大菩提道

十信位修集信心 —— 一劫乃至一萬劫

遠波羅蜜多

資糧位

初住位修集布施功德（以財施為主）。
二住位修集持戒功德。
三住位修集忍辱功德。
四住位修集精進功德。
五住位修集禪定功德。
六住位修集般若功德（熏習般若中觀及斷我見，加行位也）。

外門廣修六度萬行

見道位

七住位明心般若正觀現前，親證本來自性清淨涅槃。
八住位起於一切法現觀般若中道。漸除性障。
十住位眼見佛性，世界如幻觀成就。

一至十行位，於廣行六度萬行中，依般若中道慧，現觀陰處界猶如陽焰，至第十行滿心位，陽焰觀成就。

一至十迴向位熏習一切種智；修除性障，唯留最後一分思惑不斷。第十迴向滿心位成就菩薩道如夢觀。

內門廣修六度萬行

初地：第十迴向位滿心時，成就道種智一分（八識心王一一親證後，領受五法、三自性、七種第一義、七種性自性、二種無我法）復由勇發十無盡願，成通達位菩薩。復又永伏性障而不具斷，能證慧解脫而不取證，由大願故留惑潤生。此地主修法施波羅蜜多及百法明門。證「猶如鏡像」現觀，故滿初地心。

二地：初地功德滿足以後，再成就道種智一分而入二地；主修戒波羅蜜多及一切種智。滿心位成就「猶如光影」現觀，戒行自然清淨。

解脫道：二乘菩提

→ 斷三縛結，成初果解脫

→ 薄貪瞋癡，成二果解脫

→ 斷五下分結，成三果解脫

入地前的四加行令煩惱障現行悉斷，成四果解脫，留惑潤生。分段生死已斷，煩惱障習氣種子開始斷除，兼斷無始無明上煩惱。

圓滿成就究竟佛果

近波羅蜜多

大波羅蜜多

圓滿波羅蜜多

修道位

究竟位

心、五神通。能成就俱解脫果而不取證，留惑潤生。滿心位成就「猶如谷響」現觀及無漏妙定意生身。

四地：由三地再證道種智一分故入四地。主修精進波羅蜜多，於此土及他方世界廣度有緣，無有疲倦。進修一切種智，滿心位成就「如水中月」現觀。

五地：由四地再證道種智一分故入五地。主修禪定波羅蜜多及一切種智，斷除下乘涅槃貪。滿心位成就「變化所成」現觀。

六地：由五地再證道種智一分故入六地。此地主修般若波羅蜜多——依道種智現觀十二因緣一一有支及意生身化身，皆自心眞如變化所現，「非有似有」，成就細相觀，不由加行而自然證得滅盡定，成俱解脫大乘無學。

七地：由六地「非有似有」現觀，再證道種智一分故入七地。此地主修一切種智及方便波羅蜜多，由重觀十二有支一一支中之流轉門及還滅門一切細相，成就方便善巧，念念隨入滅盡定。滿心位證得「如犍闥婆城」現觀。

八地：由七地極細相觀成就故再證道種智一分而入八地。此地主修一切種智及願波羅蜜多。至滿心位純無相觀任運恆起，故於相土自在，滿心位復證「如實覺知諸法相意生身」故。

九地：由八地再證道種智一分故入九地。主修力波羅蜜多及一切種智，成就四無礙，滿心位證得「種類俱生無行作意生身」。

十地：由九地再證道種智一分故入此地。此地主修一切種智——智波羅蜜多。滿心位起大法智雲，及現起大法智雲所含藏種種功德，成受職菩薩。

等覺：由十地道種智成就故入此地。此地應修一切種智，圓滿等覺地無生法忍；於百劫中修集極廣大福德，以之圓滿三十二大人相及無量隨形好。

妙覺：示現受生人間已斷盡煩惱障一切習氣種子，並斷盡所知障一切隨眠，永斷變易生死無明，成就大般涅槃，四智圓明。人間捨壽後，報身常住色究竟天利樂十方地上菩薩；以諸化身利樂有情，永無盡期，成就究竟佛道。

七地滿心斷除故意保留之最後一分思惑時，煩惱障所攝色、受、想三陰有漏習氣種子全部斷盡。

煩惱障所攝行、識二陰無漏習氣種子任運漸斷，所知障所攝上煩惱任運漸斷。

斷盡變易生死
成就大般涅槃

佛子蕭平實 謹製
（二〇〇九、〇二 修訂）
（二〇一二、〇二 增補）

佛教正覺同修會 共修現況 及 招生公告 2024/3/28

一、共修現況：（請在共修時間來電，以免無人接聽。）

台北正覺講堂 103 台北市承德路三段 277 號九樓 捷運淡水線圓山站旁
Tel..總機 02-25957295（晚上）（**分機：九樓**辦公室 10、11；知客櫃檯 12、13。 **十樓**知客櫃檯 15、16；書局櫃檯 14。 **五樓**辦公室 18；知客櫃檯 19。**二樓**辦公室 20；知客櫃檯 21。）
Fax..25954493

第一講堂 台北市承德路三段 277 號九樓

禪淨班：週一晚班、週三晚班、週四晚班、週五晚班、週六下午班（共修期間二年半，全程免費。皆須報名建立學籍後始可參加共修，欲報名者詳見本公告末頁。）

增上班：成唯識論釋：單週六晚班。雙週六晚班（重播班）。17.50～20.50。平實導師講解，2022 年 2 月末開講，預定六年內講完，僅限已明心之會員參加。

禪門差別智：每月第一週日全天 平實導師主講（事冗暫停）。

菩薩瓔珞本業經 本經說明菩薩道六度、十度波羅蜜多之修行，要先修十信位，於因位中熏習百法明門，再轉入初住位起修六種瓔珞，總共四十二位，即是十住位、十行位、十迴向位、十地位、等覺位、妙覺位，方得成就六種瓔珞成爲一生補處，然後成就佛道，名爲習種性、性種性、道種性、聖種性、等覺性、妙覺性；連同習種性前的十信位，共爲五十二階位實修完畢，方得成佛。於本經中亦說明大乘初見道的證眞如、發起般若現觀時，若有佛菩薩護持故，即得進第七住位常住不退，然後向上進發，速修佛菩提道。如是實修佛菩提道方是義學，而非學術界所說的相似佛法等玄學，皆是可修可證之法，全都屬於現法樂證樂住並且是現觀的佛法，顯示佛法眞是義學而非玄談或思想。本經已於 2024 年一月上旬起開講，由平實導師詳解。每逢週二晚上開講，第一至第七講堂都可同時聽聞，歡迎菩薩種性學人，攜眷共同參與此殊勝法會現場聞法，不限制聽講資格。本會學員憑上課證進入第一至第四、第七講堂聽講，會外學人請以身分證件換證進入聽講（此爲大樓管理處安全管理規定之要求，敬請諒解）；第五及第六講堂（B1、B2）對外開放，不需出示任何證件，請由大樓側門直接進入。

第二講堂 台北市承德路三段 267 號十樓。

禪淨班：週一晚班。

進階班：週三晚班、週四晚班、週五晚班、週六早班、週六下午班。禪淨班結業後轉入共修。

增上班：成唯識論釋：單週六晚班，影音同步傳播。雙週六晚班（重播班）

菩薩瓔珞本業經：平實導師講解。每週二 18.50~20.50 影像音聲即時傳輸。

第三講堂　台北市承德路三段 277 號五樓。

增上班：成唯識論釋：單週六晚班，影音同步傳播。雙週六晚班（重播班）

進階班：週一晚班、週三晚班、週四晚班、週五晚班、週六下午班。

菩薩瓔珞本業經：平實導師講解。每週二 18.50~20.50 影像音聲即時傳輸。

第四講堂　台北市承德路三段 267 號二樓。

進階班：週一晚班、週三晚班、週四晚班（禪淨班結業後轉入共修）。

菩薩瓔珞本業經：平實導師講解。每週二 18.50~20.50 影像音聲即時傳輸。

第五、第六講堂　台北市承德路三段 267 號地下一樓、地下二樓

進階班：週一晚班、週三晚班、週四晚班。

菩薩瓔珞本業經：平實導師講解。每週二 18.50~20.50 影像音聲即時傳輸。第五、第六講堂爲**開放式講堂**，不需以身分證件換證即可進入聽講，台北市承德路三段 267 號地下一樓、地下二樓。每逢週二晚上講經時段開放給會外人士自由聽經，請由大樓側面梯階逕行進入聽講。**聽講者請尊重講者的著作權及肖像權，請勿錄音錄影，以免違法；若有錄音錄影被查獲者，將依法處理。**

第七講堂　台北市承德路三段 267 號六樓。

菩薩瓔珞本業經：平實導師講解。每週二 18.50~20.50 影像音聲即時傳輸。

正覺祖師堂　大溪區美華里信義路 650 巷坑底 5 之 6 號（台 3 號省道 34 公里處 妙法寺對面斜坡道進入）電話 03-3886110　傳眞 03-3881692 本堂供奉 克勤圓悟大師，專供會員每年四月、十月各兩次精進禪三共修，兼作本會出家菩薩掛單常住之用。開放參訪日期請參見本會公告。教內共修團體或道場，得另申請其餘時間作團體參訪，務請事先與常住確定日期，以便安排常住菩薩接引導覽，亦免妨礙常住菩薩之日常作息及修行。

桃園正覺講堂（第一、第二講堂）：桃園市介壽路 286、288 號 10 樓（陽明運動公園對面）電話：03-3749363（請於共修時聯繫，或與台北聯繫）

禪淨班：週一晚班（1）、週一晚班（2）、週三晚班、週四晚班、週五晚班。

進階班：週三晚班、週四晚班、週五晚班、週六上午班。

增上班：成唯識論釋。雙週六晚班（增上重播班）。

菩薩瓔珞本業經：平實導師講解。每週二晚上，以台北正覺講堂所錄 DVD 放映；歡迎會外學人共同聽講，不需出示身分證件。

新竹正覺講堂 新竹市東光路 55 號二樓之一 電話 03-5724297（晚上）

第一講堂：

禪淨班：週五晚班。

進階班：週三晚班、週四晚班、週六上午班。由禪淨班結業後轉入共修

增上班：成唯識論釋。單週六晚班。雙週六晚班（重播班）。

菩薩瓔珞本業經：平實導師講解。每週二晚上，以台北正覺講堂所錄 DVD 放映。歡迎會外學人共同聽講，不需出示身分證件。

第二講堂：

禪淨班：週一晚班、週三晚班、週四晚班、週六上午班。

菩薩瓔珞本業經：每週二晚上與第一講堂同步播放講經 DVD。

第三、第四講堂：裝修完畢，已經啓用。

台中正覺講堂 04-23816090（晚上）

第一講堂 台中市南屯區五權西路二段 666 號 13 樓之四（國泰世華銀行樓上。鄰近縣市經第一高速公路前來者，由五權西路交流道可以快速到達，大樓旁有停車場，對面有素食館）。

禪淨班：週四晚班、週五晚班。

進階班：週一晚班、週三晚班、週六上午班（由禪淨班結業後轉入共修）。

增上班：成唯識論釋。單週六晚班。雙週六晚班（重播班）。

菩薩瓔珞本業經：平實導師講解。每週二晚上，以台北正覺講堂所錄 DVD 放映。歡迎會外學人共同聽講，不需出示身分證件。

第二講堂 台中市南屯區五權西路二段 666 號 4 樓

禪淨班：週一晚班、週三晚班。

第三講堂台中市南屯區五權西路二段 666 號 4 樓

禪淨班：週一晚班。

第四講堂台中市南屯區五權西路二段 666 號 4 樓。

進階班：週三晚班、週四晚班、週五晚班、週六上午班，由禪淨班結業後轉入共修

菩薩瓔珞本業經：每週二晚上與第一講堂同步播放講經 DVD。

嘉義正覺講堂 嘉義市友愛路 288 號八樓之一 電話：05–2318228

第一講堂：

禪淨班：週四晚班、週五晚班、週六上午班。

進階班：週一晚班、週三晚班（由禪淨班結業後轉入共修）。

增上班：成唯識論釋。單週六晚班。雙週六晚班（重播班）。

菩薩瓔珞本業經：平實導師講解。每週二晚上，以台北正覺講堂所錄 DVD 放映。歡迎會外學人共同聽講，不需出示身分證件。

第二講堂 嘉義市友愛路 288 號八樓之二。

第三講堂　嘉義市友愛路 288 號四樓之七。

禪淨班：週一晚班、週三晚班。

台南正覺講堂

第一講堂　台南市西門路四段 15 號 4 樓。06-2820541（晚上）

禪淨班：週一晚班、週四晚班、週五晚班、週六下午班。

增上班：**成唯識論釋**。單週六晚班。雙週六晚班（重播班）。

菩薩瓔珞本業經：平實導師講解。每週二晚上，以台北正覺講堂所錄 DVD 放映。歡迎會外學人共同聽講，不需出示身分證件。

第二講堂　台南市西門路四段 15 號 3 樓。

菩薩瓔珞本業經：每週二晚上與第一講堂同步播放講經 DVD。

第三講堂　台南市西門路四段 15 號 3 樓。

進階班：週一晚班、週三晚班、週四晚班、週五晚班（由禪淨班結業後轉入共修）。

菩薩瓔珞本業經：每週二晚上與第一講堂同步播放講經 DVD。

高雄正覺講堂　高雄市新興區中正三路 45 號五樓 07-2234248（晚上）

第一講堂（五樓）：

禪淨班：週一晚班、週三晚班、週四晚班、週五晚班、週六上午班。

進階班：週六下午班（由禪淨班結業後轉入共修）。

增上班：**成唯識論釋**。單週六晚班。雙週六晚班（重播班）。

菩薩瓔珞本業經：平實導師講解。每週二晚上，以台北正覺講堂所錄 DVD 放映。歡迎會外學人共同聽講，不需出示身分證件。

第二講堂（四樓）：

進階班：週三晚班、週四晚班（由禪淨班結業後轉入共修）。

菩薩瓔珞本業經：每週二晚上與第一講堂同步播放講經 DVD。

第三講堂（三樓）：

進階班：週四晚班（由禪淨班結業後轉入共修）。

香港正覺講堂

香港新界葵涌打磚坪街 93 號維京科技商業中心A 座 18 樓。

電話：(852) 23262231

英文地址：18/F, Tower A, Viking Technology & Business Centre, 93 Ta Chuen Ping Street, Kwai Chung, N.T., Hong Kong.

禪淨班：單週六下午班、雙週六下午班、單週日上午班、單週日下午班、雙週日上午班

進階班：雙週六、日上午班（由禪淨班結業後轉入共修）。

增上班：每月第一雙週日下午及晚上班，以台北增上班課程錄成 DVD 放映之。

增上重播班：每月第二雙週日下午及晚上班，以台北增上班課程錄成 DVD 放映之。

不退轉法輪經詳解：平實導師講解。每週六、日 19:00～21:00，以台北正覺講堂所錄 DVD 放映；歡迎會外學人共同聽講，不需出示身分證件。

二、招生公告 **本會台北講堂及全省各講堂、香港講堂，每逢四月、十月下旬開新班，每週共修一次**（每次二小時。開課日起三個月內仍可插班）；**各班共修期間皆爲二年半，全程免費，欲參加者請向本會函索報名表**（各共修處皆於共修時間方有人執事，非共修時間請勿電詢或前來洽詢、請書），**或直接從本會官方網站** (http://www.enlighten.org.tw/newsflash/class)**或成佛之道網站下載報名表**。共修期滿時，若經報名禪三審核通過者，可參加四天三夜之禪三精進共修，有機會明心、取證如來藏，發起般若實相智慧，成爲實義菩薩，脫離凡夫菩薩位。

三、新春禮佛祈福 農曆**年假**期間停止共修：自農曆新年前七天起停止共修與弘法，正月 8 日起回復共修、弘法事務。新春期間正月初一～初七 9.00～17.00 開放台北講堂、正月初一~初三開放新竹、台中、嘉義、台南、高雄講堂，以及大溪禪三道場（正覺祖師堂），方便會員供佛、祈福及會外人士請書。

密宗四大派修雙身法，是外道性力派的邪法；又以生滅的識陰作為常住法，是常見外道，是假的藏傳佛教。

西藏覺囊巴以他空見弘揚第八識如來藏勝法，才是真藏傳佛教

佛教正覺同修會　弘法行事表

2024/1/2

1、**禪淨班**　以無相念佛及拜佛方式修習動中定力，實證一心不亂功夫。傳授解脫道正理及第一義諦佛法，以及參禪知見。共修期間：二年六個月。每逢四月、十月開新班，詳見招生公告表。

2、**進階班**　禪淨班畢業後得轉入此班，進修更深入的佛法，期能證悟明心。各地講堂各有多班，繼續深入佛法、增長定力，悟後得轉入增上班修學道種智，期能證得無生法忍。

3、**增上班　成唯識論釋**　詳解八識心王的唯識性、唯識相、唯識位，分說八識心王及其心所各別的自性、所依、所緣、相應心所、行相、功用等，並闡述緣生諸法的四緣：因緣、等無間緣、所緣緣、增上緣等四緣，並論及十因五果等。論中闡釋**佛法實證及成就的根本法即是第八識，由第八識成就三界世間及出世間的一切染淨諸法，方有成佛之道可修、可證、可成就，名爲圓成實性**。然後詳解末法時代學人極易混淆的見道位所函蓋的眞見道、相見道、通達位等內容，指正末法時代高慢心一類學人，於見道位前後不斷所墮的同一邪謬處。末後開示修道位的十地之中，各地所應斷的二愚及所應證的一智，乃至佛位的四智圓明及具足四種涅槃等一切種智之眞實正理。由平實導師講述，每逢一、三、五週之週末晚上開示，每逢二、四週之週末爲重播班，供作後悟之菩薩補聞所未聽聞之法。增上班課程僅限已明心之會員參加。未來每逢講完十分之一內容時，便予出書流通；總共十輯，敬請期待。（註：《瑜伽師地論》從 2003 年二月開講，至 2022 年 2 月 19 日已經圓滿，爲期 18 年整。）

4、**菩薩瓔珞本業經**　本經說明菩薩道六度、十度波羅蜜多之修行，要先修十信位，於因位中熏習百法明門，再轉入初住位起修六種瓔珞，總共四十二位，即是十住位、十行位、十迴向位、十地位、等覺位、妙覺位，方得成就六種瓔珞成爲一生補處，然後成就佛道，名爲習種性、性種性、道種性、聖種性、等覺性、妙覺性；連同習種性前的十信位，共爲五十二階位實修完畢，方得成佛。於本經中亦說明大乘初見道的證眞如、發起般若現觀時，若有佛菩薩護持故，即得進第七住位常住不退，然後向上進發，速修佛菩提道。如是實修佛菩提道方是義學，而非學術界所說的相似佛法等玄學，皆是可修可證之法，全都屬於現法樂證樂住並且是現觀的佛法，顯示佛法眞是義學而非玄談或思想。本經已於 2024 年一月上旬起開講，由平實導師詳解。不限制聽講資格。

5、**精進禪三**　主三和尚：平實導師。於四天三夜中，以克勤圓悟大師及大慧宗杲之禪風，施設機鋒與小參、公案密意之開示，幫助會員剋期取證，親證不生不滅之眞實心——人人本有之如來藏。每年四月、十月各舉辦三個梯次；平實導師主持。僅限本會會員參加禪淨班共修期滿，報名審核通過者，方可參加。並選擇會中定力、慧力、福德三條件皆已具足之已明心會員，給以指引，令得眼見自己無形無相之佛性遍佈山河大地，眞實而無障礙，得以肉眼現觀世界身心悉皆如幻，具足成就如幻觀，圓滿十住菩薩之證境。

6、**阿含經**詳解　選擇重要之阿含部經典，依無餘涅槃之實際而加以詳解，令大眾得以現觀諸法緣起性空，亦復不墮斷滅見中，顯示經中所隱說之涅槃實際—如來藏—確實已於四阿含中隱說；令大眾得以聞後觀行，確實斷除我見乃至我執，證得**見到**眞現觀，乃至**身證**……等眞現觀；已得大乘或二乘見道者，亦可由此聞熏及聞後之觀行，除斷我所之貪著，成就慧解脫果。由平實導師詳解。不限制聽講資格。

7、**精選如來藏系經典**詳解　精選如來藏系經典一部，詳細解說，以此完全印證會員所悟如來藏之眞實，得入不退轉住。另行擇期詳細解說之，由平實導師講解。僅限已明心之會員參加。

8、**禪門差別智**　藉禪宗公案之微細淆訛難知難解之處，加以宣說及剖析，以增進明心、見性之功德，啓發差別智，建立擇法眼。每月第一週日全天，由平實導師開示，僅限破參明心後，復又眼見佛性者參加(事冗暫停)。

9、**枯木禪**　先講智者大師的《小止觀》，後說《釋禪波羅蜜》，詳解四禪八定之修證理論與實修方法，細述一般學人修定之邪見與岔路，及對禪定證境之誤會，消除枉用功夫、浪費生命之現象。已悟般若者，可以藉此而實修初禪，進入大乘通教及聲聞教的三果心解脫境界，配合應有的大福德及後得無分別智、十無盡願，即可進入初地心中。親教師：平實導師。未來緣熟時將於正覺寺開講。不限制聽講資格。

註：本會例行年假，自 2004 年起，改爲每年農曆新年前七天開始停息弘法事務及共修課程，農曆正月 8 日回復所有共修及弘法事務。新春期間（每日 9.00～17.00)開放台北講堂，方便會員禮佛祈福及會外人士請書。大溪區的正覺祖師堂，開放參訪時間，詳見〈正覺電子報〉或成佛之道網站。本表得因時節因緣需要而隨時修改之，不另作通知。

佛教正覺同修會　贈閱書籍 目錄　2021/8/30

1.**無相念佛**　平實導師著　回郵 36 元
2.**念佛三昧修學次第**　平實導師述著　回郵 52 元
3.**正法眼藏—護法集**　平實導師述著　回郵 76 元
4.**真假開悟簡易辨正法&佛子之省思**　平實導師著　回郵 26 元
5.**生命實相之辨正**　平實導師著　回郵 31 元
6.**如何契入念佛法門**（附：印順法師否定極樂世界）平實導師著　回郵 26 元
7.**平實書箋**—答元覽居士書　平實導師著　回郵 52 元
8.**三乘唯識**—如來藏系經律彙編　平實導師編　回郵 80 元
（精裝本　長 27 cm　寬 21 cm　高 7.5 cm　重 2.8 公斤）
9.**三時繫念全集**—修正本　回郵掛號 52 元（長 26.5 cm×寬 19 cm）
10.**明心與初地**　平實導師述　回郵 31 元
11.**邪見與佛法**　平實導師述著　回郵 36 元
12.**甘露法雨**　平實導師述　回郵 36 元
13.**我與無我**　平實導師述　回郵 36 元
14.**學佛之心態**—修正錯誤之學佛心態始能與正法相應 孫正德老師著 回郵52元
附錄：平實導師著**《略說八、九識並存…等之過失》**
15.**大乘無我觀**—《悟前與悟後》別說　平實導師述著　回郵 36 元
16.**佛教之危機**—中國台灣地區現代佛教之真相（附錄：公案拈提六則）
平實導師著　回郵 52 元
17.**燈 影**—燈下黑（覆「求教後學」來函等）　平實導師著　回郵 76 元
18.**護法與毀法**—覆上平居士與徐恒志居士網站毀法二文
張正圜老師著　回郵 76 元
19.**淨土聖道**—兼評**選擇本願念佛**　正德老師著　**由正覺同修會購贈** 回郵52 元
20.**辨唯識性相**—對「紫蓮心海《辯唯識性相》書中否定阿賴耶識」之回應
正覺同修會 台南共修處法義組 著　回郵52 元
21.**假如來藏**—對法蓮法師《如來藏與阿賴耶識》書中否定阿賴耶識之回應
正覺同修會 台南共修處法義組 著　回郵 76 元
22.**入不二門**—公案拈提集錦 第一輯（於平實導師公案拈提諸書中選錄約二十則，
合輯爲一冊流通之）平實導師著　回郵52 元
23.**真假邪說**—西藏密宗索達吉喇嘛《破除邪說論》真是邪說
釋正安法師著　上、下冊回郵各 52 元
24.**真假開悟**—真如、如來藏、阿賴耶識間之關係　平實導師述著　回郵 76 元
25.**真假禪和**—辨正釋傳聖之謗法謬說　孫正德老師著　回郵 76 元

26.**眼見佛性**—駁慧廣法師眼見佛性的含義文中謬說
游正光老師著　回郵 52 元

27.**普門自在**—公案拈提集錦 第二輯（於平實導師公案拈提諸書中選錄約二十則，合輯為一冊流通之）平實導師著　回郵 52 元

28.**印順法師的悲哀**—以現代禪的質疑為線索　恒毓博士著　回郵 52 元

29.**識蘊真義**—現觀識蘊內涵、取證初果、親斷三縛結之具體行門。
—依《成唯識論》及《唯識述記》正義，略顯安慧《大乘廣五蘊論》之邪謬
平實導師著　回郵 76 元

30.**正覺電子報** 各期紙版本　免附回郵　每次最多函索三期或三本。
（已無存書之較早各期，不另增印贈閱）

31.**現代人應有的宗教觀**　蔡正禮老師 著　回郵 31 元

32.**遠惑趣道**—正覺電子報般若信箱問答錄　第一輯　回郵 52 元

33.**遠惑趣道**—正覺電子報般若信箱問答錄　第二輯　回郵 52 元

34.**確保您的權益**—器官捐贈應注意自我保護　游正光老師 著　回郵 31 元

35.**正覺教團電視弘法三乘菩提 DVD 光碟（一）**
由正覺教團多位親教師共同講述錄製 DVD 8 片，MP3 一片，共 9 片。有二大講題：一為「三乘菩提之意涵」，二為「學佛的正知見」。內容精闢，深入淺出，精彩絕倫，幫助大眾快速建立三乘法道的正知見，免被外道邪見所誤導。有志修學三乘佛法之學人不可不看。（製作工本費 100 元，回郵 52 元）

36.**正覺教團電視弘法 DVD 專輯（二）**
總有二大講題：一為「三乘菩提之念佛法門」，一為「學佛正知見（第二篇）」，由正覺教團多位親教師輪番講述，內容詳細闡述如何修學念佛法門、實證念佛三昧，以及學佛應具有的正確知見，可以幫助發願往生西方極樂淨土之學人，得以把握往生，更可令學人快速建立三乘法道的正知見，免於被外道邪見所誤導。有志修學三乘佛法之學人不可不看。（一套 17 片，工本費 160 元。回郵 76 元）

37.**喇嘛性世界**—揭開假藏傳佛教譚崔瑜伽的面紗　張善思 等人合著
由正覺同修會購贈　回郵 52 元

38.**假藏傳佛教的神話**—性、謊言、喇嘛教　張正玄教授編著
由正覺同修會購贈　回郵 52 元

39.**隨 緣**—理隨緣與事隨緣　平實導師述　回郵 52 元。

40.**學佛的覺醒**　正枝居士 著　回郵 52 元

41.**導師之真實義**　蔡正禮老師 著　回郵 31 元

42.**淺談達賴喇嘛之雙身法**—兼論解讀「密續」之達文西密碼
吳明芷居士 著　回郵 31 元

43.**魔界轉世**　張正玄居士 著　回郵 31 元

44.**一貫道與開悟**　蔡正禮老師 著　回郵 31 元

45.**博愛**—愛盡天下女人　正覺教育基金會 編印　回郵 36 元

46.**意識虛妄經教彙編**—實證解脫道的關鍵經文　正覺同修會編印　回郵36元

47.**邪箭囈語**—破斥藏密外道多識仁波切《破魔金剛箭雨論》之邪說

陸正元老師著　上、下冊回郵各52元

48.**真假沙門**—依 佛聖教闡釋佛教僧寶之定義

蔡正禮老師著　俟正覺電子報連載後結集出版

49.**真假禪宗**—藉評論釋性廣《印順導師對變質禪法之批判

及對禪宗之肯定》以顯示真假禪宗

附論一：凡夫知見 無助於佛法之信解行證

附論二：世間與出世間一切法皆從如來藏實際而生而顯

余正偉老師著　俟正覺電子報連載後結集出版　回郵未定

★ 上列贈書之郵資，係台灣本島地區郵資，大陸、港、澳地區及外國地區，請另計酌增（大陸、港、澳、國外地區之郵票不許通用）。尚未出版之書，請勿先寄來郵資，以免增加作業煩擾。

★ 本目錄若有變動，唯於後印之書籍及「成佛之道」網站上修正公佈之，不另行個別通知。

函索書籍請寄：佛教正覺同修會　103台北市承德路3段277號9樓

台灣地區函索書籍者請附寄郵票，無時間購買郵票者可以等值現金抵用，但不接受郵政劃撥、支票、匯票。大陸地區得以人民幣計算，國外地區請以美元計算（請勿寄來當地郵票，在台灣地區不能使用）。欲以掛號寄遞者，請另附掛號郵資。

親自索閱：正覺同修會各共修處。　★請於共修時間前往取書，餘時無人在道場，請勿前往索取；共修時間與地點，詳見書末正覺同修會共修現況表（以近期之共修現況表爲準）。

註：正智出版社發售之局版書，請向各大書局購閱。若書局之書架上已經售出而無陳列者，請向書局櫃台指定洽購；若書局不便代購者，請於正覺同修會共修時間前往各共修處請購，正智出版社已派人於共修時間送書前往各共修處流通。 郵政劃撥購書及 大陸地區 購書，請詳別頁正智出版社發售書籍目錄最後頁之說明。

成佛之道 網站：http://www.a202.idv.tw　正覺同修會已出版之結緣書籍，多已登載於 成佛之道 網站，若住外國、或住處遙遠，不便取得正覺同修會贈閱書籍者，可以從本網站閱讀及下載。

＊＊假藏傳佛教修雙身法，非佛教＊＊

正智出版社 籌募弘法基金發售書籍目錄 2024/04/10

1.**宗門正眼**—公案拈提 第一輯 重拈 平實導師 著 500 元

因重寫內容大幅度增加故，字體必須改小，並增爲 576 頁 主文 546 頁。比初版更精彩、更有內容。初版《禪門摩尼寶聚》之讀者，可寄回本公司免費調換新版書。免附回郵，亦無截止期限。（2007 年起，每冊附贈本公司精製公案拈提〈超意境〉CD 一片。市售價格 280 元，多購多贈。）

2.**禪淨圓融** 平實導師 著 200 元（第一版舊書可換新版書。）

3.**真實如來藏** 平實導師 著 400 元

4.**禪—悟前與悟後** 平實導師 著 上、下冊，每冊 250 元

5.**宗門法眼**—公案拈提 第二輯 平實導師 著 500 元

（2007 年起，每冊附贈本公司精製公案拈提〈超意境〉CD 一片）

6.**楞伽經詳解** 平實導師 著 全套共 10 輯 每輯 250 元

7.**宗門道眼**—公案拈提 第三輯 平實導師 著 500 元

（2007 年起，每冊附贈本公司精製公案拈提〈超意境〉CD 一片）

8.**宗門血脈**—公案拈提 第四輯 平實導師 著 500 元

（2007 年起，每冊附贈本公司精製公案拈提〈超意境〉CD 一片）

9.**宗通與說通**—成佛之道 平實導師 著 主文 381 頁 全書 400 頁售價 300 元

10.**宗門正道**—公案拈提 第五輯 平實導師 著 500 元

（2007 年起，每冊附贈本公司精製公案拈提〈超意境〉CD 一片）

11.**狂密與真密 一～四輯** 平實導師 著 西藏密宗是人間最邪淫的宗教，本質不是佛教，只是披著佛教外衣的印度教性力派流毒的喇嘛教。此書中將西藏密宗密傳之男女雙身合修樂空雙運所有祕密與修法，毫無保留完全公開，並將全部喇嘛們所不知道的部分也一併公開。內容比大辣出版社喧騰一時的《西藏慾經》更詳細。並且函蓋藏密的所有祕密及其錯誤的中觀見、如來藏見……等，藏密的所有法義都在書中詳述、分析、辨正。每輯主文三百餘頁 每輯全書約 400 頁 售價每輯 300 元

12.**宗門正義**—公案拈提 第六輯 平實導師 著 500 元

（2007 年起，每冊附贈本公司精製公案拈提〈超意境〉CD 一片）

13.**心經密意**—心經與解脫道、佛菩提道、祖師公案之關係與密意 平實導師述 300 元

14.**宗門密意**—公案拈提 第七輯 平實導師 著 500 元

（2007 年起，每冊附贈本公司精製公案拈提〈超意境〉CD 一片）

15.**淨土聖道**—兼評「選擇本願念佛」 正德老師 著 200 元

16.**起信論講記** 平實導師 述著 共六輯 每輯三百餘頁 售價各 250 元

17.**優婆塞戒經講記**　平實導師 述著　共八輯 每輯三百餘頁 售價各250元

18.**真假活佛**—略論附佛外道盧勝彥之邪說（對前岳靈犀網站主張「盧勝彥是證悟者」之修正）　正犀居士（岳靈犀）著　流通價140元

19.**阿含正義**—唯識學探源　平實導師 著　共七輯　每輯300元

20.**超意境 CD** 以平實導師公案拈提書中超越意境之頌詞，加上曲風優美的旋律，錄成令人嚮往的超意境歌曲，其中包括正覺發願文及平實導師親自譜成的黃梅調歌曲一首。詞曲雋永，殊堪翫味，可供學禪者吟詠，有助於見道。內附設計精美的彩色小冊，解說每一首詞的背景本事。每片280元。【每購買公案拈提書籍一冊，即贈送一片。】

21.**菩薩底憂鬱 CD** 將菩薩情懷及禪宗公案寫成新詞，並製作成超越意境的優美歌曲。1.主題曲〈菩薩底憂鬱〉，描述地後菩薩能離三界生死而迴向繼續生在人間，但因尚未斷盡習氣種子而有極深沈之憂鬱，非三賢位菩薩及二乘聖者所知，此憂鬱在七地滿心位方才斷盡；本曲之詞中所說義理極深，昔來所未曾見；此曲係以優美的情歌風格寫詞及作曲，聞者得以激發嚮往諸地菩薩境界之大心，詞、曲都非常優美，難得一見；其中勝妙義理之解說，已印在附贈之彩色小冊中。2.以各輯公案拈提中直示禪門入處之頌文，作成各種不同曲風之超意境歌曲，值得玩味、參究；聆聽公案拈提之優美歌曲時，請同時閱讀內附之印刷精美說明小冊，可以領會超越三界的證悟境界；未悟者可以因此引發求悟之意向及疑情，眞發菩提心而邁向求悟之途，乃至因此眞實悟入般若，成眞菩薩。3.正覺總持咒新曲，總持佛法大意；總持咒之義理，已加以解說並印在隨附之小冊中。本CD共有十首歌曲，長達63分鐘。每盒各附贈二張購書優惠券。每片320元。

22.**禪意無限 CD** 平實導師以公案拈提書中偈頌寫成不同風格曲子，與他人所寫不同風格曲子共同錄製出版，幫助參禪人進入禪門超越意識之境界。盒中附贈彩色印製的精美解說小冊，以供聆聽時閱讀，令參禪人得以發起參禪之疑情，即有機會證悟本來面目而發起實相智慧，實證大乘菩提般若，能如實證知般若經中的眞實意。本CD共有十首歌曲，長達69分鐘，每盒各附贈二張購書優惠券。每片320元。

23.**我的菩提路**第一輯　釋悟圓、釋善藏等人合著　售價300元

24.**我的菩提路**第二輯　郭正益等人合著　售價300元

（初版首刷至第四刷，都可以寄來免費更換爲第二版，免附郵費）

25.**我的菩提路**第三輯　王美伶等人合著　售價300元

26.**我的菩提路**第四輯　陳晏平等人合著　售價 300 元
27.**我的菩提路**第五輯　林慈慧等人合著　售價 300 元
28.**我的菩提路**第六輯　劉惠莉等人合著　售價 300 元
29.**我的菩提路**第七輯　余正偉等人合著　售價 300 元
30.**鈍鳥與靈龜**—考證後代凡夫對大慧宗杲禪師的無根誹謗。
平實導師 著 共 458 頁 售價 350 元
31.**維摩詰經講記**　平實導師 述　共六輯　每輯三百餘頁　售價各 250 元
32.**真假外道**—破劉東亮、杜大威、釋證嚴常見外道見　正光老師 著　200 元
33.**勝鬘經講記**—兼論印順《勝鬘經講記》對於《勝鬘經》之誤解。
平實導師 述　共六輯　每輯三百餘頁　售價 250 元
34.**楞嚴經講記**—平實導師 述　共 15 輯，每輯三百餘頁　售價 300 元
35.**明心與眼見佛性**—駁慧廣〈蕭氏「眼見佛性」與「明心」之非〉文中謬說
正光老師 著　共 448 頁　售價 300 元
36.**見性與看話頭**　黃正倖老師 著，本書是禪宗參禪的方法論。
內文 375 頁，全書 416 頁，售價 300 元。
37.**達賴真面目**—玩盡天下女人 白正偉老師 等著 中英對照彩色精裝大本 800 元
38.**喇嘛性世界**—揭開假藏傳佛教譚崔瑜伽的面紗　張善思 等人著　200 元
39.**假藏傳佛教的神話**—性、謊言、喇嘛教　正玄教授 編著　200 元
40.**金剛經宗通**　平實導師 述　共九輯　每輯售價 250 元。
41.**末代達賴**—性交教主的悲歌　張善思、呂艾倫、辛燕　編著 售價 250 元
42.**霧峰無霧**—給哥哥的信　辨正釋印順對佛法的無量誤解
游宗明 老師 著　售價 250 元
43.**霧峰無霧**—第二輯—救護佛子向正道　細說釋印順對佛法的各類誤解
游宗明 老師 著　售價 250 元
44.**第七意識與第八意識？**—穿越時空「超意識」
平實導師 述　每冊 300 元
45.**黯淡的達賴**—失去光彩的諾貝爾和平獎
正覺教育基金會　編著　每冊 250 元
46.**童女迦葉考**—論呂凱文〈佛教輪迴思想的論述分析〉之謬。
平實導師 著　定價 180 元
47.**人間佛教**—實證者必定不悖三乘菩提
平實導師　述，定價 400 元
48.**實相經宗通**　平實導師 述　共八輯　每輯 250 元

49.**真心告訴您(一)**—達賴喇嘛在幹什麼？
正覺教育基金會 編著　售價 250 元
50.**中觀金鑑**—詳述應成派中觀的起源與其破法本質
孫正德老師 著　分為上、中、下三冊，每冊 250 元
51.**藏傳佛教要義**—《狂密與真密》之簡體字版　平實導師 著 上、下冊
僅在大陸流通　每冊 300 元
52.**法華經講義**—平實導師 述　共二十五輯　每輯三百餘頁 售價 300 元
53.**西藏「活佛轉世」制度**—附佛、造神、世俗法
許正豐、張正玄老師 合著　定價 150 元
54.**廣論三部曲**—郭正益老師著　　定價 150 元
55.**真心告訴您(二)**—達賴喇嘛是佛教僧侶嗎？
—補祝達賴喇嘛八十大壽
正覺教育基金會 編著　售價300元
56.**次法**—實證佛法前應有的條件
張善思居士 著　分為上、下二冊，每冊 250 元
57.**涅槃**—解說四種涅槃之實證及內涵　平實導師 著 上、下冊　各 350 元
58.**佛藏經講義**—平實導師 述　共二十一輯 每輯三百餘頁 售價 300 元。
59.**成唯識論**—大唐 玄奘菩薩所著鉅論。重新正確斷句，並以不同字體及標點符號顯示質疑文，令得易讀。全書 288 頁，精裝大本 400 元。
60.**大法鼓經講義**—平實導師 述　共六輯　每輯三百餘頁 售價 300 元。
61.**成唯識論釋**—詳解大唐玄奘菩薩所著《成唯識論》，平實導師 著述。共十輯，每輯內文四百餘頁，12 級字編排，於每講完一輯的分量以後即予出版，2023 年五月底出版第一輯，以後每七到十個月出版一輯，每輯 400 元。
62.**不退轉法輪經講義**—平實導師 述 2024 年 1 月 30 日開始出版　共十輯
每二個月出版一輯，每輯 300 元。
63.**中論正義**—釋龍樹菩薩《中論》頌正理。孫正德老師 著　共上下二冊
下冊定於 2024/6/30 出版 每冊 300 元。
64.**誰是 師子身中蟲**—平實導師 述著　2024 年 5 月 30 出版，每冊 110 元。
65.**解深密經講義**—平實導師 述　輯數未定　將於《不退轉法輪經講義》出版後整理出版。
66.**菩薩瓔珞本業經講義**—平實導師 述　約〇輯　將於《解深密經講義》出版後整理出版。
67.**假鋒虛焰金剛乘**—揭示顯密正理，兼破索達吉師徒《般若鋒兮金剛焰》
釋正安法師 著　簡體字版　即將出版 售價未定

68.**廣論之平議**—宗喀巴《菩提道次第廣論》之平議　正雄居士 著
約二或三輯 俟正覺電子報連載後結集出版　書價未定
69.**八識規矩頌**詳解　○○居士 註解　出版日期另訂　書價未定
70.**中觀正義**—註解平實導師《中論正義頌》。
○○法師（居士）著　出版日期未定　書價未定
71.**中國佛教史**—依中國佛教正法史實而論。○○老師 著　書價未定。
72.**印度佛教史**—法義與考證。依法義史實評論印順《印度佛教思想史、佛教史地考論》之謬說　正偉老師 著 出版日期未定 書價未定
73.**阿含經講記**—將選錄四阿含中數部重要經典全經講解之，講後整理出版。
平實導師 述　約二輯　每輯300元　出版日期未定
74.**寶積經講記** 平實導師 述 每輯三百餘頁 優惠價300元　出版日期未定
75.**修習止觀坐禪法要講記**　平實導師 述　每輯三百餘頁
將於正覺寺建成後重講、以講記逐輯出版　出版日期未定
76.**無門關**—《無門關》公案拈提　平實導師 著　出版日期未定。
77.**中觀再論**—兼述印順《中觀今論》謬誤之平議。正光老師 著　出版日期未定
78.**輪迴與超度**—佛教超度法會之真義。
○○法師（居士）著　出版日期未定　書價未定
79.**《釋摩訶衍論》平議**—對偽稱龍樹所造《釋摩訶衍論》之平議
○○法師（居士）著　出版日期未定　書價未定
80.**正覺發願文**註解—以真實大願為因 得證菩提
正德老師 著　出版日期未定　書價未定
81.**正覺總持咒**—佛法之總持　正圜老師 著　出版日期未定　書價未定
82.**三自性**—依四食、五蘊、十二因緣、十八界法，說三性三無性。
作者未定　出版日期未定
83.**道品**—從三自性說大小乘三十七道品　作者未定　出版日期未定
84.**大乘緣起觀**—依四聖諦七真如現觀十二緣起 作者未定　出版日期未定
85.**三德**—論解脫德、法身德、般若德。　作者未定　出版日期未定
86.**真假如來藏**—對印順《如來藏之研究》謬說之平議　作者未定　出版日期未定
87.**大乘道次第**　作者未定　出版日期未定　書價未定
88.**四緣**—依如來藏故有四緣。　作者未定　出版日期未定
89.**空之探究**—印順《空之探究》謬誤之平議　作者未定　出版日期未定
90.**十法義**—論阿含經中十法之正義　作者未定　出版日期未定
91.**外道見**—論述外道六十二見　作者未定　出版日期未定

正智出版社有限公司 書籍介紹

禪淨圓融：言淨土諸祖所未曾言，示諸宗祖師所未曾示；禪淨圓融，另闢成佛捷徑，兼顧自力他力，闡釋淨土門之速行易行道，亦同時揭櫫聖教門之速行易行道；令廣大淨土行者得免緩行難證之苦，亦令聖道門行者得以藉著淨土速行道而加快成佛之時劫。乃前無古人之超勝見地，非一般弘揚禪淨法門典籍也，先讀為快。平實導師著 200元。

宗門正眼—**公案拈提**第一輯：繼承克勤圜悟大師碧巖錄宗旨之禪門鉅作。先則舉示當代大法師之邪說，消弭當代禪門大師鄉愿之心態，摧破當今禪門「世俗禪」之妄談；次則旁通教法，表顯宗門正理；繼以道之次第，消弭古今狂禪；後藉言語及文字機鋒，直示宗門入處。悲智雙運，禪味十足，數百年來難得一睹之禪門鉅著也。平實導師著 500元（原初版書《禪門摩尼寶聚》，改版後補充為五百餘頁新書，總計多達二十四萬字，內容更精彩，並改名為《宗門正眼》，讀者原購初版《禪門摩尼寶聚》皆可寄回本公司免費換新，免附回郵，亦無截止期限）（2007年起，凡購買公案拈提第一輯至第七輯，每購一輯皆贈送本公司精製公案拈提〈超意境〉CD一片，市售價格280元，多購多贈）。

禪—悟前與悟後：本書能建立學人悟道之信心與正確知見，圓滿具足而有次第地詳述禪悟之功夫與禪悟之內容，指陳參禪中細微淆訛之處，能使學人明自眞心、見自本性。若未能悟入，亦能以正確知見辨別古今中外一切大師究係眞悟？或屬錯悟？便有能力揀擇，捨名師而選明師，後時必有悟道之緣。一旦悟道，遲者七次人天往返，便出三界，速者一生取辦。學人欲求開悟者，不可不讀。　平實導師著。上、下冊共500元，單冊250元。

眞實如來藏：如來藏眞實存在，乃宇宙萬有之本體，並非印順法師、達賴喇嘛等人所說之「唯有名相、無此心體」。如來藏是涅槃之本際，是一切有智之人竭盡心智、不斷探索而不能得之生命實相；是古今中外許多大師自以爲悟而當面錯過之生命實相。如來藏即是阿賴耶識，乃是一切有情本自具足、不生不滅之眞實心。當代中外大師於此書出版之前所未能言者，作者於本書中盡情流露、詳細闡釋。眞悟者讀之，必能增益悟境、智慧增上；錯悟者讀之，必能檢討自己之錯誤，免犯大妄語業；未悟者讀之，能知參禪之理路，亦能以之檢查一切名師是否眞悟。此書是一切哲學家、宗教家、學佛者及欲昇華心智之人必讀之鉅著。　平實導師著　售價400元。

宗門法眼—**公案拈提**第二輯：列舉實例，闡釋土城廣欽老和尚之悟處；並直示這位不識字的老和尚妙智橫生之根由，繼而剖析禪宗歷代大德之開悟公案，解析當代密宗高僧卡盧仁波切之錯悟證據，並例舉當代顯宗高僧、大居士之錯悟證據（凡健在者，爲免影響其名聞利養，皆隱其名）。藉辨正當代名師之邪見，向廣大佛子指陳禪悟之正道，彰顯宗門法眼。悲勇兼出，強捋虎鬚；慈智雙運，巧探驪龍；摩尼寶珠在手，直示宗門入處，禪味十足；若非大悟徹底，不能爲之。禪門精奇人物，允宜人手一冊，供作參究及悟後印證之圭臬。本書於2008年4月改版，增寫為大約500頁篇幅，以利學人研讀參究時更易悟入宗門正法，以前所購初版首刷及初版二刷舊書，皆可免費換取新書。平實導師著 500元（2007年起，凡購買公案拈提第一輯至第七輯，每購一輯皆贈送本公司精製公案拈提〈超意境〉CD一片，市售價格280元，多購多贈）。

宗門道眼—**公案拈提**第三輯：繼宗門法眼之後，再以金剛之作略、慈悲之胸懷、犀利之筆觸，舉示寒山、拾得、布袋三大士之悟處，消弭當代錯悟者對於寒山大士……等之誤會及誹謗。亦舉出民初以來與虛雲和尚齊名之蜀郡鹽亭袁煥仙夫子——南懷瑾老師之師，其「悟處」何在？並蒐羅許多眞悟祖師之證悟公案，顯示禪宗歷代祖師之睿智，指陳部分祖師、奧修及當代顯密大師之謬悟，作爲殷鑑，幫助禪子建立及修正參禪之方向及知見。假使讀者閱此書已，一時尚未能悟，亦可一面加功用行，一面以此宗門道眼辨別眞假善知識，避開錯誤之印證及歧路，可免大妄語業之長劫慘痛果報。欲修禪宗之禪者，務請細讀。平實導師著 售價500元（2007年起，凡購買公案拈提第一輯至第七輯，每購一輯皆贈送本公司精製公案拈提〈超意境〉CD一片，市售價格280元，多購多贈）。

楞伽經詳解：本經是禪宗見道者印證所悟眞僞之根本經典，亦是禪宗見道者悟後起修之依據經典；故達摩祖師於印證二祖慧可大師之後，將此經典連同佛缽祖衣一併交付二祖，令其依此經典佛示金言、進入修道位，修學一切種智。由此可知此經對於眞悟之人修學佛道，是非常重要之一部經典。此經能破外道邪說，亦破佛門中錯悟名師之謬說，亦破禪宗部分祖師之狂禪：不讀經典、一向主張「一悟即成究竟佛」之謬執。並開示愚夫所行禪、觀察義禪、攀緣如禪、如來禪等差別，令行者對於三乘禪法差異有所分辨；亦糾正禪宗祖師古來對於如來禪之誤解，嗣後可免以訛傳訛之弊。此經亦是法相唯識宗之根本經典，禪者悟後欲修一切種智而入初地者，必須詳讀。　平實導師著，全套共十輯，已全部出版完畢，每輯主文約320頁，每冊約352頁，定價250元。

宗門血脈—**公案拈提第四輯**：末法怪象—許多修行人自以爲悟，每將無念靈知認作眞實；崇尚二乘法諸師及其徒眾，則將外於如來藏之緣起性空—無因論之無常空、斷滅空、一切法空—錯認爲 佛所說之般若空性。這兩種現象已於當今海峽兩岸及美加地區顯密大師之中普遍存在；人人自以爲悟，心高氣壯，便敢寫書解釋祖師證悟之公案，大多出於意識思惟所得，言不及義，錯誤百出，因此誤導廣大佛子同陷大妄語之地獄業中而不能自知。彼等書中所說之悟處，其實處處違背第一義經典之聖言量。彼等諸人不論是否身披袈裟，都非佛法宗門血脈，或雖有禪宗法脈之傳承，亦只徒具形式；猶如螟蛉，非眞血脈，未悟得根本眞實故。禪子欲知佛、祖之眞血脈者，請讀此書，便知分曉。平實導師著，主文452頁，全書464頁，定價500元（2007年起，凡購買公案拈提第一輯至第七輯，每購一輯皆贈送本公司精製公案拈提〈超意境〉CD一片，市售價格280元，多購多贈）。

宗通與說通：古今中外，錯誤之人如麻似粟，每以常見外道所說之靈知心，認作眞心；或妄想虛空之勝性能量爲眞如，或錯認物質四大元素藉冥性（靈知心本體）能成就吾人色身及知覺，或認初禪至四禪中之了知心爲不生不滅之涅槃心。此等皆非通宗者之見地。復有錯悟之人一向主張「宗門與教門不相干」，此即尚未通達宗門之人也。其實宗門與教門互通不二，宗門所證者乃是眞如與佛性，教門所說者乃說宗門證悟之眞如佛性，故教門與宗門不二。本書作者以宗教二門互通之見地，細說「宗通與說通」，從初見道至悟後起修之道、細說分明；並將諸宗諸派在整體佛教中之地位與次第，加以明確之教判，學人讀之即可了知佛法之梗概也。欲擇明師學法之前，允宜先讀。平實導師著，主文共381頁，全書392頁，只售成本價300元。

宗門正道—**公案拈提**第五輯：修學大乘佛法有二果須證解脫果及大菩提果。二乘人不證大菩提果，唯證解脫果；此果之智慧，名爲聲聞菩提、緣覺菩提。大乘佛子所證二果之菩提果爲佛菩提，故名大菩提果，其慧名爲一切種智函蓋二乘解脫果。然此大乘二果修證，須經由禪宗之宗門證悟方能相應。而宗門證悟極難，自古已然；其所以難者，咎在古今佛教界普遍存在三種邪見：1.以修定認作佛法，2.以無因論之緣起性空—否定涅槃本際如來藏以後之一切法空作爲佛法，3.以常見外道邪見（離語言妄念之靈知性）作爲佛法。如是邪見，或因自身正見未立所致，或因邪師之邪教導所致，或因無始劫來虛妄熏習所致。若不破除此三種邪見，永劫不悟宗門眞義、不入大乘正道，唯能外門廣修菩薩行。平實導師於此書中，有極爲詳細之說明，有志佛子欲摧邪見、入於內門修菩薩行者，當閱此書。主文共496頁，全書512頁。售價500元（2007年起，凡購買公案拈提第一輯至第七輯，每購一輯皆贈送本公司精製公案拈提〈超意境〉CD一片，市售價格280元，多購多贈）。

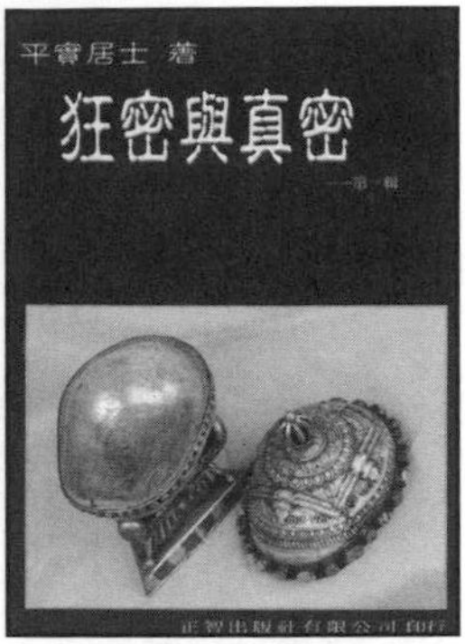

狂密與真密：密教之修學，皆由有相之觀行法門而入，其最終目標仍不離顯教經典所說第一義諦之修證；若離顯教第一義經典、或違背顯教第一義經典，即非佛教。西藏密教之觀行法，如灌頂、觀想、遷識法、寶瓶氣、大聖歡喜雙身修法、喜金剛、無上瑜伽、大樂光明、樂空雙運等，皆是印度教**兩性生生不息**思想之轉化，**自始至終**皆以**如何能運用交合淫樂之法達到全身受樂**爲其中心思想，純屬欲界五欲的貪愛，不能令人超出欲界輪迴，更不能令人斷除我見；何況大乘之明心與見性，更無論矣！故密宗之法絕非佛法也。而其明光大手印、大圓滿法教，又皆同以常見外道所說**離語言妄念之無念靈知心**錯認爲佛地之眞如，不能直指不生不滅之眞如。西藏密宗所有法王與徒眾，都尚未開頂門眼，不能辨別眞僞，以**依人不依法、依密續不依經典**故，不肯將其上師喇嘛所說對照第一義經典，純依密續之藏密祖師所說爲準，因此而誇大其證德與證量，動輒謂彼祖師上師爲究竟佛、爲地上菩薩；如今台海兩岸亦有自謂其師證量高於 釋迦文佛者，然觀其師所述，猶未見道，仍在觀行即佛階段，尚未到禪宗相似即佛、分證即佛階位，竟敢標榜爲究竟佛及地上法王，誑惑初機學人。凡此怪象皆是狂密，不同於眞密之修行者。近年狂密盛行，密宗行者被誤導者極眾，動輒自謂已證佛地眞如，自視爲究竟佛，陷於大妄語業中而不知自省，反謗顯宗眞修實證者之證量粗淺；或如義雲高與釋性圓…等人，於報紙上公然誹謗眞實證道者爲「騙子、無道人、人妖、癩蛤蟆…」等，造下誹謗大乘勝義僧之大惡業；或以外道法中有爲有作之甘露、魔術……等法，誑騙初機學人，狂言彼外道法爲眞佛法。如是怪象，在西藏密宗及附藏密之外道中，不一而足，舉之不盡，學人宜應愼思明辨，以免上當後又犯毀破菩薩戒之重罪。密宗學人若欲遠離邪知邪見者，請閱此書，即能了知密宗之邪謬，從此遠離邪見與邪修，轉入眞正之佛道。

平實導師著 共四輯 每輯約400頁（主文約340頁）每輯售價300元。

宗門正義—公案拈提第六輯：佛教有六大危機，乃是藏密化、世俗化、膚淺化、學術化、宗門密意失傳、悟後進修諸地之次第混淆；其中尤以宗門密意之失傳，爲當代佛教最大之危機。由宗門密意失傳故，易令世尊本懷普被錯解，易令世尊正法被轉易爲外道法，以及加以淺化、世俗化，是故宗門密意之廣泛弘傳與具緣佛弟子，極爲重要。然而欲令宗門密意之廣泛弘傳予具緣之佛弟子者，必須同時配合錯誤知見之解析、普令佛弟子知之，然後輔以公案解析之直示入處，方能令具緣之佛弟子悟入。而此二者，皆須以公案拈提之方式爲之，方易成其功、竟其業，是故平實導師續作宗門正義一書，以利學人。全書500餘頁，售價500元（2007年起，凡購買公案拈提第一輯至第七輯，每購一輯皆贈送本公司精製公案拈提〈超意境〉CD一片，市售價格280元，多購多贈）。

心經密意—心經與解脫道、佛菩提道、祖師公案之關係與密意。二乘菩提所證之解脫道，實依第八識心之斷除煩惱障現行而立解脫之名；大乘菩提所證之佛菩提道，實依親證第八識如來藏之涅槃性、清淨自性、及其中道性而立般若之名；禪宗祖師公案所證之眞心，即是此第八識如來藏；是故三乘佛法所修所證之三乘菩提，皆依此如來藏心而立名也。此第八識心，即是《心經》所說之心也。證得此如來藏已，即能漸入大乘佛菩提道，亦可因證知此心而了知二乘無學所不能知之無餘涅槃本際，是故《心經》之密意，與三乘佛菩提之關係極爲密切、不可分割，三乘佛法皆依此心而立名故。今者平實導師以其所證解脫道之無生智及佛菩提之般若種智，將《心經》與解脫道、佛菩提道、祖師公案之關係與密意，以演講之方式，用淺顯之語句和盤托出，發前人所未言，呈三乘菩提之眞義，令人藉此《心經密意》一舉而窺三乘菩提之堂奧，迥異諸方言不及義之說；欲求眞實佛智者、不可不讀！主文317頁，連同跋文及序文…等共384頁，售價300元。

宗門密意—**公案拈提第七輯**：佛教之世俗化，將導致學人以信仰作爲學佛，則將以感應及世間法之庇祐，作爲學佛之主要目標，不能了知學佛之主要目標爲親證三乘菩提。大乘菩提則以般若實相智慧爲主要修習目標，以二乘菩提解脫道爲附帶修習之標的；是故學習大乘法者，應以禪宗之證悟爲要務，能親入大乘菩提之實相般若智慧中故，般若實相智慧非二乘聖人所能知故。此書則以台灣世俗化佛教之三大法師，說法似是而非之實例，配合眞悟祖師之公案解析，提示證悟般若之關節，令學人易得悟入。平實導師著，全書五百餘頁，售價500元（2007年起，凡購買公案拈提第一輯至第七輯，每購一輯皆贈送本公司精製公案拈提〈超意境〉CD一片，市售價格280元，多購多贈）。

淨土聖道—兼評日本本願念佛：佛法甚深極廣，般若玄微，非諸二乘聖僧所能知之，一切凡夫更無論矣！所謂一切證量皆歸淨土是也！是故大乘法中「聖道之淨土、淨土之聖道」，其義甚深，難可了知；乃至眞悟之人，初心亦難知也。今有正德老師眞實證悟後，復能深探淨土與聖道之緊密關係，憐憫眾生之誤會淨土實義，亦欲利益廣大淨土行人同入聖道，同獲淨土中之聖道門要義，乃振奮心神、書以成文，今得刊行天下。主文279頁，連同序文等共301頁，總有十一萬六千餘字，正德老師著，成本價200元。

起信論講記：詳解大乘起信論**心生滅門**與**心眞如門**之眞實意旨，消除以往大師與學人對起信論所說**心生滅門**之誤解，由是而得了知眞心如來藏之非常非斷中道正理；亦因此一講解，令此論以往隱晦而被誤解之眞實義，得以如實顯示，令大乘佛菩提道之正理得以顯揚光大；初機學者亦可藉此正論所顯示之法義，對大乘法理生起正信，從此得以眞發菩提心，眞入大乘法中修學，世世常修菩薩正行。平實導師演述，共六輯，都已出版，每輯三百餘頁，售價250元。

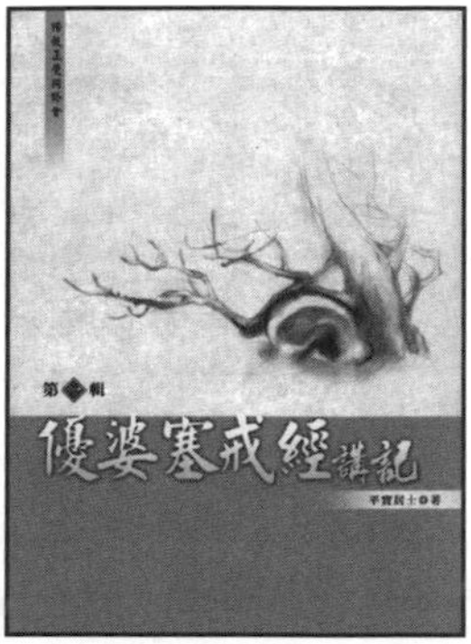

優婆塞戒經講記：本經詳述在家菩薩修學大乘佛法，應如何受持菩薩戒？對人間善行應如何看待？對三寶應如何護持？應如何正確地修集此世後世證法之福德？應如何修集後世「行菩薩道之資糧」？並詳述第一義諦之正義：五蘊非我非異我、自作自受、異作異受、不作不受……等深妙法義，乃是修學大乘佛法、行菩薩行之在家菩薩所應當了知者。出家菩薩今世或未來世登地已，捨報之後多數將如華嚴經中諸大菩薩，以在家菩薩身而修行菩薩行，故亦應以此經所述正理而修之，配合《楞伽經、解深密經、楞嚴經、華嚴經》等道次第正理，方得漸次成就佛道；故此經是一切大乘行者皆應證知之正法。平實導師講述，每輯三百餘頁，售價各250元；共八輯，已全部出版。

真假活佛—略論附佛外道盧勝彥之邪說：人人身中都有眞活佛，永生不滅而有大神用，但眾生都不了知，所以常被身外的西藏密宗假活佛籠罩欺瞞。本來就眞實存在的眞活佛，才是眞正的密宗無上密！諾那活佛因此而說禪宗是大密宗，但藏密的所有活佛都不知道、也不曾實證自身中的眞活佛。本書詳實宣示眞活佛的道理，舉證盧勝彥的「佛法」不是眞佛法，也顯示盧勝彥是假活佛，直接的闡釋第一義佛法見道的眞實正理。眞佛宗的所有上師與學人們，都應該詳細閱讀，包括盧勝彥個人在內。正犀居士著，優惠價140元。

阿含正義—唯識學探源：廣說四大部《阿含經》諸經中隱說之眞正義理，一一舉示佛陀本懷，令阿含時期初轉法輪根本經典之眞義，如實顯現於佛子眼前。並提示末法大師對於阿含眞義誤解之實例，一一比對之，證實唯識增上慧學確於原始佛法之阿含諸經中已隱覆密意而略說之，證實 世尊確於原始佛法中已曾密意而說第八識如來藏之總相；亦證實 世尊在四阿含中已說此藏識是名色十八界之因、之本—證明如來藏是能生萬法之根本心。佛子可據此修正以往受諸大師（譬如西藏密宗應成派中觀師：印順、昭慧、性廣、大願、達賴、宗喀巴、寂天、月稱、……等人）誤導之邪見，建立正見，轉入正道乃至親證初果而無困難；書中並詳說三果所證的**心解脫**，以及四果**慧解脫**的親證，都是如實可行的具體知見與行門。全書共七輯，已出版完畢。平實導師著，每輯三百餘頁，售價300元。

超意境CD：以平實導師公案拈提書中超越意境之頌詞，加上曲風優美的旋律，錄成令人嚮往的超意境歌曲，其中包括正覺發願文及平實導師親自譜成的黃梅調歌曲一首。詞曲雋永，殊堪翫味，可供學禪者吟詠，有助於見道。內附設計精美的彩色小冊，解說每一首詞的背景本事。每片280元。【每購買公案拈提書籍一冊，即贈送一片。】

菩薩底憂鬱CD將菩薩情懷及禪宗公案寫成新詞，並製作成超越意境的優美歌曲。1.主題曲〈菩薩底憂鬱〉，描述地後菩薩能離三界生死而迴向繼續生在人間，但因尚未斷盡習氣種子而有極深沈之憂鬱，非三賢位菩薩及二乘聖者所知，此憂鬱在七地滿心位方才斷盡；本曲之詞中所說義理極深，昔來所未曾見；此曲係以優美的情歌風格寫詞及作曲，聞者得以激發嚮往諸地菩薩境界之大心，詞、曲都非常優美，難得一見；其中勝妙義理之解說，已印在附贈之彩色小冊中。2.以各輯公案拈提中直示禪門入處之頌文，作成各種不同曲風之超意境歌曲，值得玩味、參究；聆聽公案拈提之優美歌曲時，請同時閱讀內附之印刷精美說明小冊，可以領會超越三界的證悟境界；未悟者可以因此引發求悟之意向及疑情，眞發菩提心而邁向求悟之途，乃至因此眞實悟入般若，成眞菩薩。3.正覺總持咒新曲，總持佛法大意；總持咒之義理，已加以解說並印在隨附之小冊中。本CD共有十首歌曲，長達63分鐘，附贈二張購書優惠券。每片320元。

禪意無限CD平實導師以公案拈提書中偈頌寫成不同風格曲子，與他人所寫不同風格曲子共同錄製出版，幫助參禪人進入禪門超越意識之境界。盒中附贈彩色印製的精美解說小冊，以供聆聽時閱讀，令參禪人得以發起參禪之疑情，即有機會證悟本來面目，實證大乘菩提般若。本CD共有十首歌曲，長達69分鐘，每盒各附贈二張購書優惠券。每片320元。

我的菩提路第一輯：凡夫及二乘聖人不能實證的佛菩提證悟，末法時代的今天仍然有人能得實證，由正覺同修會釋悟圓、釋善藏法師等二十餘位實證如來藏者所寫的見道報告，已爲當代學人見證宗門正法之絲縷不絕，證明大乘義學的法脈仍然存在，爲末法時代求悟般若之學人照耀出光明的坦途。由二十餘位大乘見道者所繕，敘述各種不同的學法、見道因緣與過程，參禪求悟者必讀。全書三百餘頁，售價300元。

我的菩提路第二輯：由郭正益老師等人合著，書中詳述彼等諸人歷經各處道場學法，一一修學而加以檢擇之不同過程以後，因閱讀正覺同修會、正智出版社書籍而發起抉擇分，轉入正覺同修會中修學；乃至學法及見道之過程，都一一詳述之。**本書已改版印製重新流通**，讀者原購的初版書，不論是第一刷或第二、三、四刷，都可以寄回換新，免附郵費。

我的菩提路第三輯：由王美伶老師等人合著。自從正覺同修會成立以來，每年夏初、冬初都舉辦精進禪三共修，藉以助益會中同修們得以證悟明心發起般若實相智慧；凡已實證而被平實導師印證者，皆書具見道報告用以證明佛法之眞實可證而非玄學，證明佛法並非純屬思想、理論而無實質，是故每年都能有人證明正覺同修會的「實證佛教」主張並非虛語。特別是眼見佛性一法，自古以來中國禪宗祖師實證者極寡，較之明心開悟的證境更難令人信受；至2017年初，正覺同修會中的證悟明心者已近五百人，然而其中眼見佛性者至今唯十餘人爾，可謂難能可貴，是故明心後欲冀眼見佛性者實屬不易。黃正倖老師是懸絕七年無人見性後的第一人，她於2009年的見性報告刊於本書的第二輯中，爲大眾證明佛性確實可以眼見；其後七年之中求見性者都屬解悟佛性而無人眼見，幸而又經七年後的2016冬初，以及2017夏初的禪三，復有三人眼見佛性，希冀鼓舞四眾佛子求見佛性之大心，今則具載一則於書末，顯示求見佛性之事實經歷，供養現代佛教界欲得見性之四眾弟子。全書四百頁，售價300元，已於2017年6月30日發行。

我的菩提路第四輯：由陳晏平等人著。中國禪宗祖師往往有所謂「見性」之言，所言多屬看見如來藏具有能令人發起成佛之自性，並非《大般涅槃經》中 如來所說之眼見佛性。眼見佛性者，於親見佛性之時，即能於山河大地眼見自己佛性，亦能於他人身上眼見自己佛性及對方之佛性，如是境界無法爲尚未實證者解釋；勉強說之，縱使眞實明心證悟之人聞之，亦只能以自身明心之境界想像之，但不論如何想像多屬非量，能有正確之比量者亦是稀有，故說眼見佛性極爲困難。眼見佛性之人若所見極分明時，在所見佛性之境界下所眼見之山河大地、自己五蘊身心皆是虛幻，自有異於明心者之解脫功德受用，此後永不思證二乘涅槃，必定邁向成佛之道而進入第十住位中，已超第一阿僧祇劫三分有一，可謂之爲超劫精進也。今又有明心之後眼見佛性之人出於人間，將其明心及後來見性之報告，連同其餘證悟明心者之精彩報告一同收錄於此書中，供養眞求佛法實證之四眾佛子。全書380頁，售價300元，已於2018年6月30日發行。

我的菩提路第五輯：林慈慧老師等人著，本輯中所舉學人從相似正法中來到正覺同修會的過程，各人都有不同，發生的因緣亦是各有差別，然而都會指向同一個目標——證實生命實相的源底，確證自己生從何來、死往何去的事實，所以最後都證明佛法眞實而可親證，絕非玄學；本書將彼等諸人的始修及末後證悟之實例，羅列出來以供學人參考。本期亦有一位會裡的老師，是從1995年即開始追隨平實導師修學，1997年明心後持續進修不斷，直到2017年眼見佛性之實例，足可證明《大般涅槃經》中世尊開示眼見佛性之法正眞無訛，第十住位的實證在末法時代的今天仍有可能，如今一併具載於書中以供學人參考，並供養現代佛教界欲得見性之四眾弟子。全書四百頁，售價300元，已於2019年12月31日發行。

我的菩提路第六輯：劉惠莉老師等人著，本輯中舉示劉老師明心多年以後的眼見佛性實錄，供末法時代學人了知明心之異於見性本質，足可證明《大般涅槃經》中世尊開示眼見佛性之法正眞無訛。亦列舉多篇學人從各道場來到正覺學法之不同過程，以及如何發覺邪見之異於正法的所在，最後終能在正覺禪三中悟入的實況，以證明佛教正法仍在末法時代的人間繼續弘揚的事實，鼓舞一切眞實學法的菩薩大眾思之：我等諸人亦可有因緣證悟，絕非空想白思。約四百頁，售價300元，已於2020年6月30日發行。

我的菩提路第七輯：余正偉老師等人著，本輯中舉示余老師明心二十餘年以後的眼見佛性實錄，供末法時代學人了知明心異於見性之本質，並且舉示其見性後與平實導師互相討論眼見佛性之諸多疑訛處；除了證明《大般涅槃經》中 世尊開示眼見佛性之法正眞無訛以外，亦得一解明心後尚未見性者之所未知處，甚爲精彩。此外亦列舉多篇學人從各不同宗教進入正覺學法之不同過程，以及發覺諸方道場邪見之內容與過程，最終得於正覺精進禪三中悟入的實況，足供末法精進學人借鑑，以彼鑑己而生信心，得以投入了義正法中修學及實證。凡此，皆足以證明不唯明心所證之第七住位般若智慧及解脫功德仍可實證，乃至第十住位的實證與當場發起如幻觀之實證，於末法時代的今天皆仍有可能。本書約四百頁，售價300元。

明心與眼見佛性：本書細述明心與眼見佛性之異同，同時顯示了中國禪宗破初參明心與重關眼見佛性二關之間的關聯；書中又藉法義辨正而旁述其他許多勝妙法義，讀後必能遠離佛門長久以來積非成是的錯誤知見，令讀者在佛法的實證上有極大助益。也藉慧廣法師的謬論來教導佛門學人回歸正知正見，遠離古今禪門錯悟者所墮的意識境界，非唯有助於斷我見，也對未來的開悟明心實證第八識如來藏有所助益，是故學禪者都應細讀之。游正光老師著，共 448 頁售價 300元。

見性與看話頭：黃正倖老師的《見性與看話頭》於《正覺電子報》連載完畢，今集結出版。書中詳說禪宗看話頭的詳細方法，並細說看話頭與眼見佛性的關係，以及眼見佛性者求見佛性前必須具備的條件。本書是禪宗實修者追求明心開悟時參禪的方法書，也是求見佛性者作功夫時必讀的方法書，內容兼顧眼見佛性的理論與實修之方法，是依實修之體驗配合理論而詳述，條理分明而且極爲詳實、周全、深入。本書內文375頁，全書416頁，售價300元。

鈍鳥與靈龜：鈍鳥及靈龜二物，被宗門證悟者說為二種人：前者是精修禪定而無智慧者，也是以定為禪的愚癡禪人；後者是或有禪定、或無禪定的宗門證悟者，凡已證悟者皆是靈龜。但後者被人虛造事實，用以嘲笑大慧宗杲禪師，說他雖是靈龜，卻不免被天童禪師預記「患背」痛苦而亡：「鈍鳥離巢易，靈龜脫殼難。」藉以貶低大慧宗杲的證量。同時將天童禪師實證如來藏的證量，曲解為意識境界的離念靈知。自從大慧禪師入滅以後，錯悟凡夫對他的不實毀謗就一直存在著，不曾止息，並且捏造的假事實也隨著年月的增加而越來越多，終至編成「鈍鳥與靈龜」的假公案、假故事。本書是考證大慧與天童之間的不朽情誼，顯現這件假公案的虛妄不實；更見大慧宗杲面對惡勢力時的正直不阿，亦顯示大慧對天童禪師的至情深義，將使後人對大慧宗杲的誣謗至此而止，不再有人誤犯毀謗賢聖的惡業。書中亦舉證宗門的所悟確以第八識如來藏為標的，詳讀之後必可改正以前被錯悟大師誤導的參禪知見，日後必定有助於實證禪宗的開悟境界，得階大乘真見道位中，即是實證般若之賢聖。全書459頁，售價350元。

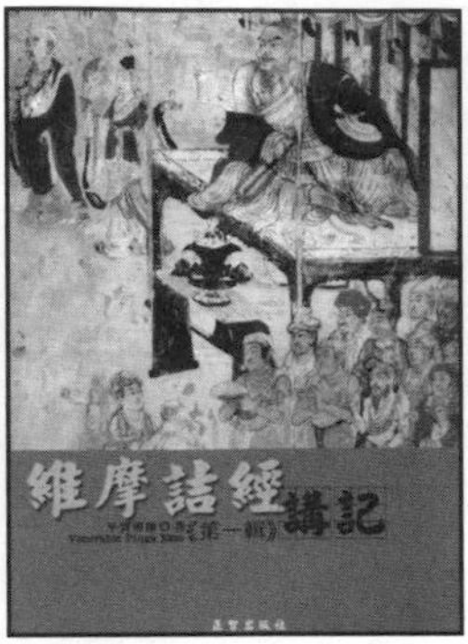

維摩詰經講記：本經係 世尊在世時，由等覺菩薩維摩詰居士藉疾病而演說之大乘菩提無上妙義，所說函蓋甚廣，然極簡略，是故今時諸方大師與學人讀之悉皆錯解，何況能知其中隱含之深妙正義，是故普遍無法為人解說；若強為人說，則成依文解義而有諸多過失。今由平實導師公開宣講之後，詳實解釋其中密意，令維摩詰菩薩所說大乘不可思議解脫之深妙正法得以正確宣流於人間，利益當代學人及與諸方大師。書中詳實演述大乘佛法深妙不共二乘之智慧境界，顯示諸法之中絕待之實相境界，建立大乘菩薩妙道於永遠不敗不壞之地，以此成就護法偉功，欲冀永利娑婆人天。已經宣講圓滿整理成書流通，以利諸方大師及諸學人。全書共六輯，每輯三百餘頁，售價各250元。

真假外道：本書具體舉證佛門中的常見外道知見實例，並加以教證及理證上的辨正，幫助讀者輕鬆而快速的了知常見外道的錯誤知見，進而遠離佛門內外的常見外道知見，因此即能改正修學方向而快速實證佛法。游正光老師著。成本價200元。

勝鬘經講記：如來藏爲三乘菩提之所依，若離如來藏心體及其含藏之一切種子，即無三界有情及一切世間法，亦無二乘菩提緣起性空之出世間法；本經詳說無始無明、一念無明皆依如來藏而有之正理，藉著詳解煩惱障與所知障間之關係，令學人深入了知二乘菩提與佛菩提相異之妙理；聞後即可了知佛菩提之特勝處及三乘修道之方向與原理，邁向攝受正法而速成佛道的境界中。平實導師講述，共六輯，每輯三百餘頁，售價各250元。

楞嚴經講記：楞嚴經係密教部之重要經典，亦是顯教中普受重視之經典；經中宣說明心與見性之內涵極爲詳細，將一切法都會歸如來藏及佛性－妙眞如性；亦闡釋五陰區宇及五陰盡的境界，作諸地菩薩自我檢驗證量之依據，旁及佛菩提道修學過程中之種種魔境，以及外道誤會涅槃之狀況，亦兼述明三界世間之起源。然因言句深澀難解，法義亦復深妙寬廣，學人讀之普難通達，是故讀者大多誤會，不能如實理解佛所說之明心與見性內涵，亦因是故多有悟錯之人引爲開悟之證言，成就大妄語罪。今由平實導師詳細講解之後，整理成文，以易讀易懂之語體文刊行天下，以利學人。全書十五輯，全部出版完畢。每輯三百餘頁，售價每輯300元。

金剛經宗通：三界唯心，萬法唯識，是成佛之修證內容，是諸地菩薩之所修；般若則是成佛之道（實證三界唯心、萬法唯識）的入門，若未證悟實相般若，即無成佛之可能，必將永在外門廣行菩薩六度，永在凡夫位中。然而實相般若的發起，全賴實證萬法的實相；若欲證知萬法的眞相，則必須探究萬法之所從來，則須實證自心如來—金剛心如來藏，然後現觀這個金剛心的金剛性、眞實性、如如性、清淨性、涅槃性、能生萬法的自性性、本住性，名爲證眞如；進而現觀三界六道唯是此金剛心所成，人間萬法須藉八識心王和合運作方能現起。如是實證《華嚴經》的「三界唯心、萬法唯識」以後，由此等現觀而發起實相般若智慧，繼續進修第十住位的如幻觀、第十行位的陽焰觀、第十迴向位的如夢觀，再生起增上意樂而勇發十無盡願，方能滿足三賢位的實證，轉入初地；自知成佛之道而無偏倚，從此按部就班、次第進修乃至成佛。第八識自心如來是般若智慧之所依，般若智慧的修證則要從實證金剛心自心如來開始；《金剛經》則是解說自心如來之經典，是一切三賢位菩薩所應進修之實相般若經典。這一套書，是將平實導師宣講的《金剛經宗通》內容，整理成文字而流通之；書中所說義理，迥異古今諸家依文解義之說，指出大乘見道方向與理路，有益於禪宗學人求開悟見道，及轉入內門廣修六度萬行，已於2013年9月出版完畢，總共9輯，每輯約三百餘頁，售價各250元。

霧峰無霧—給哥哥的信：本書作者藉兄弟之間信件往來論義，略述佛法大義；並以多篇短文辨義，舉出釋印順對佛法的無量誤解證據，並一一給予簡單而清晰的辨正，令人一讀即知。久讀、多讀之後即能認清楚釋印順的六識論見解，與眞實佛法之牴觸是多麼嚴重；於是在久讀、多讀之後，於不知不覺之間提升了對佛法的極深入理解，正知正見就在不知不覺間建立起來了。當三乘佛法的正知見建立起來之後，對於三乘菩提的見道條件便將隨之具足，於是聲聞解脫道的見道也就水到渠成；接著大乘見道的因緣也將次第成熟，未來自然也會有親見大乘菩提之道的因緣，悟入大乘實相般若也將自然成功，自能通達般若系列諸經而成實義菩薩。作者居住於南投縣霧峰鄉，自喻見道之後不復再見霧峰之霧，故鄉原野美景一一明見，於是立此書名爲《霧峰無霧》；讀者若欲撥霧見月，可以此書爲緣。游宗明 老師著，已於2015年出版，售價250元。

霧峰無霧—第二輯—**救護佛子向正道**：本書作者藉釋印順著作中之各種錯謬法義提出辨正，以詳實的文義一一提出理論上及實證上之解析，列舉釋印順對佛法的無量誤解證據，藉此教導佛門大師與學人釐清佛法義理，遠離岐途轉入正道，然後知所進修，久之便能見道明心而入大乘勝義僧數。被釋印順誤導的大師與學人極多，很難救轉，是故作者大發悲心深入解說其錯謬之所在，佐以各種義理辨正而令讀者在不知不覺之間轉歸正道。如是久讀之後欲得斷身見、證初果，即不爲難事；乃至久之亦得大乘見道而得證眞如，脫離空有二邊而住中道，實相般若智慧生起，於佛法不再茫然，漸漸亦知悟後進修之道。屆此之時，對於大乘般若等深妙法之迷雲暗霧亦將一掃而空，生命及宇宙萬物之故鄉原野美景一一明見，是故本書仍名《霧峰無霧》，爲第二輯；讀者若欲撥雲見日、離霧見月，可以此書爲緣。游宗明 老師著，已於2019年出版，售價250元。

假藏傳佛教的神話—**性、謊言、喇嘛教**：本書編著者是由一首名爲「阿姊鼓」的歌曲爲緣起，展開了序幕，揭開假藏傳佛教—喇嘛教—的神祕面紗。其重點是蒐集、摘錄網路上質疑「喇嘛教」的帖子，以揭穿「假藏傳佛教的神話」爲主題，串聯成書，並附加彩色插圖以及說明，讓讀者們瞭解西藏密宗及相關人事如何被操作爲「神話」的過程，以及神話背後的眞相。作者：張正玄教授。售價200元。

達賴真面目—**玩盡天下女人**：假使您不想戴綠帽子，請記得詳細閱讀此書；假使您不想讓好朋友戴綠帽子，請您將此書介紹給您的好朋友。假使您想保護家中的女性，也想要保護好朋友的女眷，請記得將此書送給家中的女性和好友的女眷都來閱讀。本書爲印刷精美的大本彩色中英對照精裝本，爲您揭開達賴喇嘛的眞面目，內容精彩不容錯過，爲利益社會大眾，特別以優惠價格嘉惠所有讀者。編著者：白志偉等。大開版雪銅紙彩色精裝本。售價800元。

喇嘛性世界—揭開假藏傳佛教譚崔瑜伽的面紗：這個世界中的喇嘛，號稱來自世外桃源的香格里拉，穿著或紅或黃的喇嘛長袍，散布於我們的身邊傳教灌頂，吸引了無數的人嚮往學習；這些喇嘛虔誠地爲大眾祈福，手中拿著寶杵（金剛）與寶鈴（蓮花），口中唸著咒語：「唵．嘛呢．叭咪．吽……」，咒語的意思是說：「我至誠歸命金剛杵上的寶珠伸向蓮花寶穴之中」！「喇嘛性世界」是什麼樣的「世界」呢？本書將爲您呈現喇嘛世界的面貌。當您發現眞相以後，您將會唸：「噢！喇嘛．性．世界，譚崔性交嘛！」作者：張善思、呂艾倫。售價200元。

末代達賴—性交教主的悲歌：簡介從藏傳僞佛教（喇嘛教）的修行核心—性力派男女雙修，探討達賴喇嘛及藏傳僞佛教的修行內涵。書中引用外國知名學者著作、世界各地新聞報導，包含：歷代達賴喇嘛的祕史、達賴六世修雙身法的事蹟，以及《時輪續》中的性交灌頂儀式……等；達賴喇嘛書中開示的雙修法、達賴喇嘛的黑暗政治手段；達賴喇嘛所領導的寺院爆發喇嘛性侵兒童；新聞報導《西藏生死書》作者索甲仁波切性侵女信徒、澳洲喇嘛秋達公開道歉、美國最大假藏傳佛教組織領導人邱陽創巴仁波切的性氾濫；等等事件背後眞相的揭露。作者：張善思、呂艾倫、辛燕。售價250元。

黯淡的達賴—失去光彩的諾貝爾和平獎：本書舉出很多證據與論述，詳述達賴喇嘛不爲世人所知的一面，顯示達賴喇嘛並不是眞正的和平使者，而是假借諾貝爾和平獎的光環來欺騙世人；透過本書的說明與舉證，讀者可以更清楚的瞭解，達賴喇嘛是結合暴力、黑暗、淫欲於喇嘛教裡的集團首領，其政治行爲與宗教主張，早已讓諾貝爾和平獎的光環染污了。本書由財團法人正覺教育基金會寫作、編輯，由正覺出版社印行，每冊250元。

第七意識與第八意識？——穿越時空「超意識」：「三界唯心，萬法唯識」是佛教中應該實證的聖教，也是《華嚴經》中明載而可以實證的法界實相。唯心者，三界一切境界、一切諸法唯是一心所成就，即是每一個有情的第八識如來藏，不是意識心。唯識者，即是人類各各都具足的八識心王——眼識、耳鼻舌身意識、意根、阿賴耶識，第八阿賴耶識又名如來藏，人類五陰相應的萬法，莫不由八識心王共同運作而成就，故說萬法唯識。依聖教量及現量、比量，都可以證明意識是二法因緣生，是由第八識藉意根與法塵二法爲因緣而出生，又是夜夜斷滅不存之生滅心，即無可能反過來出生第七識意根、第八識如來藏，當知不可能從生滅性的意識心中，細分出恆審思量的第七識意根，更無可能細分出恆而不審的第八識如來藏。本書是將演講內容整理成文字，細說如是內容，並已在〈正覺電子報〉連載完畢，今彙集成書以廣流通，欲幫助佛門有緣人斷除意識我見，跳脫於識陰之外而取證聲聞初果；嗣後修學禪宗時即得不墮外道神我之中，得以求證第八識金剛心而發起般若實智。平實導師 述，每冊300元。

童女迦葉考——論呂凱文〈佛教輪迴思想的論述分析〉之謬：童女迦葉是佛世率領五百大比丘遊行於人間的歷史事實，是以童貞行而依止菩薩戒弘化於人間的大菩薩，不依別解脫戒（聲聞戒）來弘化於人間。這是大乘佛教與聲聞佛教同時存在於佛世的歷史明證，證明大乘佛教不是從聲聞法中分裂出來的部派佛教的產物，卻是聲聞佛教分裂出來的部派佛教聲聞凡夫僧所不樂見的史實；於是古今聲聞法中的凡夫都欲加以扭曲而作詭說，更是末法時代高聲大呼「大乘非佛說」的六識論聲聞凡夫極力想要扭曲的佛教史實之一，於是想方設法扭曲迦葉菩薩爲聲聞僧，以及扭曲迦葉童女爲比丘僧等荒謬不實之論著便陸續出現，古時聲聞僧寫作的《分別功德論》是最具體之事例，現代之代表作則是呂凱文先生的〈佛教輪迴思想的論述分析〉論文。鑑於如是假藉學術考證以籠罩大眾之不實謬論，未來仍將繼續造作及流竄於佛教界，繼續扼殺大乘佛教學人法身慧命，必須舉證辨正之，遂成此書。平實導師 著，每冊180元。

人間佛教——實證者必定不悖三乘菩提：「大乘非佛說」的講法似乎流傳已久，卻只是日本人企圖擺脫中國正統佛教的影響，而在明治維新時期才開始提出來的說法；台灣佛教、大陸佛教的淺學無智之人，由於未曾實證佛法而迷信日本人錯誤的學術考證，錯認為這些別有用心的日本佛學考證的講法為天竺佛教的眞實歷史；甚至還有更激進的反對佛教者提出「**釋迦牟尼佛並非眞實存在，只是後人捏造的假歷史人物**」，竟然也有少數佛教徒願意跟著「學術」的假光環而信受不疑，亦導致部分台灣佛教界人士，造作了反對中國大乘佛教而推崇南洋小乘佛教的行為，使台灣佛教的信仰者難以檢擇，亦導致一般大陸人士開始轉入基督教的盲目迷信中。在這些佛教及外教人士之中，也就有一分人根據此邪說而大聲主張「大乘非佛說」的謬論，這些人以「人間佛教」的名義來抵制中國正統佛教，公然宣稱中國的大乘佛教是由聲聞部派佛教的凡夫僧所創造出來的。這樣的說法流傳於台灣及大陸佛教界凡夫僧之中已久，卻非眞正的佛教歷史中曾經發生過的事，只是繼承六識論的聲聞法中凡夫僧，以及別有居心的日本佛教界，依自己的意識境界立場，純憑臆想而編造出來的妄想說法，卻已經影響許多無智之凡夫僧俗信受不移。本書則是從佛教的經藏法義實質及實證的現量內涵本質立論，證明大乘佛法本是佛說，是從《阿含正義》尚未說過的不同面向來討論「人間佛教」的議題，證明「大乘眞佛說」。閱讀本書可以斷除六識論邪見，迴入三乘菩提正道發起實證的因緣；也能斷除禪宗學人學禪時普遍存在之錯誤知見，對於建立參禪時的正知見有很深的著墨。平實導師 述，內文488頁，全書528頁，定價400元。

實相經宗通：學佛之目的在於實證一切法界背後之實相，禪宗稱之為本來面目或本地風光，佛菩提道中稱之為實相法界；此實相法界即是金剛藏，又名佛法之祕密藏，即是能生有情五陰、十八界及宇宙萬有（山河大地、諸天、三惡道世間）的第八識如來藏，又名阿賴耶識心，即是禪宗祖師所說的眞如心，此心即是三界萬有背後的實相。證得此第八識心時，自能瞭解般若諸經中隱說的種種密意，即得發起實相般若——實相智慧。每見學佛人修學佛法二十年後仍對實相般若茫然無知，亦不知如何入門，茫無所趣；更因不知三乘菩提的互異互同，是故越是久學者對佛法越覺茫然，都肇因於尚未瞭解佛法的全貌，亦未瞭解佛法的修證內容即是第八識心所致。本書對於修學佛法者所應實證的實相境界提出明確解析，並提示趣入佛菩提道的入手處，有心親證實相般若的佛法實修者，宜詳讀之，於佛菩提道之實證即有下手處。平實導師述著，共八輯，已於2016年出版完畢，每輯成本價250元。

真心告訴您（一）—達賴喇嘛在幹什麼？這是一本報導篇章的選集，更是「破邪顯正」的暮鼓晨鐘。「破邪」是戳破假象，說明達賴喇嘛及其所率領的密宗四大派法王、喇嘛們，弘傳的佛法是仿冒的佛法；他們是假藏傳佛教，是坦特羅（譚崔性交）外道法和藏地崇奉鬼神的苯教混合成的「喇嘛教」，推廣的是以所謂「無上瑜伽」的男女雙身法冒充佛法的假佛教，詐財騙色誤導眾生，常常造成信徒家庭破碎、家中兒少失怙的嚴重後果。「顯正」是揭櫫眞相，指出眞正的藏傳佛教只有一個，就是覺囊巴，傳的是 釋迦牟尼佛演繹的第八識如來藏妙法，稱爲他空見大中觀。正覺教育基金會即以此古今輝映的如來藏正法正知見，在眞心新聞網中逐次報導出來，將箇中原委「眞心告訴您」，如今結集成書，與想要知道密宗眞相的您分享。售價250元。

中觀金鑑—詳述應成派中觀的起源與其破法本質：學佛人往往迷於中觀學派之不同學說，被應成派與自續派所迷惑；修學般若中觀二十年後自以爲實證般若中觀了，卻仍不曾入門，甫聞實證般若中觀者之所說，則茫無所知，迷惑不解；隨後信心盡失，不知如何實證佛法；凡此，皆因惑於這二派中觀學說所致。自續派中觀所說同於常見，以意識境界立爲第八識如來藏之境界，應成派所說則同於斷見，但又同立意識爲常住法，故亦具足斷常二見。今者孫正德老師有鑑於此，乃將起源於密宗的應成派中觀學說，追本溯源，詳考其來源之外，亦一一舉證其立論內容，詳加辨正，令密宗雙身法祖師以識陰境界而造之應成派中觀學說本質，詳細呈現於學人眼前，令其維護雙身法之目的無所遁形。若欲遠離密宗此二大派中觀謬說，欲於三乘菩提有所進道者，允宜具足閱讀並細加思惟，反覆讀之以後將可捨棄邪道返歸正道，則於般若之實證即有可能，證後自能現觀如來藏之中道境界而成就中觀。本書分上、中、下三冊，每冊250元，已全部出版完畢。

法華經講義：此書爲平實導師始從2009/7/21演述至2014/1/14之講經錄音整理所成。世尊一代時教，總分五時三教，即是華嚴時、聲聞緣覺教、般若教、種智唯識教、法華時；依此五時三教區分爲藏、通、別、圓四教。本經是最後一時的圓教經典，圓滿收攝一切法教於本經中，是故最後的圓教聖訓中，特地指出無有三乘菩提，其實唯有一佛乘；皆因眾生愚迷故，方便區分爲三乘菩提以助眾生證道。世尊於此經中特地說明如來示現於人間的唯一大事因緣，便是爲有緣眾生「開、示、悟、入」諸佛的所知所見——第八識如來藏妙眞如心，並於諸品中隱說「妙法蓮花」如來藏心的密意。然因此經所說甚深難解，眞義隱晦，古來難得有人能窺堂奧；平實導師以知如是密意故，特爲末法佛門四眾演述《妙法蓮華經》中各品蘊含之密意，使古來未曾被古德註解出來的「此經」密意，如實顯示於當代學人眼前。乃至〈藥王菩薩本事品〉、〈妙音菩薩品〉、〈觀世音菩薩普門品〉、〈普賢菩薩勸發品〉中的微細密意，亦皆一併詳述之，可謂開前人所未曾言之密意，示前人所未見之妙法。最後乃至以〈法華大義〉而總其成，全經妙旨貫通始終，而依佛旨圓攝於一心如來藏妙心，厥爲曠古未有之大說也。平實導師述，共有25輯，已於2019/05/31出版完畢。每輯300元。

西藏「活佛轉世」制度—附佛、造神、世俗法：歷來關於喇嘛教活佛轉世的研究，多針對歷史及文化兩部分，於其所以成立的理論基礎，較少系統化的探討。尤其是此制度是否依據「佛法」而施設？是否合乎佛法眞實義？現有的文獻大多含糊其詞，或人云亦云，不曾有明確的闡釋與如實的見解。因此本文先從活佛轉世的由來，探索此制度的起源、背景與功能，並進而從活佛的尋訪與認證之過程，發掘活佛轉世的特徵，以確認「活佛轉世」在佛法中應具足何種果德。定價150元。

真心告訴您(二)—達賴喇嘛是佛教僧侶嗎？補祝達賴喇嘛八十大壽：這是一本針對當今達賴喇嘛所領導的喇嘛教，冒用佛教名相、於師徒間或師兄姊間，實修男女邪淫，而從佛法三乘菩提的現量與聖教量，揭發其謊言與邪術，證明達賴及其喇嘛教是仿冒佛教的外道，是「假藏傳佛教」。藏密四大派教義雖有「八識論」與「六識論」的表面差異，然其實修之內容，皆共許「無上瑜伽」四部灌頂爲究竟「成佛」之法門，也就是共以男女雙修之邪淫法爲「即身成佛」之密要，雖美其名曰「欲貪爲道」之「金剛乘」，並誇稱其成就超越於（應身佛）釋迦牟尼佛所傳之顯教般若乘之上；然詳考其理論，則或以意識離念時之粗細心爲第八識如來藏，或以中脈裡的明點爲第八識如來藏，或如宗喀巴與達賴堅決主張第六意識爲常恆不變之眞心者，分別墮於外道之常見與斷見中；全然違背 佛說能生五蘊之如來藏的實質。售價300元。

涅槃—解說四種涅槃之實證及內涵：眞正學佛之人，首要即是見道，由見道故方有涅槃之實證，證涅槃者方能出生死，但涅槃有四種：二乘聖者的有餘涅槃、無餘涅槃，以及大乘聖者的本來自性清淨涅槃、佛地的無住處涅槃。大乘聖者實證本來自性清淨涅槃，入地前再取證二乘涅槃，然後起惑潤生捨離二乘涅槃，繼續進修而在七地心前斷盡三界愛之習氣種子，依七地無生法忍之具足而證得念念入滅盡定；八地後進斷異熟生死，直至妙覺地下生人間成佛，具足四種涅槃，方是眞正成佛。此理古來少人言，以致誤會涅槃正理者比比皆是，今於此書中廣說四種涅槃、如何實證之理、實證前應有之條件，實屬本世紀佛教界極重要之著作，令人對涅槃有正確無訛之認識，然後可以依之實行而得實證。本書共有上下二冊，每冊各四百餘頁，對涅槃詳加解說，每冊各350元。

佛藏經講義：本經說明爲何佛菩提難以實證之原因，都因往昔無數阿僧祇劫前的邪見，引生此世求證時之業障而難以實證。即以諸法實相詳細解說，繼之以念佛品、念法品、念僧品，說明諸佛與法之實質；然後以淨戒品之說明，期待佛弟子四眾堅持清淨戒而轉化心性，並以往古品的實例說明歷代學佛人在實證上的業障由來，教導四眾務必滅除邪見轉入正見中，不再造作謗法及謗賢聖之大惡業，以免未來世尋求實證之時被業障所障；然後以了戒品的說明和囑累品的付囑，期望末法時代的佛門四眾弟子皆能清淨知見而得以實證。平實導師於此經中有極深入的解說，總共21輯，已於2022/11/30出版完畢，每輯三百餘頁，售價300元。

大法鼓經講義：本經解說佛法的總成：法、非法。由開解法、非法二義，說明了義佛法與世間戲論法的差異，指出佛法實證之標的即是法——第八識如來藏；並顯示實證後的智慧，如實擊大法鼓、演深妙法，演說如來祕密教法，非二乘定性及諸凡夫所能得聞，唯有具足菩薩性者方能得聞。正聞之後即得依於　世尊大願而拔除邪見，入於正法而得實證；深解不了義經之方便說，亦能實解了義經所說之眞實義，得以證法——如來藏，而得發起根本無分別智，乃至進修而發起後得無分別智；並堅持布施及受持清淨戒而轉化心性，得以現觀眞我眞法如來藏之各種層面。此爲第一義諦聖教，並授記末法最後餘八十年時，一切世間樂見離車童子以七地證量而示現爲凡夫身，將繼續護持此經所說正法。平實導師於此經中有極深入的解說，總共六輯，已於2023/11/30 出版完畢，每輯三百餘頁，售價300元，

成唯識論釋：本論係大唐玄奘菩薩揉合當時天竺十大論師的說法加以辨正而著成，攝盡佛門證悟菩薩及部派佛教聲聞凡夫論師對佛法的論述，並函蓋當時天竺諸大外道對生命實相的錯誤論述加以辨正，是由玄奘大師依據無生法忍證量加以評論確定而成爲此論。平實導師弘法初期即已依於證量略講過一次，歷時大約四年，當時正覺同修會規模尚小，聞法成員亦多尚未證悟，是故並未整理成書；如今正覺同修會中的證悟同修已超過六百人，鑑於此論在護持正法、實證佛法及悟後進修上的重要性，已於2022年初重講，並已經預先註釋完畢編輯成書，名爲《成唯識論釋》，總共十輯，每輯目次41頁、序文7頁、每輯內文多達四百餘頁，並將原本13級字縮小爲12級字編排，以增加其內容；於增上班宣講時的內容將會更詳細於書中所說，涉及佛法密意的詳細內容只於增上班中宣講，於書中皆依佛誡隱覆密意而說，然已足夠所有學人藉此一窺佛法堂奧而進入正道、免入岐途。重新判教後編成的〈目次〉已經詳盡判定論中諸段句義，用供學人參考；是故讀者閱完此論之釋，即可深解成佛之道的正確內涵。本書總共十輯，預定每一輯內容講述完畢時即予出版，第一輯於2023年五月底出版，然後每七至十個月出版下一輯，每輯定價400元。

不退轉法輪經講義：世尊弘法有五時三教之別，分爲藏、通、別、圓四教之理，本經是大乘般若期前的通教經典，所說之大乘般若正理與所證解脫果，通於二乘解脫道，佛法智慧則通大乘般若，皆屬大乘般若與解脫甚深之理，故其所證解脫果位通於二乘法教；而其中所說第八識無分別法之正理，即是世尊降生人間的唯一大事因緣。如是第八識能仁而且寂靜，恆順衆生於生死之中從無乖違，識體中所藏之本來無漏性的有爲法以及眞如涅槃境界，皆能助益學人最後成就佛道；此謂釋迦意爲能仁，牟尼意爲寂靜，此第八識即名釋迦牟尼，釋迦牟尼即是能仁寂靜的第八識眞如；若有人聽聞如是第八識常住、如來不滅之正理，信受奉行之人皆有大乘實證之因緣，永得不退於成佛之道，是故聽聞釋迦牟尼名號而解其義者，皆得不退轉於無上正等正覺，未來世中必有實證之因緣。如是深妙經典，已由平實導師詳述圓滿並整理成書，於2024/01/30開始每二個月發行一輯，總共十輯，每輯300元。

中論正義：本書是依龍樹菩薩之《中論》詳解而成，《中論》是依第八識眞如心常處中道的自性而作論議，亦是依此眞如心與所生諸法之間的非一非異、非俱非不俱等中道自性而作論議；然而自從　佛入滅後四百餘年的部派佛教開始廣弘之時起，本論已被部派佛教諸聲聞凡夫僧以意識的臆想思惟而作思想層面之解釋，此後的中論宗都以如是錯誤的解釋廣傳天下，積非成是以後便成爲現在佛教界的應成派中觀與自續派中觀的六識論思想，成爲邪見而荼毒廣大學人，幾至全面荼毒之局面。今作者孫正德老師以其所證第八識眞如的中道性現觀，欲救末法大師與學人所墮之意識境界中道邪觀，造作此部《中論正義》，詳解《中論》之正理，欲令廣大學人皆得轉入正見中修學，而後可有實證之機緣成爲實義菩薩，眞可謂悲心深重也。本書分爲上下兩冊，下冊將於上冊出版後兩個月再行出版，每冊售價300元。

誰是師子身中蟲：本書是平實導師歷年來於會員大會中，闡述佛教界的師子身中蟲的開示文，今已全部整理成文字並結集成書，昭告佛教界所有大師與學人，欲普令佛教界所有人都能遠離師子身中蟲，使正法得以廣傳而助益更多佛弟子四眾得以遠離師子身中蟲等人所說之邪見，迴心於　如來所說的八識論大乘法教，則大眾實證第八識眞如，實相般若智慧的生起即有可望，亦令天界大得利益。今已出版，每冊110元。

解深密經講義：本經是所有尋求大乘見道及悟後欲入地者所應詳習串習的三經之一，即是《楞伽經》、《解深密經》、《楞嚴經》三經中的一經，亦可作爲見道眞假的自我印證依據。此經是　世尊晚年第三轉法輪時，宣說地上菩薩所應熏修之無生法忍唯識正義經典；經中總說眞見道位所見的智慧總相，兼及相見道位所應熏修的七眞如等法，以及入地應修之十地眞如等義理，乃是大乘一切種智增上慧學，以阿陀那識—如來藏—阿賴耶識爲成佛之道的主體。禪宗之證悟者，若欲修證初地無生法忍乃至八地無生法忍者，必須修學《楞伽經、解深密經、楞嚴經》所說之八識心王一切種智。此三經所說正法，方是眞正成佛之道；印順法師否定第八識如來藏之後所說萬法緣起性空之法，墮於六識論中而著作的《成佛之道》，乃宗本於密宗宗喀巴六識論邪思而寫成的邪見，是以誤會後之二乘解脫道取代大乘眞正成佛之道，承襲自古天竺部派佛教聲聞凡夫論師的邪見，尙且不符二乘解脫道正理，亦已墮於斷滅見及常見中，所說全屬臆想所得的外道見，不符本經中佛所說的正義。平實導師曾於本會郭故理事長往生時，於喪宅中從**首七**開始宣講此經，於每一七起各宣講三小時，至**十七**而快速略講圓滿，作爲郭老之往生後的佛事功德，迴向郭老早證八地、速返娑婆住持正法。茲爲今時後世學人故，已經開始重講《解深密經》，以淺顯之語句講畢後，將會整理成文並梓行流通，用供證悟者進道；亦令諸方未悟者，據此經中佛語正義修正邪見，依之速能入道。平實導師述著，全書輯數未定，每輯三百餘頁，預定於《不退轉法輪經講義》發行圓滿之後逐輯陸續出版。

菩薩瓔珞本業經講義：本經是律部經典，依之修行可免誤犯大妄語業。成佛之道總共有五十二階位，前十階位為十信位，是對佛法僧三寶修學正確的信心，如實理解三寶的實質都是依第八識如來藏而成就的；然後轉入四十二個位階修學，才是正式修學佛道，即是十住、十行、十迴向、十地、等覺、妙覺，分別名為習種性、性種性、道種性、聖種性、等覺性、妙覺性，所應修習完成的是銅寶瓔珞、銀寶瓔珞、金寶瓔珞、琉璃寶瓔珞、摩尼寶瓔珞、水精瓔珞，依於如是所應修學的內容及階位而實修，方是眞正的成佛之道。此經中亦對大乘菩提的見道提出了判位，名為「第六般若波羅蜜正觀現在前」，說明正觀現時應該如何方能成為眞見道菩薩，否則皆必退轉。平實導師述著，全書輯數未定，每輯三百餘頁，預定於《解深密經講義》出版發行圓滿之後逐輯陸續出版。

修習止觀坐禪法要講記：修學四禪八定之人，往往錯會禪定之修學知見，欲以無止盡之坐禪而證禪定境界，卻不知修除性障之行門才是修證四禪八定不可或缺之要素，故智者大師云「性障初禪」；性障不除，初禪永不現前，云何修證二禪等？又：行者學定，若唯知數息，而不解六妙門之方便善巧者，欲求一心入定，未到地定極難可得，智者大師名之為「事障未來」：障礙未到地定之修證。又禪定之修證，不可違背二乘菩提及第一義法，否則縱使具足四禪八定，亦不能實證涅槃而出三界。此諸知見，智者大師於《修習止觀坐禪法要》中皆有闡釋。作者平實導師以其第一義之見地及禪定之實證證量，曾加以詳細解析。將俟正覺寺竣工啓用後重講，不限制聽講者資格；講後將以語體文整理出版。欲修習世間定及增上定之學者，宜細讀之。平實導師述著。

阿含經講記——小乘解脫道之修證：數百年來，南傳佛法所說證果之不實，所說解脫道之虛妄，所弘解脫道法義之世俗化，皆已少人知之；阿含解脫道從南洋傳入台灣與大陸之後，所說法義虛謬之事，亦復少人知之；今時台灣全島印順系統之法師居士，多不知南傳佛法數百年來所說解脫道之義理已然偏斜、已然世俗化、已非眞正之二乘解脫正道，猶極力推崇與弘揚。彼等南傳佛法近代所謂之證果者皆非眞實證果者，譬如阿迦曼、葛印卡、帕奧禪師、一行禪師……等人，悉皆未斷我見故。近年更有台灣南部大願法師，高抬南傳佛法之二乘修證行門爲「捷徑究竟解脫之道」者，然而南傳佛法縱使眞修實證，得成阿羅漢，至高唯是二乘菩提解脫之道，絕非究竟解脫，無餘涅槃中之實際尚未得證故，法界之實相尚未了知故，習氣種子待除故，一切種智未實證故，焉得謂爲「究竟解脫」？即使南傳佛法近代眞有實證之阿羅漢，尚且不及三賢位中之七住明心菩薩本來自性清淨涅槃智慧境界，則不能知此賢位菩薩所證之無餘涅槃實際，仍非大乘佛法中之見道者，何況彼等普未實證聲聞果乃至未斷我見之人？謬充證果已屬逾越，更何況是誤會二乘菩提之後，以未斷我見之凡夫知見所說之二乘菩提解脫偏斜法道，焉可高抬爲「究竟解脫」？而且自稱「捷徑之道」？又妄言解脫之道即是成佛之道，完全否定般若實智、否定三乘菩提所依之如來藏心體，此理大大不通也！平實導師爲令修學二乘菩提欲證解脫果者，普得迴入二乘菩提正見、正道中，是故選錄四阿含諸經中，對於二乘解脫道法義有具足圓滿說明之經典，預定未來十年內將會加以詳細講解，令學佛人得以了知二乘解脫道之修證理路與行門，庶免被人誤導之後，未證言證，梵行未立，干犯道禁自稱阿羅漢或成佛，成大妄語，欲升反墮。本書首重斷除我見，以助行者斷除我見而實證初果爲著眼之目標，若能根據此書內容，配合平實導師所著《識蘊眞義》《阿含正義》內涵而作實地觀行，實證初果非爲難事，行者可以藉此三書自行確認聲聞初果爲實際可得現觀成就之事。此書中除依二乘經典所說加以宣示外，亦依斷除我見等之證量，及大乘法中道種智之證量，對於意識心之體性加以細述，令諸二乘學人必定得斷我見、常見，免除三縛結之繫縛。次則宣示斷除我執之理，欲令升進而得薄貪瞋痴，乃至斷五下分結…等。平實導師將擇期講述，然後整理成書。共二冊，每冊三百餘頁。每輯300元。

總經銷：聯合發行股份有限公司
231 新北市新店區寶橋路 235 巷 6 弄 6 號 4F
Tel.02－2917-8022（代表號） Fax.02－2915-6275（代表號）

零售：1.**全台連鎖經銷書局：**
三民書局、誠品書局、何嘉仁書店
敦煌書店、紀伊國屋、金石堂書局、建宏書局
諾貝爾圖書城、墊腳石圖書文化廣場

2.**台北市：**佛化人生 **大安區**羅斯福路 3 段 325 號 6 樓之 4 台電大樓對面
3.**新北市：**春大地書店 **蘆洲區**中正路 117 號
4.**桃園市：**御書堂 **龍潭區**中正路 123 號
5.**新竹市：**大學書局 **東區**建功路 10 號
6.**台中市：**瑞成書局 **東區**雙十路 1 段 4 之 33 號
佛教詠春書局 **南屯區**永春東路 884 號
文春書店 **霧峰區**中正路 1087 號
7.**彰化市：**心泉佛教文化中心 南瑤路 286 號
8.**高雄市：**政大書城 **前鎮區**中華五路 789 號 2 樓（高雄夢時代店）
明儀書局 **三民區**明福街 2 號
青年書局 **苓雅區**青年一路 141 號
9.**台東市：**東普佛教文物流通處 博愛路 282 號
10.**其餘鄉鎮市經銷書局：**請電詢總經銷**聯合**公司。
11.**大陸地區請洽：**

香港：樂文書店
銅鑼灣店 :香港銅鑼灣駱克道 506 號 2 樓
電話 :(852) 2881 1150 email: luckwinbs@gmail.com

廈門：廈門外圖臺灣書店有限公司
地址:廈門市思明區湖濱南路809 號 廈門外圖書城3 樓 郵編:361004
電話：0592-5061658（臺灣地區請撥打 86-592-5061658）
E-mail：JKB118＠188.COM

12.**美國：世界日報圖書部：**紐約圖書部 電話 7187468889#6262
洛杉磯圖書部 電話 3232616972#202

13.**國內外地區網路購書：**
正智出版社 書香園地 http://books.enlighten.org.tw/
（書籍簡介、經銷書局可直接聯結下列網路書局購書）
三民 網路書局 http://www.sanmin.com.tw
誠品 網路書局 http://www.eslitebooks.com

博客來 網路書局 http://www.books.com.tw
金石堂 網路書局 http://www.kingstone.com.tw
聯合 網路書局 http:// www.nh.com.tw

附註：1.請儘量向各經銷書局購買：郵政劃撥需要八天才能寄到（本公司在您劃撥後第四天才能接到劃撥單，次日寄出後第二天您才能收到書籍，此六天中可能會遇到週休二日，是故共需八天才能收到書籍）若想要早日收到書籍者，請劃撥完畢後，將劃撥收據貼在紙上，旁邊寫上您的姓名、住址、郵區、電話、買書詳細內容，直接傳眞到本公司 02-28344822，並來電 02-28316727、28327495 確認是否已收到您的傳眞，即可提前收到書籍。 2.因台灣每月皆有五十餘種宗教類書籍上架，書局書架空間有限，故唯有新書方有機會上架，通常每次只能有一本新書上架；本公司出版新書，大多上架不久便已售出，若書局未再叫貨補充者，書架上即無新書陳列，則請直接向書局櫃台訂購。 3.若書局不便代購時，可於晚上共修時間向正覺同修會各共修處請購（共修時間及地點，詳閱**共修現況表**。每年例行年假期間請勿前往請書，年假期間請見共修現況表）。 4.郵購：郵政劃撥帳號 19068241。 5.正覺同修會會員購書都以八折計價（戶籍台北市者爲一般會員，外縣市爲護持會員）都可獲得優待，欲一次購買全部書籍者，可以考慮入會，節省書費。入會費一千元（第一年初加入時才需要繳），年費二千元。**6.尚未出版之書籍，請勿預先郵寄書款與本公司，謝謝您！** 7.若欲一次購齊本公司書籍，或同時取得正覺同修會贈閱之全部書籍者，請於正覺同修會共修時間，親到各共修處請購及索取；**台北市讀者**請洽：103 台北市承德路三段 267 號 10 樓（捷運淡水線 圓山站旁）請書時間：週一至週五爲 18.00~21.00，第一、三、五週週六爲 10.00~21.00，雙週之週六爲 10.00~18.00 請購處專線電話：25957295-分機 14（於請書時間方有人接聽）。

敬告大陸讀者：

大陸讀者購書、索書捷徑（尚未在大陸出版的書籍，以下二個途徑都可以購得，電子書另包括結緣書籍）：

1.廈門外國圖書公司：廈門市思明區湖濱南路 809 號 廈門外圖書城 3F
郵編：361004 電話：0592-5061658 網址：http://www.xibc.com.cn/

2.電子書：正智出版社有限公司及正覺同修會在台灣印行的各種局版書、結緣書，已有『**正覺電子書**』陸續上線中，提供讀者於手機、平板電腦上購書、下載、閱讀正智出版社、正覺同修會及正覺教育基金會所出版之電子書，詳細訊息敬請參閱『正覺電子書』專頁：http://books.enlighten.org.tw/ebook

關於平實導師的書訊，請上網查閱：

成佛之道　http://www.a202.idv.tw

正智出版社 書香園地　http://books.enlighten.org.tw/

中國網採訪佛教正覺同修會、正覺教育基金會訊息：

http://foundation.enlighten.org.tw/newsflash/20150817_1

http://video.enlighten.org.tw/zh-CN/visit_category/visit10

★ 正智出版社有限公司售書之稅後盈餘，全部捐助財團法人正覺寺籌備處、佛教正覺同修會、正覺教育基金會，供作弘法及購建道場之用；懇請諸方大德支持，功德無量。

★ 聲　明 ★

本社於 2015/01/01 開始調整本目錄中部分書籍之售價，以因應各項成本的持續增加。

＊ 喇嘛教修外道雙身法、墮識陰境界，非佛教 ＊

＊ 弘揚如來藏他空見的覺囊派才是真正藏傳佛教 ＊

售後服務—換書啓事(免附回郵)　2017/12/05

《楞伽經詳解》第三輯初版免費調換新書啓事：茲因 平實導師弘法早期尚未回復往世全部證量，有些法義接受他人的說法，寫書當時並未察覺而有二處（同一種法義）跟著誤說，如今發現已將之修正。茲爲顧及讀者權益，已開始免費調換新書；敬請所有讀者將以前所購第三輯（不論第幾刷），攜回或寄回本公司免費換新；郵寄者之回郵由本公司負擔，不需寄來郵票。因此而造成讀者閱讀、以及換書的不便，在此向所有讀者致上萬分的歉意，祈請讀者大眾見諒！

《楞嚴經講記》第 14 輯初版首刷本免費調換新書啓事：本講記第 14 輯出版前因 平實導師諸事繁忙，未將之重新閱讀而只改正校對時發現的錯別字，故未能發覺十年前所說法義有部分錯誤，於第 15 輯付印前重閱時才發覺第 14 輯中有部分錯誤尚未改正。今已重新審閱修改並已重印完成，煩請所有讀者將以前所購第 14 輯初版首刷本，寄回本公司免費換新（初版二刷本無錯誤），本公司將於寄回新書時同時附上您寄書來換新時的郵資，並在此向所有讀者致上最誠懇的歉意。

《心經密意》初版書免費調換二版新書啓事：本書係演講錄音整理成書，講時因時間所限，省略部分段落未講。後於再版時補寫增加 13 頁，維持原價流通之。茲爲顧及初版讀者權益，自 2003/9/30 開始免費調換新書，原有初版一刷、二刷書籍，皆可寄來本公司換書。

《宗門法眼》已經增寫改版爲 464 頁新書，2008 年 6 月中旬出版。讀者原有初版之第一刷、第二刷書本，都可以寄回本公司免費調換改版新書。改版後之公案及錯悟事例維持不變，但將內容加以增說，較改版前更具有廣度與深度，將更能助益讀者參究實相。

換書者**免附回郵**，亦無截止期限；舊書請寄：111 台北郵政 73-151 號信箱 或 103 台北市承德路三段 267 號 10 樓 正智出版社有限公司。舊書若有塗鴨、殘缺、破損者，仍可換取新書；但缺頁之舊書至少應仍有五分之三頁數，方可換書。所有讀者不必顧念本公司是否有盈餘之問題，都請踴躍寄來換書；本公司成立之目的不是營利，只要能眞實利益學人，即已達到成立及運作之目的。若以郵寄方式換書者，免附回郵；並於寄回新書時，由本公司附上您寄來書籍時耗用的郵資。造成您不便之處，再次致上萬分的歉意。

正智出版社有限公司 啓

免費換書公告

2023/07/15

《法華經講義》第十三輯初版免費調換新書啓事：本書因謄稿、印製等相關人員作業疏失，導致該書中的經文及內文用字將「**親近**」誤植成「清淨」。茲爲顧及讀者權益，自2017/8/30開始免費調換新書；敬請所有讀者將以前所購第十三輯初版首刷及二刷本，攜回或寄回本公司免費換新。

錯誤更正說明如下：

一、第256頁第10行~第14行：【就是先要具備「**法親近處**」、「**眾生親近處**」；法**親近**處就是在實相之法有所實證，如果在實相法上有所實證，他在二乘菩提中自然也能有所實證，以這個作爲第一個**親近**處——第一個基礎。然後還要有第二個基礎，就是瞭解應該如何善待眾生；對於眾生不要有排斥或者是貪取之心，平等觀待而攝受、親近一切有情。以這兩個**親近**處作爲基礎，來實行其他三個安樂行法。】。

二、第268頁第13行：【具足了那兩個「**親近處**」，使你能夠在末法時代，如實而圓滿的演述《法華經》時，那麼你作這個夢，它就是如理作意的，完全符合邏輯去完成這個過程，就表示你那個晚上，在那短短的一場夢中，已經度了不少眾生了。

《大法鼓經講義》第一輯初版免費調換二版新書啓事：本書因校對相關人員作業疏失錯失別字，導致該書中的內文255頁倒數5行有二字錯植而無發現，乃「『**智慧**』的滅除不容易」應更正爲「『**煩惱**』的滅除不容易」。茲爲顧及讀者權益，自2023/4/1開始免費調換新書，或請自行更正其中的錯誤之處；敬請所有讀者將以前所購第一輯初版首刷及二刷本，攜回或寄回本公司免費換新。

《涅槃》下冊初版一刷至六刷**免費調換新書啓事**：本書因法義上有少處疏失而重新印製，乃第20頁倒數6行的「法智忍、法智」更正爲「**法智、類智**」，同頁倒數4行的「類智忍、類智」更正爲「**法智忍、類智忍**」；並將書中引文重新標點後重印。敬請讀者攜回或寄回本公司免費換新。

換書者免附回郵，郵寄者之回郵由本公司負擔，不需寄來郵票，亦無截止期限；同時對因此而造成讀者閱讀、以及換書的困擾及不便，在此向所有讀者致上最誠懇的歉意，祈請讀者大眾見諒！

正智出版社有限公司 敬啓

國家圖書館出版品預行編目(CIP) 資料

不退轉法輪經講義. 第三輯 / 平實導師述著.-- 初版. --
臺北市:正智出版社有限公司, 2024.05 面; 公分

ISBN 978-626-97355-8-7(平裝)
ISBN 978-626-98256-2-2(平裝)
ISBN 978-626-98256-5-3(平裝)

1.CST:經集部

221.733 113005482

不退轉法輪經講義

——第三輯

著述者：平實導師
音文轉換：劉惠莉 鄭瑞卿 劉夢瓚
校對：章乃鈞 孫淑貞 陳介源 王美伶 張善思
出版者：**正智出版社**有限公司
電話：〇二 28327495 28316727（白天）
傳真：〇二 28344822
111 台北郵政 73-151 號信箱
郵政劃撥帳號：一九〇六八二四一
正覺講堂：總機〇二 25957295（**夜間**）

總經銷：聯合發行股份有限公司
231 新北市新店區寶橋路 235 巷 6 弄 6 號 4 樓
電話：〇二 29178022（代表號）
傳真：〇二 29156275

初版首刷：二〇二四年五月三十日 二千冊
定價：三〇〇元